Marx : la personne et la chose

Ouverture philosophique

Collection dirigée par Dominique Chateau,
Agnès Lontrade et Bruno Péquignot

Une collection d'ouvrages qui se propose d'accueillir des travaux originaux sans exclusive d'écoles ou de thématiques.

Il s'agit de favoriser la confrontation de recherches et des réflexions qu'elles soient le fait de philosophes "professionnels" ou non. On n'y confondra donc pas la philosophie avec une discipline académique ; elle est réputée être le fait de tous ceux qu'habite la passion de penser, qu'ils soient professeurs de philosophie, spécialistes des sciences humaines, sociales ou naturelles, ou... polisseurs de verres de lunettes astronomiques.

Déjà parus

Simon BYL, *Les* Nuées *d'Aristophane*. Une initiation à Éleusis en 423 avant notre ère, 2007.
Sylvie COIRAULT-NEUBURGER, *Le roi juif. Justice et raison d'État dans la Bible et le Talmud*, 2007.
Nicole ALBAGLI, *Descartes et les fondements de l'anthropologie*, 2007.
Christophe LAUDOU, *La mythologie de la parole*, 2007.
Dominique CHATEAU, *Sémiotique et esthétique de l'image*, 2007.
Ramsès BOA THIEMELE, *Nietzsche et Cheikh Anta Diop*, 2007.
Arno MÜNSTER, *Sartre et la morale*, 2007.
Aubin DECKEYSER, *Michel Foucault. L'actualité de la vérité*, 2007.
Miklos VETÖ (sous la dir.), *Historia philosophiae,* 2007.
Georg W. BERTRAM, Robin CELIKATES, Christophe LAUDOU, David LAUER (coord.), *Socialité et reconnaissance,* 2007.
Michèle AUMONT, *Ignace de Loyola. Seul et contre tous*, 2007.
Xavier ZUBIRI, *Intelligence et logos (Inteligencia y logos) trad. Philibert SECRETAN*, 2007.
Pierre V. ZIMA, *La déconstruction. Une critique*, 2007.
Jacques CROIZER, *De la mesure*, 2007.

Paul SERENI

Marx : la personne et la chose

L'Harmattan

5-7, rue de l'École-Polytechnique ; 75005 Paris

www.librairieharmattan.com
diffusion.harmattan@wanadoo.fr
harmattan1@wanadoo.fr
ISBN : 978-2-296-03231-6
EAN : 9782296032316

Sommaire

INTRODUCTION

1. LIBERTE, PROPRIETE, APPROPRIATION

Position de la critique

Dès qu'il s'agit de la propriété personnelle, l'analyse semble se placer dans une position un peu instable. D'un côté, en effet, on a spontanément tendance à relier la critique à la dénonciation, plus ou moins vigoureuse, de l'égoïsme et de l'injustice, bref à une revendication pour partie morale (ce qui assimile immédiatement la propriété personnelle à la propriété privée, et sa critique à une analyse éthico-normative). De l'autre, elle semble orienter la recherche vers les catégories plus techniques du droit civil et de l'économie.[1]

Conjointement, le fonctionnement de la critique de la notion de propriété chez Marx est assez souvent présentée d'une manière qu'on pourrait résumer ainsi : sous la propriété privée établie en droit des moyens de production (qui, en tant que problème juridique, intéresserait assez brièvement et assez peu notre auteur) se dissimulerait le véritable travail d'appropriation, de désappropriation et d'expropriation des producteurs ; le communisme révolutionnerait le mode privé d'organisation et de distribution de la richesse produite par la collectivité en instituant, par négation déterminée du régime précédent, unc appropriation collective des moyens de production.

La critique de Marx semble ainsi placée entre la dénonciation vague de l'état de choses existant, la spécialisation des études, et un dispositif critique qui semble lui-même facile à décrire. Aussi dommageable que cela puisse paraître, elle paraît ainsi plus éloignée de ce qu'un lecteur a coutume

[1] Pour une synthèse récente sur ces points, voir par exemple Mikhaïl Xifaras, *La propriété, étude de philosophie du droit*, Puf, coll. Les fondements de la politique, Paris, 2004 ; pour une synthèse sur le droit de propriété des personnes : Frederic Zenati-Cataing, Thierry Revet, *Manuel de droit des personnes*, Puf, Paris, 2006.

de reconnaître comme philosophie ou théorie politique, que l'approche des concepts d'Etat, de pouvoir, de souveraineté ou de citoyenneté.

Il y a là, selon nous, une double barrière à la compréhension, d'une part de ce que Marx a voulu penser sous le terme de propriété individuelle, et del'autre, de la manière dont il a proposé cette pensée dans le contexte large des conceptions de la propriété, qui était le sien. Aussi, pour d'abord indiquer le sens du questionnement, on peut, quoiqu'il cherche seulement à présenter la déduction de la propriété personnelle dans la doctrine kantienne du droit, reprendre les termes dans lesquels Otfried Höffe résume le sens de la question de la propriété:

> *« La propriété est une institution dont le concept et la justification ont été et sont encore une question fondamentale en politique et en philosophie. On peut disposer librement tant de ses biens que de son corps propre : la propriété fonde le pouvoir. La propriété prolonge en quelque sorte le corps en dehors de ses limites naturelles et signifie simultanément une limite de l'espace et de la liberté d'autrui. La propriété privée signifie donc, dans un double sens, le pouvoir. Elle confère un pouvoir immédiat sur les choses qui m'appartiennent, et un pouvoir médiat sur celui à qui les choses n'appartiennent pas mais qui les convoite. »*[2]

Comme Hoffe le souligne à juste titre, penser la propriété dans ses liens avec la liberté individuelle ne constitue qu'un aspect : il faut concevoir en même temps la propriété comme une libre disposition, une maîtrise ou une emprise exclusive qu'une personne détient sur elle-même et les choses, donc comme un pouvoir qui s'exerce d'abord sur ce qu'une personne appelle son corps. L'analyse de la propriété conduit ainsi assez vite à interroger l'idée d'une maîtrise originairement détenue par le sujet.[3] Cette étude tente précisément de montrer que, si on veut s'occuper du problème de la propriété chez Marx, il faut placer en son centre la question des liens entre propriété et liberté, ainsi que l'idée d'une propriété individuelle distincte de la propriété privée, idée qui revient dans les brèves représentations que Marx a laissées du communisme. Traiter ce sujet exige selon nous de confronter la critique marxienne à un certain nombre de théories de l'appropriation originaire, parmi lesquelles nous avons singulièrement privilégié celle de Locke.

Poser ainsi le problème ne revient cependant pas à nier que la critique occupe une place singulière (et en ce sens la première réaction mentionnée plus haut contient quelque chose de juste). A la différence d'une critique du

---

[2] O. Höffe, *Inroduction à la philosophie pratique de Kant. La Morale, le droit, la religion* ; V, Paris, 1988, deuxième partie, chapitre huit, le droit privé, p. 200-201.

[3] Sur ce point : F. Zenati-Castaing, T. Revet, opus cité précédemment, § 258-268 et 275-280.

pouvoir et de l'autorité, celle de la propriété semble s'attaquer aux déterminations concrètes de l'individu et retenir toujours quelque chose d'une argumentation *ad personam.* Elle pousse à demander plus facilement qu'une autre, peut-être, qui porte la critique et d'où celle-ci s'énonce.

Celui qui s'attaque au seul pouvoir semble d'abord s'en prendre à un principe ; celui qui s'attaque à la propriété semble s'attaquer en même temps à un principe et à un fait, c'est-à-dire à l'existence de propriétaires. Dans la modernité du moins, celui qui occupe un poste de pouvoir remplit une fonction; il y a toujours une distance entre la personne d'un homme et sa fonction. Au contraire, dans le cas de la propriété, le lien semble suffisamment étroit entre l'homme et la chose pour qu'on semble attaquer le propre de celui-là en attaquant la possession de celle-ci. La question semble aussi liée de beaucoup plus près que d'autres à celle des formes de revendication : par exemple, si un possédant ne peut légitimer son titre, est-on dans son droit en lui reprenant une partie de ce qu'il possède ?

Cela donne au problème de la négation de la propriété privée une place également particulière. Son énoncé peut montrer ce qui se passe quand une critique radicale des principes porte sur l'état de choses existant : on peut se demander, ici plus qu'ailleurs, quels effets théoriques et pratiques on attend de la critique. Pour autant que celle-ci se veut rationnelle, elle se place dans le même univers de discours que la justification qu'elle interroge. La dispute reçoit donc une formulation et un statut en partie académiques, au sens où la démonstration d'une absence de légitimation de principe risque de ne modifier ni l'exercice ordinaire du droit établi ni les croyances pratiques qui l'accompagnent. Par ses effets sur notre conduite, une critique de la propriété ressemble ainsi souvent, assez étonnamment, à une discussion sur la réalité du monde extérieur: nous continuerons très probablement d'accorder à ce monde le même poids de réalité avant et après la dispute. (A peu près de la même façon, il se peut qu'on réflechisse aux conditions d'un accord sur l'esthétique, tout en continuant à pratiquer pour soi la maxime suivant laquelle chacun a ses goûts.)

Il se peut, cependant, que concernant la réalité du monde extérieur, notre degré de persuasion en sa faveur soit plus grand que les raisons contraires que nous proposons, et que nous continuions à croire à cette réalité pour des motifs valables, quoique non académiques. Il y a déjà quelque chose de plus étrange dans le fait de proposer un accord des esprits sur le beau sans y adhérer soi-même. Mais il est vraiment paradoxal de remettre en cause le droit établi de propriété tout en continuant de l'exercer, en somme, comme si de rien n'était. Le critique semble ainsi penser dans un monde et vivre dans un autre, alors que l'objet de sa critique fait immédiatement partie de ce dernier. Cette attitude est très vite sentie comme une contradiction pragmatique.

En ce sens, une critique de la propriété se rapproche du genre de discours que la philosophie peut tenir sur la morale. Celui-ci ne peut éliminer l'exigence d'accorder les paroles et les actes lorsqu'il interroge les principes de l'action ; de façon analogue, si l'on dénie un certain droit de propriété, il faut pouvoir indiquer un changement de pratique (ce qui ne signifie évidemment pas que la dénonciation de la propriété ne se fait qu'au nom de la morale).

Au total, la spécificité de la question de la propriété s'explique en partie par le fait que son objet fait partie des biens auxquels chacun tient immédiatement le plus. A supposer que le problème soit quelque peu surdéterminé, il y aurait à cela au moins une raison qui n'est pas contingente : il s'agit au fond de savoir quelle idée on se fait de la liberté pour lier le respect de celle-ci à celui de la propriété personnelle. Un des enjeux des notions d'appropriation, de possession et de propriété, ces termes étant pris dans leur sens large, est de savoir si une de leurs formes adhère tant à la personne qu'on ne pourrait critiquer celle-là sans nier la dignité, la liberté et la sécurité de celle-ci.

Terme et concept d'appropriation

On peut préciser la question en partant du terme d'appropriation. Au sens le plus large, il signifie ramener une chose à soi (qu'il s'agisse d'un individu ou d'un groupe) pour la rendre propre à un usage. En un sens plus étroit, il désigne la main-mise privée sur les moyens de production. Toute appropriation individuelle n'est pas privée au sens du droit civil : elle peut être celle du travailleur individuel propriétaire de son produit et de ses moyens de travail. En outre, rien n'empêche de poser une appropriation commune au début de l'Histoire.

De ces différents emplois ressortent deux traits constants, dont le premier est son écart avec la notion de droit établi de propriété. Il se peut que les deux coïncident ; il se peut aussi que l'expression positive de la propriété ne recoupe pas l'appropriation matérielle. Ce qui est donc intéressant dans l'appropriation est qu'elle peut être un outil de critique du droit de propriété. Le second trait est que l'idée de propriété emporte avec elle l'idée d'une maîtrise ou d'un pouvoir. Cette idée, dans les cas de privatisation, emporte elle-même une résonance péjorative : celui qui s'approprie exerce un pouvoir qui va bien au-delà de ce qui lui est permis.

2. CRITIQUE DE LA PROPRIETE ET APPROPRIATION PERSONNELLE

Appropriation, possession, propriété

Il est cependant classique de poser en droit, dans la définition préliminaire des concepts, une nette distinction entre propriété et appropriation. On la couple généralement avec une autre, qui est cette fois interne au droit, entre propriété et possession. Comme le résume le professeur de droit Georges Rouhette :

> *« Issue peut-être de l'appropriation, la propriété s'en distingue en tant qu'elle constitue une institution juridique. Ce n'est pas une maîtrise matérielle ou de fait : celle-ci est dénommée possession ; ce n'est pas non plus une maîtrise protégée par le droit : la possession engendre un ensemble d'effets juridiques ; c'est un pouvoir de droit, une situation fondée en droit, le lien de droit par lequel une chose appartient à une personne, lui est réservée. »*[4]

Par "institution juridique", il faut entendre que la propriété n'est pas le pur résultat matériel d'une appropriation naturelle d'une chose par un homme. La possession est à tout le moins considérée comme une détention d'objet qui reçoit la protection due à un état stable, comme l'indique l'étymologie de *possessio* (*potis* est la racine de *potestas*, puissance, et *sedere* signifie être assis). Quoiqu'elle ne soit pas une domination totale, elle contient l'exercice d'un droit. Par exemple, la saisine est (du Haut moyen-âge jusqu'au XIIe siècle inclus) une maîtrise répétée de la chose donnant droit à une certaine protection, ce qui lui confère un statut proche de celui de la *possessio* romaine. A travers ces distinctions, on retrouve la différence entre la question de droit, présomption *juris et de jure*, (présomption légale à laquelle on ne peut rien opposer) et la même question seulement envisagée *de facto*. Une conséquence importante pour notre propos est que, penseur de l'appropriation, Marx se serait pour l'essentiel interéssé à des questions de fait.

Sans nier la pertinence de la distinction entre le fait et le droit, on peut se demander si le concept d'appropriation ne touche qu'au premièr : je crois qu'il faut ici résister à la tentation d'une classification rapide. La langue du XIXe siècle permettait par exemple sans dommage d'employer le nom "appropriation" pour désigner la possibilité qu'une chose devienne la propriété exclusive de quelqu'un, comme le montre cette phrase tirée du *Traité d'économie politique* de J.B. Say : « parmi les agents naturels les uns sont susceptibles d'appropriation c'est-à-dire de devenir la propriété de

---

4 Georges Rouhette, article "propriété" in *Encyclopédia Universalis*, editions de l'Encyclopédia Universalis, Paris, 1985, tome VII, p. 239.

ceux qui s'en emparent, comme un champ ou un cours d'eau (...). »[5] Plus largement, on entend aussi bien par appropriation l'usage pour nos besoins de certains animaux (qu'on a appropriés à nos besoins) [6], que, en chimie, le fait que deux corps peuvent être disposés à s'unir par le concours d'un troisième[7], et que, en droit et en économie, la main-mise sur des produits et des biens naturels. Quelle que soit par ailleurs la préférence de sens qu'il lui accorde, la notion d'appropriation dont s'empare Marx recouvre donc en fait une diversité de sens, et il nous paraîtrait relativement arbitraire d'exclure préalablement certains d'entre eux. Elle dénote en effet à la fois l'assimilation par l'organisme (ce qui est son sens premier)[8], la convenance, la transposition, l'attribution singulière, et l'appartenance de droit. Ce qui nous paraît unir, tendanciellement du moins, cette diversité de sens est l'idée d'appartenance particulière par saisie et par assimilation. Ainsi, le concept d'appropriation peut d'abord jouer le rôle d'un concept supérieur comprenant la prise de possession (matérielle), l'adaptation à un usage déterminé, l'assimilation, et l'attribution légale exclusive d'une chose ou propriété (*proprietas* ou *dominium*).[9] Suivant qu'on accentue dans l'emploi l'idée d'adaptatation et d'assimilation, ou celle de propriété, il prend une dénotation dominante différente. Quand l'emploi du terme présentera une ambiguité gênante, nous préciserons donc en quel sens nous l'employons, ou en quel sens nous pensons que Marx l'emploie.

On peut accorder parallèlement que le sens de l'affirmation « ceci est à moi » est contenu dans le sens des deux expressions : « ceci est ma propriété" et : « je me suis approprié ceci". Ces expressions diffèrent ensemble de « ceci est de moi », expression dans laquelle la notion de propriété est moins évidemment en jeu. Quand je dis par exemple d'un enfant qu'il est de moi, j'affirme bien une prétention ou un droit exclusif ; mais en même temps l'accent est mis sur l'origine, et non sur la propriété.

---

5 Say, *Traité...*, Paris, 1832, p. 74.

6 En zootechnie, l'appropriation est l'art d'adapter des races d'animaux à une destination domestique. Ce sens, spécialisé, est assez courant en géographie humaine jusque dans la première moitié du 20 Siècle, par exemple chez Vidal de la Blache. Cf. *Trésor de la langue française*, éditions du C. N. R. S, Paris, 1992, article appropriation, p. 1, rubrique A.

7 Ce sens est par exemple attesté dans le *Dictionnaire de l'Académie* de 1762, cité dans *Trésor...*, édit. cit. p. 2, rubrique : étymologie et histoire.

8 Sens premier, directement tiré lui-même du premier sens du latin *appropriatio*, cf. *Trésor...*, article cité, éd. citée, p. 2, rubrique : étymologie et histoire.

9 Cf par exemple *Grand Robert de la langue française*, articles : approprier et appropriable, édition revue et augmentée par Alain Rey, éditions Le Robert, Paris 1986 ; *Trésor de la langue française*, version informatisée, article : appropriation, atilf.atilf.fr/dendien, 2003, dernière consult. 08/01/2006.

Par ailleurs, faire référence à ce "moi" possesseur n'implique ni un empire illimité, ni l'affirmation d'un pouvoir sans restrictions. Par exemple, lorsqu'une autre personne veut m'imposer ses prétentions, et que je proteste en disant "c'est ma vie", j'invoque bien une sorte de propriété, mais je ne sous-entends pas que j'ai le droit de jouir et d'user de cette vie selon mon bon plaisir. A ce niveau, il n'y a pas encore de distinction nette entre les termes "appropriation", "possession", "propriété" qui décrivent l'attribution d'un objet en propre à quelqu'un ; il n'est pas non plus juste de dire qu'on ne peut parler de propriété que si l'on admet la représentation d'un pouvoir absolu.

En revanche, tous ces concepts indiquent une limite apportée aux prétentions d'autrui, ou, pour m'exprimer autrement, la réclamation d'une reconnaissance d'individualité. Celle-ci surgit dans des cas de litige ou de conflit, soit que je prétende à quelque chose que je n'ai pas encore, soit au contraire qu'un tiers me conteste ce que j'ai. Comme le souligne Léon Duguit, on ne peut pas traiter de la propriété si l'on fait abstraction de cet aspect.

> *« Le propriétaire qui se sert de sa chose, qui cultive son champ, n'exerce pas un droit. Les choses se passeraient exactement de même s'il n'était pas propriétaire. Il y a une possibilité de fait ; il n'y a pas l'exercice d'un droit. La question de droit ne se pose que lorsqu'un obstacle est apporté par une volonté étrangère à l'usage de la chose(...). »* [10]

Quoiqu'il soit tentant de se servir de cette remarque pour poser la différence entre propriété et appropriation, le point qui nous paraît le plus important est, qu'à la suivre, on voit nettement qu'il est difficile de nier le lien de l'appropriation avec l'idée de revendication. Pour reprendre le même exemple que ci-dessus, si un homme prétend faire un libre usage du corps d'un autre, et que ce dernier lui oppose un droit premier sur sa propre vie, on se trouve devant un sens non anodin de l'expression "ceci est à moi", qui est censé mettre un terme, de façon évidente, à une prétention illégitime.

Dans le latin juridique, la *rei vindicatio* était la réclamation d'une chose, l'action en justice par laquelle on fait reconnaître le droit qu'on a sur un bien. Appliquée à ceci, la question *quid facti* signifie que, pour satisfaire aux conditions d'une demande, le demandeur ne doit pas actuellement être en possession de la chose. La question de droit concerne ensuite l'examen des motifs de sa demande. Quand je revendique un titre exclusif à la jouissance de quelque chose, parce que j'ai le sentiment de me l'être approprié, je n'ai pas le sentiment qu'il y ait une séparation entre cet état de

---

[10] Léon Duguit, *Traité de droit constitutionnel*, tome I, éditions E. de Boccard, troisième édition, Paris, 1927, p. 446.

fait de l'appropriation et ma demande de validation. Si la propriété personnelle est d'abord un pouvoir ou un titre que je prétends détenir sur moi-même et les objets extérieurs, titre ou pouvoir opposables à tous (*erga omnes*) selon la formule romaine, je n'y vois rien dont soient exclues les questions soulevées par le concept d'appropriation.

Cela ne revient pas à nier toute distinction. Une enquête sur la seule propriété consisterait à demander : « qui est le titulaire en titre ? », alors qu'une enquête qui inclurait les deux concepts demanderait en outre : « quel mode d'appropriation permet de valider vraiment l'assertion : « ceci est à moi"? » Les deux questions se rejoignent dès que l'on s'intéresse à la question de l'origine et du principe de la propriété, qui portent sur des questions comme : comment l'individu ou le groupe ont-ils fait leurs les choses qu'ils possèdent ? Comment un mode d'appropriation crèe-t-il un mode de propriété ? Le mode matériel d'appropriation correspond-il au droit de propriété établi ?

Dans tous les cas, pour autant qu'elle sont personnelles, appropriation et propriété ne peuvent se dire que d'un titulaire unique. Elles excluent la réciprocité et le partage. Elles excluent aussi, semble-t-il, la participation communautaire. Ainsi, pour prendre un exemple *a contrario*, dans le cas ou plusieurs personnes possèdent un droit égal sur la partie la plus infime d'un même bien (comme c'est le cas en régime de copropriété indivise), on ne parle pas de propriété et encore moins d'appropriation individuelles. Celles-ci impliquent donc une certaine forme de privatisation.

Ce dernier terme est choisi ici par défaut. Il n'est sans doute pas tout à fait juste : il sous-entend qu'un bien public ou collectif est devenu la propriété d'un particulier, ce qui est son sens lorsqu'on parle de privatisation des services publics ou de privatisation de l'existence. Cela revient à présupposer un monde commun, ce qui est peut-être supposer trop. Cependant, "privatisation" a l'avantage de mettre l'accent sur le caractère soustractif de l'appropriation privée, sur le fait que l'on retire une chose ou un être à l'emprise et au regard des autres, bref sur l'idée d'un droit à la séparation, et c'est pourquoi nous le conservons. Sous la forme d'une première antithèse, le privé se définit ainsi par opposition à ce qui est reconnu à la fois commun et public. (A ce titre, on peut noter que le terme proprius, peut-être refait sur la locution *pro privo* -à titre privé- désignait d'abord ce qui exclut le public et ce qui est soustrait au domaine commun.)

Cet espace de choses, de conduites, ou de pensées, puisqu'il est associée à un droit, définit en même temps une liberté élémentaire. Quelque soit l'usage réthorique que l'on peut ensuite faire de ce lien, il est difficile de délier le statut d'homme libre de celui de propriétaire au sens large. Comme déjà signalé, il y a une inférence prochaine du jugement selon lequel un homme a un pouvoir sur lui-même aussi bien que sur une partie du monde, à celui selon lequel sa liberté peut se définir en termes de droit privatif ou, si l'on préfère, de domaine sur lequel l'autorité de la société ne doit pas s'étendre au-delà d'une certaine mesure. Ce domaine autorise en certains cas une résistance contre l'autorité civile, même si cela n'implique pas que l'on fasse de ce qui est public un danger pour la liberté de la personne. L'homme propriétaire, parce qu'il possède un tel pouvoir, acquière ou confirme son statut de personne : il devient titulaire d'un certain nombre de droits, qui sont des libertés de faire ou de ne pas faire, suivant sa propre volonté, droits qu'il peut opposer aux autres. Une critique radicale aussi bien qu'une défense de la propriété rencontre donc nécessairement ce type de propositions.

3. Position du probleme chez Marx

Pour éclairer à partir de là la portée de la critique marxienne de la propriété, il m'a semblé nécessaire de la replacer dans un double contexte.

Le premier est celui de la dispute sur la propriété. Les termes en sont fixés pour l'essentiel dans la décennie 1840. Ce milieu ou cette matrice dans lesquels se développe la critique comportent au moins deux éléments. On y trouve d'abord les discours de légitimation de l'institution établie (que je nommerais le plus souvent, dans le cours du texte, les discours de défense). Dominants à l'époque - malgré la prudence des arrêts des tribunaux qui tranchent avec la radicalité de la doctrine - leur tendance lourde est de conférer au droit de propriété privée une portée absolue et illimitée. Ils sont pour l'essentiel le fait de juristes, qu'il s'agisse de professeurs de droits ou d'avocats et de professionnels devenus consultants. On peut noter que les travaux des spécialistes sont souvent précédés de dissertations ou d'exposés montrant le bien fondé de la propriété : il s'agit donc d'énoncés ayant dans leur domaine valeur de principe, ou, pour reprendre un terme d'époque, d'énoncés de droit civil théorique.

En second lieu, on trouve les critiques frontales de l'institution elle-même, et, en première ligne, le premier mémoire de Proudhon (1840), sur lequel nous revenons plus bas. Marx aborde enfin ces deux discours à travers l'héritage hégélien. Sur ce point, s'il est vrai de dire que la réappropriation critique par Marx de la section des *Principes de la philosophie du droit* consacrée au droit abstrait permet d'entrer dans sa critique de la personne, de la propriété privées et du contrat, et s'il est vrai de dire que c'est à travers la critique de la refonte hégelienne des liens entre possession, propriété des choses et liberté personnelle que Marx prit part à la dispute, il est également possible que ce ne soit pas là les seuls points hégeliens dont Marx retravaille les traits dans l'analyse de la propriété [11]. Il est par exemple possible que la conception de la subjectivité vivante du travailleur chez Marx repose sur les analyses hégéliennes du vivant.

Le second contexte privilégie une chaîne longue de concepts, qui nous a fait remonter au principe de propriété de sa propre personne posé par Locke dans le *Deuxième traité du gouvernement*, plus spécifiquement dans son chapitre V, consacré à la propriété des fruits du travail et de la terre. Un parallèle avec les raisonnements lockiens nous a paru nécessaire pour comprendre comment Marx s'est inscrit dans la dispute contemporaine sur la propriété et comment ses textes tentent d'en dépasser les termes. Aussi faut-il s'y arrêter un instant.

Marx et Locke dans les études marxistes

L'idée de confronter Marx et Locke n'est pas nouvelle dans les études marxistes. Les tentatives en ce sens y occupent cependant une place qualitative et quantitative restreinte, surtout marquée par une certaine ambivalence - souvent peu ou pas objectivée - dans le jugement sur Locke. D'un côté, la plupart des études considèrent Locke comme un précurseur ou un partisan du libéralisme politique et économique ; de l'autre, elles montrent que certains de ses principes peuvent être repris par les courants qui s'y opposent. Ainsi, par exemple, dans sa thèse latine consacrée aux *Origines du socialisme allemand,* Jaurès montrait déjà que la thèse de l'acquisition de la propriété par le travail - qu'il attribuait pour sa part à Fichte - pouvait être réappropriée par le socialisme.[12] Une partie de la revendication antimarchande et anticapitaliste a repris cette argumentation et considéré comme un instrument critique valide l'idée d'un droit naturel détenue par une personne sur sa production. Une autre partie de ce même champ de réception a dénoncé le caractère naïf et faussement critique d'une telle référence.

D'une certaine façon, on retrouve ainsi une situation intellectuelle semblable à celle dans laquelle se trouvait Marx : l'un des principes qui sert à fonder le droit de propriété sert aussi à le contester. Plus récemment, la

[11] Hegel, *Principes du droit*, traduction de Robert Derathé et Jean-Paul Frick, Vrin, Paris, 1975. Toutes nos références au texte renverront à cette édition, qui comporte les additifs établis par E. Gans.

[12] Jean Jaurès, *Les origines du socialisme allemand*, thèse latine, traduction A. Veber, Les écrivains réunis, Paris, 1927.

théorie politique de l'individualisme possessif a été le fréquent point de départ d'une lecture ou d'une relecture de Locke ; puisque cette théorie empruntait des traits de sa construction à Marx (quelque soit par ailleurs le caractère réellement marxiste de l'analyse), on aurait pu penser que la discussion ouvrait la possibilité d'une confrontation à nouveaux frais de nos deux auteurs; mais cela n'a pas été fréquemment le cas, du moins à ma connaissance. Dans le même ordre d'idées, il est étonnant que dans un paysage philosophique français naguère dominé par une critique du sujet propriétaire, dans laquelle Marx avait une place importante, on n'ait pas pris davantage en compte sa possible critique de la déduction lockienne.

L'une des difficultés de cette espèce de débat, il est vrai, est que Locke y est souvent convoqué beaucoup plus comme représentant typique d'un courant de pensée, que comme auteur singulier. Dans ce cadre, ses positions sont souvent vues comme « une des thèses classiques de la philosophie rationaliste bourgeoise »[13]. Ainsi, par exemple, dans le contexte du marxisme italien des années soixante-dix, s'opposant à l'utilisation de l'argument lockien du fabricant contre le marché, le philosophe Galvano Della Volpe, dans une étude de la critique marxienne de Rousseau, insérait cette remarque sur Locke :

> *« C'est en effet chez le déiste, ou si l'on veut le théiste raisonnable, Locke que l'on trouve l'idée que le travail lui-même est une propriété de la personne humaine en tant qu'elle est sujet de droit naturels ou innés ou rationnels purs, antérieurs à la constitution historique de l'homme en société. (...) Une chose est claire d'emblée : c'est dans cette même conception lockéo-jusnaturaliste que se trouve la base philosophique, ou le fondement le plus général, de la conception économique bourgeoise de la force de travail comme quelque chose de privé, propre à fournir l'occasion de rapports d'individu à individu et à constituer, en dernier terme, un objet d'échange, une marchandise (et non comme le croit Locke, seulement la base de la propriété privée de la terre travaillée).(...)*
>
> *Un examen même rapide de cet aspect typique du jusnaturalisme de Locke nous confirme donc combien peut être inconsistante aujourd'hui une conception de la personne comme sujets de droits naturels ou rationnels purs. Il suffit ici de penser à l'antinomie qu'il y a à concevoir le travail- ou action spécifique de la personne ou de l'individu- valeur qu'est l'homme- comme une marchandise, comme une chose, bref comme un je ne sais quoi d'inhumain (...). »*[14]

---

[13] Maurice Godelier, « Préface » à *Sur les sociétés pré-capitalistes,* CERM, éditions Sociales, Paris, 1978, p. 58.

[14] Galvano Della Volpe," Rousseau et Marx", in *Rousseau et Marx et autres écrits*, traduit de l'italien par Robert Paris, Grasset, 1974, § 4, pp. 82-83.

Della volpe considère Locke comme un théoricien du droit privé "bourgeois". Pour cela, il le prend comme représentant de la tradition du droit naturel, elle-même considérée comme l'expression précoce de ce droit civil bourgeois. Cela fait beaucoup de prémisses implicites qui sont loin de pouvoir être considérées comme acquises. On pourrait donc juger ce point de vue, largement pris dans une polémique interne, assez superficiel. Mais, quoiqu'on pense de son style d'argumentation, la raison pour laquelle nous avons cité ce long extrait est qu'il nous paraît aussi refléter, sur le fond, le type d'intérêt qu'une étude des rapports entre Marx et Locke peut avoir pour qui s'intéresse à Marx.

Il est en effet inutile de partager la vision de Della Volpe – ce que tous les marxistes ne font pas, ou pas en ces termes - pour partager deux des préoccupations qui s'y expriment : une interrogation sur la validité critique du droit naturel de propriété, et une recherche philosophique de l'origine du libéralisme. Quel que soit le sens qu'on donne ensuite à ces rapports, c'est à travers ce dernier aspect que Locke est considéré comme un auteur qui, mettant au centre de sa théorie politique le concept de propriété exclusive, entretient des rapports privilégiés avec la critique des présupposés de la société civile marchande.

A condition de maintenir les différences évidentes, et de conserver un minimum de prudence, il nous a semblé qu'on pouvait soutenir une comparaison. De ce point de vue, la seule condition nécessaire est de savoir si la connaissance qu'avait Marx de ces textes de Locke n'a pas été déformée par la chaîne des intermédiaires qui la lui ont transmise, ou par des présupposés entièrement différents de ceux de l'auteur du *Deuxième traité* (ce qui rendrait le parallèle inopérant, non pertinent, etc.). Ces points sont examinés au chapitre trois, puis *passim*.

Si écarter l'idée d'une confrontation ne nous a pas semblé historiquement justifié, opérer une généalogie sociale de l'idée de personne propriétaire ne nous a pas non plus semblé la meilleure voie pour en connaître les aspects décisifs. Montrer en Locke, et tout uniment en ceux qui reprennent en tout ou en partie ses arguments, des idéologues de la propriété, ne nous a ainsi pas paru satisfaisant. Cela aurait obligé d'abord à préciser ce que l'on peut appeler idéologie; or, il me semble qu'on peut montrer le caractère à la fois illusoire, stratégique, et légitimant de certaines argumentations, sans passer par le détour d'une explication de ce concept. Ce serait là un argument d'économie. Mais surtout, montrer que des discours confondent sous un même terme des concepts distincts, parce que cela correspond au champ d'expérience d'un groupe circonscrit socialement et sert sa cause, reste insuffisant sur le fond. Qu'une telle utilisation ait existé, en position dominante, est un fait. Cependant, il nous a semblé que la critique marxienne, qui consiste d'abord à contester la confusion entre l'appropriation à soi et le droit sur sa personne, n'était pas suffisamment cerné par là.

Singularité de Marx

La singularité de Marx a été, en effet, de maintenir tout du long la position d'une propriété individuelle indissociable de l'institution d'une association qui soit une communauté réelle, comme le montrent les passages suivants :

> *« L'association retrouve le lien intime de l'homme avec la terre débarrasé des étroites limites et de l'inepte mystique de la propriété féodale. »*[15]
>
> *« (L'association) rétablit, non la propriété privée mais la propriété individuelle du travailleur, sur la base des acquis de l'ère capitaliste. »*[16]
>
> *« (La commune) voulait faire de la propriété individuelle une réalité, en transformant les moyens de production, la terre et le capital, aujourd'hui essentiellement moyens d'asservissement et d'exploitation du travail, en simples instruments d'un travail libre et associé. »*[17]

Le fait que ces extraits soient tirés de textes qui appartiennent à des périodes différentes ne doit ici pas faire obstacle. Même si on estime que les problématiques auxquelles ils appartiennent sont hétérogènes entre elles, ils traitent d'un objet suffisamment semblable pour justifier leur rapprochement : les conditions d'un dépassement de la propriété privée. Le premier extrait présente l'association comme une solution qui garantit l'égalité et la liberté en surmontant à la fois la mystique inepte de la propriété féodale et le monopole capitaliste. L'association fait donc revenir l'intime lien personnel de l'homme avec la terre qui était contenu dans le rapport médiéval, sans l'inégalité et le développement borné de ce dernier type de production. Le second passage présente la propriété communiste comme un rétablissement du lien individuel entre l'homme, la matière et le moyen de travail, soustraction faite de la médiocrité de l'ancienne propriété directe. La troisième et dernière citation analyse en définitive l'expérience de la Commune comme celle d'une réalisation de la propriété individuelle par le travail libre et associé. Dans ces trois passages, Marx affirme donc que l'appropriation des moyens et de la matière du travail par la collectivité

[15] *Manuscrits de 44*, édition établie par Maximilien Rubel, in *Œuvres*, II, Gallimard, Bibliothèque de la Pléïade Paris, 1968, p. 40.

[16] *Capital*, Livre I, chapitre XXIV, point 7, traduction de Jean-Pierre Lefebvre, Puf, collection Quadrige, Paris, 1993, p. 855.

[17] *La guerre civile en France*, Editions sociales, Paris, 1963, p. 68.

des producteurs permet d'instituer et de rétablir une forme d'appropriation qui serait une propriété personnelle authentique.

Cependant, Marx n'a nulle part à notre connaissance indiqué les principes d'articulation entre ces éléments. Les distinctions amorcées à l'intérieur du concept de propriété entre privé et individuel peuvent ainsi laisser perplexe. Elles ressemblent à une définition stipulative, qui ne donnerait ni son contenu ni ses justifications. Si l'on nomme propriété un titre sur une chose exclusif et singulier, ce caractère singulier se traduit par une exclusion du droit des autres. On ne voit donc pas bien ce que signifierait l'idée d'un droit sur une chose fondé sur le travail direct, qui serait à la fois établi - publiquement reconnu - et individuel sans être privé.

Malgré leur rigueur plus grande, les classifications juridiques classiques ne conviennent pas davantage. Ainsi reconnaît-on, en droit civil, les différents régimes privés, publics, collectifs et individuels, et connaît-on de même la différence entre la possession de fait protégée par la loi et le plein droit de propriété. Mais, à notre connaissance, il n'y a pas de place pour une séparation entre privé et personnel. Ces termes sont au contraire pris comme interchangeables (si l'on excepte le fait bien postérieur que, dans les anciens pays de l'Est, la propriété personnelle pouvait être celle d'un individu ou d'une famille).

De façon analogue, la représentation d'une appropriation colllective des moyens de production, qui serait en même temps inséparable d'une véritable propriété singulière, heurte aussi bien les classifications communes que celles du droit civil. Certes, Marx ne dit pas que l'appropriation collective institue une semblable individualité. Mais il écrit que la "négation de la négation" permet à la fois la socialisation des moyens de production et le rétablissement de la propriété individuelle. Ce sont donc, au moins, deux moments distincts d'un même processus. Parce que nous nous figurons la propriété comme une frontière au régime de la communauté, et que nous ne voyons pas non plus comment les distinctions juridiques entre ces deux régimes pourrait lever la difficulté, la première réaction serait peut-être de rejeter ce passage comme contradictoire. Mais on peut tenter aussi de fournir une série de critères qui discriminent l'individualité de la privatisation, et qui permette de caractériser chacun de ces deux régimes, quel que soit ensuite leur étendue respective ou leur combinaison. Si l'on tient compte de tous ses aspects, la question nous semble être de savoir comment une certaine personnalisation de la propriété peut constituer une modalité, une forme ou figure particulière de la communauté, et non une limite apportée à celle-ci.

*   *   *

Il doit clairement ressortir de ce qui précède que nous n'avons prétendu traiter, ni de tous les rapports entre l'agent, le moyen et la matière du travail, ni de tous les aspects de la privatisation, mais que nous avons seulement cherché à mettre en relief le sens des tensions propres à la critique marxienne du sujet propriétaire. Par ce que nous avons nommé « problème du sujet privé actif », nous entendons donc mettre l'accent sur le fait que Marx a rencontré l'idée d'un droit originaire sur soi comme une difficulté, et non comme une évidence. Par suite, nous avons voulu examiner les conditions dans lesquelles Marx a tenté de déplacer les termes du principe de propriété de soi sans renoncer à certains de ses contenus. De ceci dépendent directement chez lui, à notre avis, la différence entre individualité et privatisation de la propriété, la portée qu'il faut donner à l'idée d'une association de travailleurs, et la critique de l'idée d'une intériorité de l'acte de travail. Autrement dit, cette étude veut montrer la présence d'une idée séminale chez Marx selon laquelle, s'il n'est pas, d'un côté, satisfaisant de poser une synonymie entre propriété personnelle ou privée et propriété individuelle, on ne peut, de l'autre, minorer la réalisation de la subjectivité dans le produit du travail. Marx a pensé qu'il devait y avoir un type de propriété, historiquement observable, qui ne définisse pas le rattachement du produit à un titulaire unique en termes qui décriraient ce rattachement comme une exclusion ou un retranchement de l'être-ensemble, de l'association ou de la communauté, bref en termes privatifs. C'est la présence de cette idée qui l'a conduit à distinguer la propriété personnelle et la propriété individuelle, pour autant que le droit positif qu'il connaissait ne le faisait précisément pas. Tout dépend donc de la différence, plus implicite mais décisive, que Marx pouvait faire entre l'individu et la personne. Il m'a semblé que cet ensemble de distinctions était suffisamment important pour la pensée marxienne de la propriété pour y consacrer un travail séparé.

En suivant ce fil, on retrouve rapidement chez lui des concepts qui touchent des questions relativement familières : celles de savoir pourquoi l'on oppose aussi facilement le public au privé ; pourquoi on lie de façon aussi apparemment inévitable le pouvoir d'un homme sur lui-même et sur les choses à sa liberté; s'il n'y a pas plus qu'une différence de mots entre s'appartenir et être propriétaire de sa personne; si la catégorie de "droit sur" est pertinente pour penser cette appartenance à soi ; et quelques autres choses encore, qui me paraissent constituer, indépendamment de la manière dont nous avons tenté d'en traiter, de bonnes questions.

A l'intérieur du genre du commentaire, cependant, il existe traditionnellement au moins deux manières différentes d'exploiter le sens des textes, comme le rappelle Fredéric Nef.

> *« Par exemple Thomas d'Aquin n'a pas laissé de métaphysique, c'est dans son commentaire d'Aristote en particulier qu'il faut rechercher sa pensée métaphysique. La fonction du commentaire était en effet différente de celle que nous connaissons : pour nous, ce genre littéraire désigne un exercice scolaire qui consiste à expliciter le texte commenté et à fournir tous les éléments de sa coimpréhension (...). Pour les médiévaux, le commentaire est plus proche de la pratique de l'histoire de la philosophie dans le courant analytique, pratique qui consiste à prendre les problèmes philosophiques des auteurs au premier degré et à évaluer la pertinence de la solution qui est proposée dans le texte. Une évolution récente de ce type d'histoire de la philosophie vers l'étude structurale des textes, sous l'influence des courants hérméneutiques et structuralistes continentaux, une tendance à l'atténuation de certaines différences entre les différentes traditions philosophiques obligent à nuancer ce qui concerne cette pratique actuelle, mais la comparaison que nous venons de faire garde sa pertinence si nous pensons à des travaux classiques comme ceux de Russell sur Leibniz (presque une caricature), de Benett sur Spinoza ou de Strawson sur Kant. »*[18]

Si l'on veut bien faire abstraction des hiérarchies et des proportions, ce travail appartiendrait nettement, dans cette classification, à la seconde et non à la première des approches mentionnées. Il s'inscrit ainsi dans une tradition assez éprouvée, en France, du commentaire. A l'intérieur des limites fixées d'avance à ce genre d'exercice, on a voulu montrer comment Marx avait traité en son temps une problématique contemporaine restée ouverte, celle de la propriété de soi. Si l'on doit certainement se demander jusqu'à quel point il est légitime de passer de la propriété de soi à celle des choses, et dans quelle mesure la première nous autorise à disposer librement de notre personne, il faut d'abord examiner comment un individu humain en arrive à se considérer *lui-même* comme sa propriété.

Dans ce contexte, on pourrait toutefois demander pourquoi nous n'avons pas davantage développé la confrontation avec les *Principes du droit*. La seule réponse que nous puissions fournir est d'ordre matériel : la question de la critique du droit politique hégélien et du droit tout court selon Hegel constituait en lui-même un sujet suffisamment complexe pour demander un autre travail, d'une taille au moins égale à celle de celui-ci. Dans le même ordre d'idées, les remarques qu'on trouvera sur l'emploi du

---

[18] Frederic Nef, *Qu'est-ce que la métaphysique?*, Gallimard, collection Folio Essais, Paris, 2004, pp. 225-226.

concept de communauté chez Marx ne prétendent pas constituer un traitement, et invitent surtout à en continuer l'étude.

Etant donné la manière dont Marx s'est attaqué au problème qui nous occupe, la question de l'exposé choisi pour rendre compte de ce traitement se posait, en revanche, assez vivement. Une exposition beaucoup plus linéaire que celle qu'il a pu suivre nous a paru la plus convenable. Malgré ses défauts connus, nous avons donc opté pour la solution moyenne d'un exposé mi-chronologique, mi-logique. Selon une pratique librement reprise à la rédaction des travaux de droit, nous avons fait suivre cette introduction d'un chapitre préliminaire, qui précise les contours du débat sur la propriété dans lequel ont pris place les assertions de Marx. Les deux textes commentés tirés des écrits dits de jeunesse ont presque exclusivement été utilisés pour montrer le type de problèmes dont sa critique hérite. Si nous ensuite avons autant insisté sur les rapports entre propriété marchande capitaliste et propriété pré-capitaliste, c'est qu'il nous a semblé que la dernière étape s'éclairait par là. Nous tentons ainsi, en troisième lieu, d'expliquer l'idée d'un rétablissement de la propriété individuelle dans le communisme. Sous ce point de vue, toute notre lecture consiste à placer en position centrale les célèbres lignes qui closent le chapitre sur l'origine de l'accumulation initiale, dans le premier livre du *Capital*.

En même temps, nous avons voulu, autant que possible, conserver à l'exposé un aspect que nous ne pouvons qualifier autrement que de marxien, en ce sens que nous n'avons pas cherché à codifier et à fixer les assertions de l'auteur plus que lui-même n'a voulu le faire. Cela a entraîné la reprise de questions semblables sur des bases nouvelles, qui lassera peut-être, mais qui ne nous pas paru évitable. Quel que soit, enfin, le jugement qu'on portera sur cette étude, nous demandons déjà l'indulgence du lecteur pour son style didactique et laborieux, qui ne nous a pas paru un coût trop élevé, s'il pouvait assurer un gain de clarté minimum dans le travail marxien de réappropriation et de reprise.

CHAPITRE PRELIMINAIRE

Marx et la controverse sur la propriété

1. LA CONJONCTURE JURIDIQUE ET POLITIQUE

Lorsque, dans les années 1840, Marx commence à publier, la propriété privée jouit d'une assise sociale qu'il est peut-être devenu un peu difficile de se représenter. Il n'est pas exagéré de parler de sacralité pour qualifier le prestige et le respect dont elle bénéficie. Avant de se fixer dans la loi, ceux-ci se traduisent dans les mœurs. Comme le signalent les historiens du droit civil, "propriétaire" est, en soi, un titre honorable et suffisant, que l'on ne craint pas d'indiquer sur sa carte de visite, comme l'équivalent d'une profession socialement considérée.[19] Les arguments de légitimation de l'institution civile constituent en même temps une tradition juridique cohérente, bientôt mise en système par la doctrine. La loi recoupe ainsi les mœurs. La contestation des deux, modérée ou radicale, au premier rang de laquelle figure les trois mémoires de Proudhon (1840, 41 et 42) l'ébranlent difficilement, et sont aussitôt considérés comme des tentatives – littéraires - de détruire l'ordre social.

Pour situer l'objet de la dispute, un point de départ commode est la définition de la propriété inscrite dans le *Code civil des français* promulgué en 1804. Bien que la dispute dépasse très largement le cadre français et le milieu des civilistes, cette définition précise ce que Marx et ses contemporains attaquaient ou défendaient. L'importance considérable accordée à la propriété apparaît déjà dans le plan du *Code*. Après un premier livre consacré aux personnes - qui occupe environ un quart de l'ensemble - le livre II s'intitule « Des biens et des différentes modifications de la propriété » et le livre III englobe les matières les plus diverses sous la

---

[19] Jean-Philippe Lévy et André Castaldo, *Histoire du droit civil*, éditions Dalloz, Paris, 2003, p. 470-471.

rubrique générale : « Des différentes manières dont on acquiert la propriété ». Comme le fait remarquer Jean-Louis Halpérin, le plan et la consultation des travaux préparatoires du nouveau *Code* confirment que la propriété « est le point névralgique autour duquel s'organise l'ensemble du droit civil nouveau. »[20]

> *« Selon Portalis, "le corps entier du Code civil est consacré à définir tout ce qui peut tenir à l'exercice du droit de propriété ; droit fondamental sur lequel toutes les institutions sociales reposent." Les travaux préparatoires sont traversés de déclarations qui affirment le primat de la propriété (...). Même les personnes ne sont considérées que sous l'angle de sujets potentiels du droit de propriété. »*[21]

En ce sens, une personne est définie par sa capacité à détenir un droit réel complet. Dans le "discours préliminaire" qui précède le texte de loi, et qui fut d'abord un discours prononcé devant le corps législatif pour justifier le titre "De la propriété", Portalis défend par quatre arguments la thèse selon laquelle la propriété est "l'âme universelle de toute législation". D'abord, on n'a jamais vu de société humaine sans propriété : « il y a des propriétaires depuis qu'il y a des hommes (...) dans tous les temps et partout. » Cet argument est une variante de la preuve par l'expérience universelle. Une institution ancienne, une pratique longue et uniforme, ne peuvent être des erreurs ou des absurdités, et encore moins, ici, des usurpations, en vertu du principe selon lequel un usage correspond à une fonction justifiée. (On remarquera que cet argument constitue le contraire de celui qui s'appuie sur l'Histoire pour montrer la relativité des moeurs et des institutions. On peut ainsi s'inscrire en faux contre l'idée selon laquelle l'Histoire ne peut montrer que ce caractère conventionnel et relatif.) Ensuite, la propriété n'est que la sanction publique d'un droit naturel, puisque l'homme « a un droit naturel aux choses nécessaires à sa subsistance et à son entretien ». En ce sens, elle n'est pas issue d'une convention passée entre les hommes ou d'une volonté législatrice ; elle résulte « de la constitution même de notre être ». Comme le moyen de subsistance et d'entretien est le travail, la troisième justification de la propriété se fonde sur "notre industrie", par laquelle « nous avons conquis le sol sur lequel nous existons », ce qui fait reposer l'acquisition de la propriété sur la force et l'habileté des hommes. L'utilité collective, enfin,

[20] Jean-Louis Halpérin, *Histoire du droit privé français depuis 1804*, Puf, Paris, 1996, Quadrige 2001 pour cette édition, p. 25. L'usage est de se reporter aux sources de la codification telles qu'elles sont consignées dans P. A. Fenet, R*ecueil complet des travaux préparatoires du Code civil*, Paris, 1827, 15 volumes, dans lequel figure l'exposé des motifs de Portalis.

[21] Idem, p. 25.

fournit le quatrième motif : « c'est le droit de propriété qui a fondé les sociétés humaines. (...) Les productions spontanées du sol n'eussent pu suffire qu'à des hordes errantes de sauvages. » L'exposé de Portalis apparaît comme une synthèse d'arguments traditionnels (celui de la convention exceptée). La plupart des arguments dont les professeurs de droit se serviront ensuite pour fonder la propriété seront des reprises et des développements d'un ou plusieurs de ces motifs. On peut noter, parallèlement, que certains termes et conceptions jusnaturalistes, comme ceux de "personne" et de "légitimation de la propriété par le travail" se sont vraisemblablement transmis de cette manière aux civilistes.

C'est dans cet esprit qu'il faut lire le célèbre article 544, qui définit la propriété comme "le droit de jouir et disposer des choses de la manière la plus absolue, pourvu qu'on n'en fasse pas un usage prohibé par les lois et règlements." Ce droit a trois attributs essentiels : il est absolu, exclusif et perpétuel. Quoique cette trilogie de termes n'ait été fixée dans la doctrine que quelques dizaines d'années après la promulgation du Code, la plupart des juristes admettent que le contenu de l'article énonce bien ces attributs. Ainsi, "exclusif" ne figure pas dans le texte ; mais la propriété d'une chose (bien meuble ou immeuble, terre ou produit de l'industrie) implique le droit d'empêcher quiconque d'autre de s'en servir. Le titre est par essence unique : pour une même chose, toute personne autre que le titulaire qui possède un droit sur elle ne peut en être le propriétaire, ce qui revient à dire que le bien doit appartenir à une personne et à elle seule. Par le fait qu'il est opposable à tous, ce droit se distingue des droits personnels civils, qui eux ne portent que sur une ou quelques personnes, comme le font les règles qui couvrent les rapports entre un créancier et ses débiteurs. "L'absolutisme" n'implique donc pas que les prérogatives du propriétaire sont illimitées mais qu'elles n'admettent pas de degrés intermédiaires : ou bien on est propriétaire, ou bien on ne l'est pas, les droits partiels sur une chose et la possession, comme on l'a vu, constituant des régimes spécifiques. Sous ce point de vue, le caractère absolu découle de l'exclusivité. Enfin, la perpétuité signifie que ce titre, au contraire de presque tous les autres, ne s'éteint pas par le non-usage du bien (celui-ci dut-il s'étendre sur plusieurs dizaine d'années). Par exemple, on ne peut exproprier pour cause d'utilité publique quelqu'un qui n'use pas actuellement de son bien.

Remise en contexte, la propriété peut ne pas apparaître comme un droit illimité d'user et d'abuser. Cependant, comme le font remarquer Jean-Philippe Lévy et André Castaldo dans leur *Histoire du droit civil*, dans le cas précis, « c'est plutôt l'aspect négatif du Code - ce qu'il ne dit pas- qui serait important. »[22] Dans cette définition, en effet, la propriété est délivrée de tous les cadres anciens qui l'entouraient, notamment de ceux qui découlaient de la collectivité et de la famille. La propriété, individuelle ou personnelle, puisqu'il n'y a pas de distinction entre ces termes, se présente dès lors comme complète et indépendante. La seule autorité sous laquelle elle est placée est celle de la loi, qui apparaît elle-même beaucoup moins restrictive que protectrice.

La propriété est en somme un pouvoir, qui appartient à un sujet personnel, qui est porteur, support, ou fondement, de son exercice. Quoique cette conception soit à bien des égards nouvelle, les rédacteurs du Code, tout autant que les juristes qui les suivront, entendaient revenir en la posant à ce qu'ils pensaient être - à tort ou à raison - les définitions du droit romain.

Dans les codes romains, en effet, deux termes principaux désignent la propriété : *proprietas* et *dominium*. Au premier, plus tardif et plus rare, les codes préfèrent le second, « terme abstrait qui apparaît, ainsi peut-être que la notion elle-même, vers la fin de la République » et signifie « l'ensemble de tous les pouvoirs que l'on peut avoir sur une chose, le pouvoir total sur une chose. »[23] Le mot qui désignait la souveraineté du père, du *dominus,* sur la famille élargie, désigne par extension la maîtrise de plein droit exercée sur des objets (parmi lesquels il faut compter les esclaves). Le trait de sens important ici est que le titre de propriétaire fait de moi un maître : le droit que je possède est un pouvoir d'user d'un être pour ma propre utilité, sans avoir de comptes à rendre à un autre homme, du moins tant que son exercice reste dans les bornes de la loi établie. Dès l'origine, la notion de droit de propriété comprend donc celle de pouvoir, sur laquelle le terme de *dominium* met l'accent. Le *Code* de 1804 qui en reprend le sens pousse aussi loin que possible son extension. "Jouir" renvoie au *fructus*, au droit de recueillir les fruits d'une chose et d'en tirer des revenus ; "disposer" renvoie à l'*abusus*, droit d'user de la chose comme bon nous semble, soit en la détruisant, soit en l'aliénant.

La prégnance de ces éléments indique que les rédacteurs cherchaient dans la propriété "en vertu du droit des Quirites" (du nom de l'élément spécifiquement romain de la population) un type de propriété dégagée des complications féodales ; ils cherchaient aussi le modèle d'une codification de la pleine propriété libre, nettement séparée de la possession et des autres droits réels. Cet enracinement dans l'héritage antique (du moins dans ce qui,

---

[22] Lévy et Castaldo, opus cité, p. 442.

[23] Lévy et Castaldo, opus cité, pp.311-313.

aux yeux de beaucoup de modernes, constituait l'héritage antique) explique la quasi-universalité de cette définition ("universalité" se prenant évidemment ici en un sens restreint, comme s'appliquant au domaine des pays européens).

Il ne suffit pas toutefois de dire que le *Code civil des français* servait de modèle en Europe, ou de texte propre à l'exégèse, pour poser que Marx s'y trouvait confronté. Plus précisément, la formation initiale de Marx dans la situation allemande de l'époque lui rendait familier ces éléments d'une manière qui le disposait à en discuter les fondements, les sources et l'interprétation. Sans entrer dans un exposé séparé, on peut en effet souligner l'importance de sa formation juridique.

Un bref rappel est ici utile. On entend généralement par legs romain les divers textes de droit (avis des jurisconsultes, interprétations autorisées de la loi, codes, constitutions impériales) compilés sous le règne de l'empereur Justinien. Ils contiennent les *Institutes*, manuel élémentaire pour étudiants, le *Digeste* ou *Pandectes*, recueil d'extraits d'oeuvres de jurisconsultes classiques, promulgué en 533, et enfin le *Code de Justinien*, recueil de constitutions impériales, promulgué en 534. Si l'on y ajoute les *novelles*, constitutions promulgués entre 534 et la mort de Justinien (564), le legs du droit romain fait une somme de quatre pièces, réunies au Moyen Age en un monument unique, baptisé *Corpus juridique civil* (*Corpus juris civilis)*. Il faut enfin y ajouter les *Institutes* de Gaius, daté de 133 et découvertes en 1816 par l'historien allemand Niebuhr.

Angleterre mis à part, les Etats européens font de ce corpus la base de leur droit civil et pénal. La situation allemande est toutefois particulière. L'Allemagne de l'époque de Marx est morcelée en trente-neuf Etats qui forment une Confédération germanique au pouvoir relativement faible. Ce morcellement explique en partie que le droit de Justinien ait été appliqué à titre de droit commun, en l'absence de l'équivalent d'un Code civil. Plus précisément, à la différence de la situation française, et au contraire d'une approche qui l'aurait considéré comme pris dans l'évolution du droit et de ses accommodements successifs (approche dite historique), le droit romain était considéré à l'époque de manière dogmatique.

> *« La méthode* dogmatique *prend tous ces textes comme des lois en vigueur et applicables, c'est-à-dire comme étant de droit positif. (...) Pour les interpréter, cette méthode a recours à l'exégèse et à la casuistique. La seconde permet de résoudre les contradictions que les textes peuvent présenter entre eux. Ces contradictions sont traités souvent comme purement apparentes : elles doivent disparaître par la conciliation des textes et la meilleure façon de les concilier consistera à montrer qu'elles ne visent pas exactement le même cas (d'où le nom de casuistique). (...) Elle a encore été brillante en Allemagne au XIX siècle, avec l'école dite des Pandectistes. Ces derniers utilisaient le* Digeste

alors toujours en vigueur en Allemagne en l'absence d'un Code civil *commun, mais pour les appliquer dans le présent, par exemple pour des machines à vapeur (ce qui, à tout prendre, n'est pas plus extraordinaire que d'utiliser le texte du Code civil de 1804 pour les automobiles ou les avions). »* [24]

Ainsi, "romaniste" et "civiliste" étant dans une large mesure synonymes, une part importante de la formation d'un juriste était assurée par des Pandectistes. Etudiant en droit à l'université de Berlin à partir de 1836 pour y terminer son cursus, Marx y suivit par ailleurs les cours de Savigny et de Gans. Cette formation juridique, relativement sous-estimée, ne constituait certainement pas pour Marx une simple étude propédeutique à la philosophie. Comme le remarque Jean-Louis Lacascade, « la formation juridique de Marx, trop oubliée au profit de sa formation philosophique, lui permit cependant d'assurer lui-même avec succès sa défense (acquittement) lors de deux procès. »[25] Comme le signale également Lacascade, les cahiers de lecture de Marx datés de 1837 mentionnent, au sein d'une culture encyclopédique, plus d'une dizaine de traités de droit, dont plusieurs traitant du droit romain, notamment *Le droit de propriété*, de Savigny[26]. Pour mesurer l'importance de cette culture préalable dans l'approche marxienne de la propriété privée (antique et moderne), on peut s'appuyer sur le type de reproches que des juristes ont précisément pu faire à Marx concernant sa vision du *dominium* :

> *« On a souvent dit, depuis le milieu du dix-neuvième siècle et depuis en particulier Karl Marx et d'autres auteurs socialistes, que la propriété romaine avait un caractère trop individualiste et antisocial. Cette opinion n'est pas exacte. Ce qui est vrai, c'est que cette propriété, après avoir servi d'arme dans la lutte contre la féodalité, a servi ensuite de modèle aux théoriciens civilistes de la propriété libérale, "bourgeoise" du siècle, et que cette utilisation a conduit Marx à s'imaginer que la propriété, telle qu'elle était décrite de son temps par les Pandectistes dont il avait suivi les cours à l'Université, sur la base de textes romains encore théoriquement applicables en Allemagne, était vraiment la propriété romaine. »*[27]

Quoi qu'il en soit de la pensée exacte de Marx sur la propriété privée et collective romaines, et de la conformité de sa critique à celle des autres auteurs socialistes ou communistes, il est certain qu'il était très familier des éléments du Code civil inspirés du droit romain, des catégories de ce droit, et que ceux-ci contribuèrent fortement à déterminer sa conception de

---

[24] Lévy et Castaldo, opus cité, p. 3.

[25] Cf. sur ce point : Jean-Louis Lacascade, *Les métamorphoses du jeune Marx*, Puf, Paris, 2002, p. 234.

[26] Lacascade, opus cité, p.235.

[27] Lévy et Castaldo, opus cité, p. 317.

l'appropriation aussi bien que de la propriété individuelle. (Il faut ajouter, comme nous le verrons plus bas, que "la science civile française" passa par la reprise et la traduction de "la science allemande", de sorte qu'une critique de la propriété à l'époque prenait de toutes les façons son point de départ dans la discussion de la définition du Code civil.)

Ce qui précède permet déjà de résumer ce que les hommes de ce temps entendaient par propriété. Ils ne visaient pas ainsi une fonction sociale qui, en même temps que des droits, donne des devoirs et des charges; il ne s'agissait pas non plus pour eux d'un droit qu'ils faisaient découler de la nature sociale de l'homme, même si l'on pouvait ensuite justifier la propriété par son utilité publique. La propriété apparaît comme le modèle du droit réel complet dont le titulaire est par essence unique. Ce "droit sur" peut être vu à la fois comme une liberté et comme un pouvoir; il se traduit par l'exercice de plusieurs "droits de", notamment celui de disposer du bien par la vente ou par la destruction. La liberté est entendue comme non empêchement dans l'exercice de l'arbitre propre à chacun. Elle s'enracine dans la propriété: parce que je suis ou peut devenir propriétaire, je dispose d'une sphère d'autonomie et d'indépendance dans laquelle la société ne peut s'immiscer. La libre disposition exclusive du bien est ainsi vue comme la garantie et l'expression de la liberté individuelle. Que la propriété ainsi définie soit, par ailleurs, considérée comme la même que celle qui est réellement établie nous semble peu contestable. L'indice le plus probant en est que les coûts sociaux ne seront pas dénoncés comme des abus, des dérives, des effets pervers de son exercice, mais comme ses retombées directes.

Puisque nous avons reconnu que l'idée de *rei vindicatio* était présente dans la question de la propriété comme dans celle de l'appropriation, on peut, pour exposer les termes de la controverse de la décennie 1840, emprunter de nouveau au droit romain une de ses catégories. Celui-ci nommait procédure de légitimation (*legitimatio*) les conditions que devaient remplir le demandeur et le défendeur dans une revendication. La légitimation pouvant avoir pour contenu et pour but une attaque aussi bien qu'une défense, le latin juridique distinguait entre la *légitimation active*, qui cherche à prouver le droit sur une chose que l'on ne possède pas, et la *légitimation passive*, qui défend un droit déjà établi.[28] Nous examinerons en suivant ce fil la figure de l'attaque, puis celle de la défense de la propriété.

---

[28] Cf. Lévy et Castaldo, *opus cité*, § 247.

Proudhon et la possession

Qu'est-ce que la propriété ?, publié en 1840, peut, à juste titre je crois, être considéré comme le premier ouvrage qui, pour la période, critique directement l'institution. C'est à ce titre que Marx le salua :

> *« De même que la première critique de toute science porte nécessairement la marque des présupposés qu'elle combat, de même l'oeuvre de Proudhon est la critique de l'économie politique du point de vue de cette science même(...). L'oeuvre de Proudhon doit donc être dépassée scientifiquement par la critique de l'économie politique (...). C'est d'ailleurs grâce à Proudhon lui-même que ce travail a été rendu possible (...). Proudhon soumet le fondement de l'économie politique, la propriété privée, à un examen critique (...). Voilà le grand progrès scientifique qu'il a réalisé, progrès qui rend enfin possible une véritable science économique. L'ouvrage de Proudhon possède pour l'économie politique moderne, la même importance que l'écrit de Sieyès* Qu'est-ce que le tiers état ? *pour la politique moderne. »*[29]

De cet éloge, on peut déduire que la première critique de l'économie politique mettra au centre les attendus de la critique proudhonienne. “La propriété, c'est le vol”, formule délibérément provocatrice et aussitôt célèbre qui ouvre le mémoire, doit être rapportée à la manière dont Proudhon examine les attributs de la propriété rappelés plus haut, et notamment le droit d'abuser. Les différentes légitimations de cette propriété sont chaque fois rejetées comme impuissantes à fonder un droit perpétuel et absolu. En ce sens, l'argumentation de Proudhon consiste à placer l'adversaire en contradiction avec lui-même (c'est pourquoi il nomme “impossible” le régime propriétaire, quoique celui-ci soit réellement établi). En ce sens également, les termes de la dispute apparaissent effectivement traditionnels, dans la mesure ou Proudhon confronte la définition civile et les justifications qu'en fournit la doctrine. Au total, de la même façon que l'esclavage nie en droit comme en fait la personne humaine, la propriété nie la liberté comme l'égalité. Les restrictions contenues dans la loi, puisque celle-ci est plus protectrice que restrictive, apportent peu ou pas de modifications.

Comme le but est précisément de déterminer les conditions d'une libre égalité entre les membres de la société, Proudhon cherche en même temps une forme d'appropriation qui, débarrassée de l'*abusus* et de l'exploitation, garantirait cette liberté. Pour la distinguer de l'institution, Proudhon cette dernière forme “possession”. Quoique l'auteur lui confère un sens plus particulier, l'usage du terme renvoie d'abord à une distinction juridique

[29] *La sainte famille*, citée ici dans l'édition de Maximilien Rubel, *Oeuvres politiques de Marx*, tome I, introduction, p. LIX-LX.

latine. Le possesseur d'une chose a la jouissance temporaire, l'usus et le fructus de cette chose. Sa possession est protégée par la loi, sans que le titre qu'il détient lui confère un droit absolu. Quelles que soient les modifications qu'il apporte à cette définition, Proudhon cherche donc dans les modalités d'une propriété réformée un enracinement de la liberté. Ainsi, toute la critique saluée par le jeune Marx s'articule directement à ce problème (sans qu'on puisse dire que c'est là la source du futur conflit entre les deux auteurs). Que cette recherche ne puisse facilement être écartée d'autres formes de critique, et au premier rang de sa critique marxienne, peut être établi par le rappel d'un autre aspect du premier mémoire.

Proudhon montre que la communauté des biens, ou communisme, n'est pas un remède suffisant aux abus du régime propriétaire. Cet aspect fait sans doute de Proudhon un des premiers anti-collectivistes, mais il n'est pas si facile de savoir quelle image de la communauté est visée lorsqu'il la rejette. C'est apparemment autour de l'année 1838 que les termes de communisme et de communistes deviennent d'emploi fréquent pour désigner, dans un sens plus précisément social et politique, les réformateurs et les socialistes les plus radicaux. Les termes apparaissent d'abord, semble-t-il, parmi les réfugiés allemands et français de Londres, groupés pour les premiers en un "groupe communiste d'éducation ouvrière" et pour les seconds en une "société communiste". Comme leurs revendications disent s'inspirer de "la communauté réelle telle que l'a comprise Babeuf," il n'est pas étonnant que l'amalgame entre des conceptions plus anciennes et les nouveaux groupes communistes se soit faite rapidement dans les esprits.[30] Ainsi, le texte de Proudhon ne se réfère probablement pas précisément à la doctrine de Cabet, dont le *Voyage en Icarie* date de 1840, mais plutôt aux souvenirs de la doctrine prêtée à Babeuf et à sa descendance politique, doctrine qui met au premier rang l'égalité des associés dans la jouissance des biens. On peut en inférer encore qu'à l'époque de la publication du *Premier mémoire*, pour beaucoup, le terme de communisme n'a pas de sens bien net: on y voit surtout une mise en commun grossièrement égalitaire des biens de production, de consommation, ou des deux, ce qui lui donne de fortes résonances péjoratives. Proudhon vise donc très probablement sous le terme de communauté toute position qui, pour remédier aux injustices de la propriété privée, propose de transférer à la société, prise comme un tout, la propriété des instruments de production et de distribution (incluant ce que nous nommons les biens d'équipement, les infrastructures, etc.).

---

[30] Sur ce point, voir Georges et Hubert Bourgin, *Le socialisme français par les textes de 1789 à 1848*, Hachette et compagnie, Paris, 1912,chapitre cinq : « les communistes », p. 83.

L'objection est que ce transfert n'aboutit qu'à reproduire à l'échelle de la collectivité les vices et les abus de la propriété privée: le changement de titulaire n'abolit pas les défauts de la fonction. Comme le résume Thierry Menuelle : « les critiques que Proudhon adresse au communisme sont de deux ordres : celles qui sont ciblées sur les doctrines qu'il connaissait et celles relatives au principe même de communauté des biens et à ses implications. »[31] Selon lui, « le communisme tel qu'il existait à l'époque en tant que projection d'un idéal statique ne peut donner lieu qu'à la dictature et à la misère. »[32]

Il est certain que cette critique du communisme ne suffisait pas aux yeux de Marx à plaider pour une association de travailleurs non communiste. Cependant, ces arguments poussaient à clarifier le sens du terme "abolition" dans le terme composé "abolition de la propriété privée". Il serait, aussi, certainement exagéré de dire que le contenu du premier mémoire de Proudhon a donné sa forme à la critique de la propriété qui s'est exprimée ensuite, ou qu'il a, pour ainsi dire, donné un langage public à la dispute sur le sujet. Ce qui nous paraît devoir être retenu cependant, est le fait que le texte développe une série d'arguments qui pèseront ensuite aussi bien dans les défenses du droit de propriété des conservateurs que dans la critique marxienne. Dès 1840, en effet, les principales thèses que nous retrouverons étaient posées :

1) comme droit exclusif d'user et d'abuser, la propriété est à la fois illégitime, absurde et antisociale;

2) la communauté n'est pas une solution au problème de la privatisation;

3) pour autant que la libre égalité doit être défendue, elle doit passer par une forme personnelle d'appropriation;

4) la possession, nettement distinguée de la propriété, doit pouvoir fournir cet enracinement.

Ces arguments s'opposent tous à l'idée d'une association qui soit une société de propriétaires privés, mais ils ne nient pas qu'une certaine propriété puisse être l'expression ou la garantie de la liberté individuelle. Si l'on considère, en même temps, que la critique proudhonienne constitue très tôt pour Marx un acquis "scientifique", on peut en inférer de manière plus éloignée que la question de la différence entre possession et propriété

---

[31] Thierry Menuelle, *Marx lecteur de Proudhon*, éditions de l'Ecole des Hautes Etudes en Sciences Sociales, Paris, 1993, p. 59.

[32] Idem, p. 60.

restera une préoccupation constante pour Marx, quel que soit le sens qu'il lui donnera par la suite.

Thiers et la propriété

Il faut confronter cela avec la légitimation passive de la propriété établie. Nous pouvons prendre comme type de ce discours *De la propriété* qu'Adolphe Thiers publia en septembre 1848.[33] Le choix de cet ouvrage peut d'abord être justifié par des raisons de conjoncture. En Juillet 1848, sous le gouvernement de la Seconde République, mais après la répression des insurrections de Juin, Proudhon fut invité à s'expliquer sur un projet de crédit qu'il avait remis à l'Assemblée nationale, où Thiers siégeait au Comité des finances. Proudhon lut un texte assez long, se défendit contre les attaques, puis Thiers, rapporteur transformé pour l'occasion en avocat de la propriété, procéda à une "réfutation" très préparée de ses propos. Le texte publié est une refonte de ce discours parlementaire.

S'il s'inscrit dans la conjoncture politique qui suit la Révolution de 1848, Thiers s'appuie aussi très largement sur une conception dominante du droit de propriété, pour laquelle "privé" est synonyme de "illimité". Cette conception est en grande partie le fruit de la doctrine civile. C'est pourquoi, pour comprendre les tentatives de légitimation passive, il est nécessaire de rappeler les grandes lignes de cette dernière.

La seconde édition, datée de 1843, du *Cours de droit civil français,* manuel issu de la collaboration entre les professeurs Aubry et Rau, fournit un modèle. Rédigé pour l'essentiel en 1837 et publié en 1839, il fut considéré dès sa publication comme le maître ouvrage de la "science civile française". Les auteurs le présentent comme la traduction d'un ouvrage allemand (ce qui confirme amplement que s'effectuait, d'un bord à l'autre du Rhin, des travaux de réappropriation du droit romain et de codification du droit civil proches par leur inspiration et leur direction). Plus précisément, dans la préface à la première édition, reproduite dans la seconde, Aubry et Rau expliquent que le besoin d'un ouvrage systématique de droit civil d'après le *Code* s'était fait largement sentir, et qu'ils ont trouvé l'exemple d'un tel ouvrage nécessaire, non en France, mais en Allemagne, parce que "le texte des §§" du manuel du professeur Zachariae "contient, sous la forme dogmatique, l'exposé des principes qui régissent chaque matière, et l'indication des conséquences les plus importantes qui en

---

[33]*Adolphe Thiers,* De la propriété *(1848), Hachette, Paris, 1898, pour l'édition consultée.*

découlent." (édition citée ici, p. VII). En réalité il s'agit d'une adaptation française, et non d'une traduction.

La première "division" de l'ouvrage est consacrée aux "droits sur les objets extérieurs pris individuellement". Les termes *exclusif* et *absolu* y sont, pour la première fois à notre connaissance, employés conjointement et de façon systématique à propos du droit de propriété. Les auteurs le définissent ainsi :

> *« § 193. La propriété, en général, est le droit en vertu duquel un objet est soumis, d'une manière absolue, au bon plaisir d'une personne. Le propriétaire est souverain par rapport à l'objet sur lequel porte son droit (...).*
>
> *§ 194. Généralités. 1°) Le droit de propriété est de sa nature illimité. (...) 2°) Cet empire illimité appartient au propriétaire à l'exclusion de tout autre. 3°) Il existe de plein droit : jusqu'à ce que soit apporté la preuve du contraire, le propriétaire est légalement considéré comme investi d'un droit illimité et exclusif. »*[34]

L'énoncé du § 193 a valeur de "droit civil théorique", c'est-à-dire, à l'intérieur de son domaine, de principe. On y retrouve le *jus utendi et abutendi* à travers l'expresion de "bon plaisir", et l'expression du *dominium* dans les termes de "souveraineté" et "empire", le premier constituant une reprise directe de la terminologie civile allemande. Conjointement, le caractère absolu est posé comme synonyme de "illimité", terme qui apparaît dans les remarques générales 2°) et 3°). La notion de souveraineté permet donc aux auteurs d'établir l'interprétation dominante de l'adjectif "absolu" énoncé dans le *Code*. Non seulement le titre de propriétaire n'admet pas de degrés intermédiaires (ce qui était déjà le sens du *dominium* par différence avec la simple *possessio*) mais ce titre ne souffre pas de restrictions (ce qui en revanche n'était pas nécessairement contenu dans les codes romains). Les seules limites, non mentionnées ici, sont celles de la loi, dont nous avons vu qu'elle était elle-même beaucoup moins restrictive que protectrice.

L'ouvrage d'Aubry et de Rau a fourni à tout étudiant français en droit, au moins jusqu'à la fin du siècle, un exposé indispensable. Il fut, concernant les points qui nous intéressent, suivi de deux autres exégèses complémentaires presque aussi importantes. Le professeur Troplong, d'abord, dans *De la propriété d'après le Code civil* (1848) considéra la

---

[34] Aubry et Rau, *Cours de droit civil français*, traduit de l'allemand de M. C. S. Zachariae, revu et augmenté avec l'agrément de l'auteur par MM. Aubry et Rau, professeurs à Strasbourg, seconde édition, deux tomes, Strasbourg, F. Lagier, 1845, seconde partie, Livre premier, p. 391 et p. 394. Les auteurs ajoutent que la traduction ne pouvait se faire que par un remaniement, de sorte que leur ouvrage apparaît surtout comme une version française, sur la base du texte allemand de la troisième édition de Zachariae, datée de 1827.

propriété comme "dérivant des sources les plus pures du droit naturel"; puis, en 1852, Demolombe, considéré comme le représentant le plus glorieux de l'exégèse, dans ses *Cours de Code Napoléon*, poussa à son terme l'interprétation de l'article 544 en complétant l'exclusivité par la perpétuité. Au total, cela faisait de la propriété un droit qui, comme l'écrit Demolombe, "confère au maître sur sa chose un pouvoir souverain, un despotisme complet".[35]

Contrairement à l'opinion des codificateurs, dont celle de Portalis, qui reconnaissait pour sa part - contrairement à ce qu'il avait dit dans son discours préliminaire - que "ce n'est pas dans le droit naturel qu'il faut chercher les règles de la propriété"[36], et à la différence aussi des premières interprétations du Code, qui admettaient sans crainte que "la propriété permanente était l'ouvrage du droit civil"[37], la propriété, selon la doctrine fixée dans la décennie 1840, apparaît comme un droit naturel de la personne indépendante, qui est seulement ensuite sanctionné et reconnu par la loi positive.

Si l'on joint ces différents moments, on voit que la fixation de la théorie dite libérale de la propriété est intimement jointe à la constitution des méthodes d'interprétation littérale du *Code*. L'élaboration et la rédaction de celui-ci résultaient eux-mêmes d'un long travail de mise en ordre du droit civil, et plus particulièrement de l'héritage romain de ce droit, considéré comme fondateur. (Le fait qu'en France, les méthodes d'interprétation du Code soient nommées "exégèses", par un parallèle délibéré avec les méthodes d'interprétation du texte biblique, montre l'autorité et la place que l'on reconnaissait au texte de 1804.) La date de publication des ouvrages juridiques fondateurs permet aussi de mesurer le poids d'une réaction de défense dans le durcissement de la doctrine civile. La peur provoquée par les journées de Juin renforça certes l'attachement des notables pour le *Code* : ainsi, autour d'un appel de l'Institut à tous ses membres, dont Thiers, les plaidoyers en faveur du régime propriétaire se multiplièrent en 1848. Mais, replacé dans un contexte à moyen terme, on peut dire que cet évènement fut surtout un accélérateur. L'évolution de la doctrine, qui aboutit à fixer le sens du terme "privé" dans "propriété privée", est largement autonome et par rapport aux contestations socialistes et communistes, et elle est antérieure à la révolution de Juin.[38] Si l'on trouve

[35] Demolombe, *Cours de code Napoléon*, 1852, T.IX, n° 543.

[36] P. A. Fenet, *Recueil complet des travaux préparatoires du Code Civil*, Paris, 1827, 15 tomes, tome XII, p. 258.

[37] Toullier, *Le droit civil français suivant l'ordre du Code,* Tome III, n° 71.

[38] Voir Halpérin, *Opus cité,* chapitre 1, pp. 56-70 et chapitre 3, pp.119-121.

cependant plus juste d'adopter une position moyenne sur cette question, on dira que le discours de défense procède à la fois d'une certitude (l'ordre propriétaire est le fondement de l'ordre social) et d'une peur (des doctrinaires contestent cet ordre). L'argumentation de Thiers, préparée et encadrée par les textes des juristes du courant conservateur dominant, fait le pont entre le milieu des civilistes et celui des politiques, ce qui explique le ton assuré de sa démonstration.

En cherchant à exposer un principe indiscutable et évident de la propriété, Thiers ne cherche donc pas à tout reprendre de nouveau depuis les fondements. Son propos n'est pas de se demander ce qu'est la propriété. La question est bien plutôt la suivante : étant donné que la propriété ne saurait être autre chose que le droit énoncé par le Code et ses exégètes, quel type de justification le rend évident et nécessaire ?

De ce point de vue, le plan de l'ouvrage mérite l'attention. Le Livre I, intitulé "Du droit de propriété", démontre par le principe de la propriété de soi le bien fondé du droit exclusif sur les choses ; le second et le troisième livres sont, successivement, une réfutation du "communisme" et du "socialisme", inférées de la démonstration du Livre I. Le livre IV, enfin, à partir des mêmes principes, justifie et limite "l'impôt". Cette disposition et le caractère didactique de l'ensemble explique que le premier livre ait été réédité en volume séparé, jusqu'au moins 1898, par la librairie Hachette (principale éditrice des ouvrages scolaires depuis le ministère Guizot). L'essentiel du texte pouvait également former une brochure destinée à réfuter les prétentions des adversaires. Sous cette forme, elle fut d'ailleurs, d'après les avertissements et avant-propos des éditions de 1898 consultées, distribuée aux ouvriers par des associations patronales.

Le livre I fonde donc sa légitimation sur trois principes tenus pour des évidences, que Thiers déduit les uns des autres. Premièrement, chaque homme est propriétaire de sa propre personne, pour autant qu'il est un être sentant, voulant et conscient. De cette propriété, qui n'est pas sociale, découle une seconde, celle des fruits du travail de cette personne. Le *fructus* tire sa légitimité du premier titre que chacun possède sur les activités contenues dans sa personne et qu'il incorpore aux choses. Ces deux propriétés sont des libertés élémentaires sur lesquelles la société n'a pas de titre particulier à faire valoir, mais qu'elle est ensuite intéressée à garantir, parce qu'elles sont des facteurs nécessaires à sa prospérité et à son progrès. Les échanges de biens et de services, la circulation monétaire et le droit d'héritage sont des prolongements directs de ces premiers droits subjectifs. Les Livres II et III montrent à partir de là que les revendications socialistes et communistes sont incohérentes, liberticides et antisociales, puisqu'elles veulent à la fois abolir les conditions de la liberté individuelle et celles de l'utilité publique.

Nous avons ici une opposition qui est presque un cas d'école : très éloigné du style du pamphlet, de celui du manifeste et même de celui de la plaidoirie, l'ensemble tranche par ses effets oratoires discrets (étant donné le style d'époque). Le style de Proudhon, beaucoup plus ironique et vindicatif, donne aussi l'impression que celui qui conteste est obligé d'argumenter de façon beaucoup plus dialectique et beaucoup plus référencée (ce qui corroborerait aussi une remarque de Pierre Bourdieu, selon laquelle un homme cultivé venu des classes populaires se sent toujours obligé de confirmer le sérieux de son propre discours). Rapporté au style proudhonien, celui de Thiers ressemble assez à celui d'un professeur qui répèterait une démonstration connue devant un étudiant raisonneur. La certitude d'avoir un droit sur une chose parce que j'en suis l'auteur par mon activité est suffisamment forte pour que celui qui l'attaque semble s'élever à la fois contre une évidence et contre un droit élémentaire de l'agent libre. En revanche, celui qui défend l'institution peut s'étonner qu'on les conteste.

D'un autre côté, la démonstration assurée de Thiers ne répond pas aux considérations les plus audacieuses de Proudhon :

> *« De même que la création de tout instrument de production est le résultat d'une force collective, de même aussi le talent et la science dans un homme sont le produit de l'intelligence universelle et d'une science générale lentement accumulées par une multitude de maîtres et moyennant le secours d'une multitudes d'industries inférieures. Quand le médecin a payé ses professeurs, ses livres et ses diplômes et soldé toutes ses dépenses, il n'a pas plus payé son talent que le capitaliste n'a payé son domaine et son château en salariant ses ouvriers. L'homme de talent a contribué à produire en lui-même un instrument utile : il en est donc co-possesseur, il n'en est pas le propriétaire. Il y a tout à la fois en lui un travailleur libre et un capital social accumulé : comme travailleur, il est préposé à l'usage d'un instrument, à la direction d'une machine, qui est sa propre capacité ; comme capital, il ne s'appartient pas, il ne s'exploite pas lui-même, mais pour les autres. »*[39]

Le texte de Thiers n'a pas une très bonne réputation. Quoiqu'on pense de l'activité politique de son auteur, il ne nous paraît cependant pas juste de prêter à cet ouvrage, et plus largement au discours de défense, un parti pris exagérément réactionnaire. La revendication d'une propriété strictement personnelle comme condition de la liberté s'inscrit aussi dans la

[39] Proudhon, *Qu'est-ce que la propriété?, premier mémoire sur la propriété*, édition citée, p. 137. (Rappelons que pour cet ouvrage, nous nous référons à la nouvelle édition qui reprend l'édition de 1926 faite par Michel-Auge Laribe pour les éditions Marcel Rivière, éditions Tops/ H. Trinquier, Antony, 1997.)

proclamation de l'égalité civile et du droit égal à la sûreté, donc dans une partie de l'héritage révolutionnaire.

Bien que ces articles soient universellement connus, on peut rappeler que la propriété est mentionnée deux fois dans la déclaration de 1789. A l'article deux, la propriété est rangée avec la liberté, la sécurité personnelle et la résistance à l'oppression, dans les droits imprescriptibles de chaque homme. Il est difficile de dire sur la foi de ce seul article si la propriété désigne dans la déclaration le droit sur les biens, le droit sur soi ou les deux. L'article dix-sept précise en revanche que la propriété privée des biens doit être protégée de l'arbitraire de la puissance publique. Cela permet de dire, au choix, soit que la propriété est entendue dans le même sens dans les deux articles, soit que le même terme y recouvre des sens différents. Dans tous les cas, la défense des juristes et des écrivains s'enracine dans la défense de la liberté personnelle, conçue comme droit subjectif opposable à l'Etat aussi bien qu'à la collectivité. Sous cet angle, le texte de Thiers fournit l'exposé d'une série d'arguments typiques de la propriété établie comme défense de la liberté de la personne, auxquels toute attaque doit se confronter, ne serait-ce que pour les écarter.

Si l'on ne retient que ce qui concerne le texte publié, abstraction faite des comptes-rendus journalistiques et épistolaires concernant les allocutions de Proudhon et de Thiers à l'assemblée en Juillet 48, Marx fait deux fois un sort à *De la propriété*, dans *Le capital*. Dans le Livre I, le début du chapitre sur "la prétendue accumulation initiale", présente le raisonnement commun sur l'origine de l'accumulation de capital : « Il était une fois, il y a bien longtemps de cela, une élite laborieuse d'un côté, intelligente et avant tout économe et, de l'autre, une bande de canailles fainéantes (...) »[40] et « (c')est ce genre d'histoire puérile et insipide que, par exemple, Monsieur Thiers rabâche encore aux français, jadis si spirituels, en y mettant le sérieux de l'homme d'Etat, pour défendre la propriété. »[41] Dans ce premier passage, Thiers est un auteur qu'on prend comme "exemple" et qui "rabache" des manières de parler usées et fausses. Dans une seconde citation, qui constitue une note du troisième livre, le même ouvrage est qualifié plus sévèrement encore de « très médiocre ouvrage sur la propriété (réimpression de son

---

[40] *Capital*, Livre I. chap. xxiv, "1. Le secret de l'accumulation initiale", trad. Lefebvre, Puf 1983, rééd. 1993, p. 803. (Toutes nos références au Livre I renvoient à cette traduction et à cette édition.)

[41] Idem, p. 804.

discours de 1849 contre Proudhon à l'assemblée nationale française) (...). »[42]

Cela montre que Marx était depuis longtemps familiarisé avec les développements dont le texte de Thiers fournit un type. On peut donc poser que lorsque Marx intervient dans le débat, plusieurs arguments considérés comme décisifs sont devenus des lieux communs. S'il ne juge pas utile de les commenter dans le détail, cela peut signifier, ou que son propos est complètement ailleurs, ou que sa manière d'intervenir dans la dispute consiste à en déplacer les termes. Comme la première possibilité s'élimine d'elle-même, le choix de la seconde revient à dire que la manière propre de Marx consiste à reprendre la question, pour en subvertir des termes qu'il suppose connus.

2. LES CHAINES DE CONCEPTS

Pour comprendre la portée de ces mêmes termes, nous avons pensé qu'il était utile de prendre en compte l'usage étendu dans le temps du principe de propriété de soi. Le premier et le plus important maillon de la chaîne nous a semble ainsi être la déduction de la propriété des choses à partir de la propriété de soi qu'opère Locke dans les §§ 25-36 du *Second traité du gouvernement*, plus précisément aux §§ 27 et 28. L'une des objections immédiates à ce type de rapprochement est que deux auteurs aussi éloignés l'un de l'autre ne peuvent parler des mêmes choses. Un argument auxiliaire serait que, en mettant les choses au mieux, la connaissance qu'avait Marx du *Second traité* a été déformée. Les défenseurs du droit privé "bourgeois" ne parlent pas, en somme, de la même chose que Locke. Sans maintenant répondre sur ce point, simplement afin de faire voir sa proximité avec la controverse dont nous sommes partis, commençons par rappeler les prémisses de la déduction lockienne.

Locke admet, à titre de vérité révélée par l'Ecriture aussi bien qu'à titre de vérité découverte par la raison, une communauté originaire du sol, des fruits de la terre et des animaux. Chaque personne doit être considérée comme ayant un droit égal à celui d'une autre sur les trois choses mentionnées. Ainsi, chaque homme est l'analogue d'un copropriétaire. Locke pose pourtant, comme exception évidente à cette communauté, la propriété exclusive par chacun de sa propre personne. Celle-ci est tenue pour un principe nécessaire qui n'a pas lui-même besoin d'une déduction. Puisque le travail est, non moins évidemment, la propriété de la personne,

---

[42] *Capital*, livre III, sixième section, note a, éd. M. Rubel, Gallimard, Paris, 1968, p. 1295. Toutes nos références à ce livre renvoient à cette édition.

l'ajout à la chose de ce travail personnel supprime le droit commun qu'avait jusque-là sur celle-ci les autres hommes. Même si le titre ainsi acquis n'est pas sans restrictions, il suffit pour déclarer : "ceci n'est plus à vous".

Il est certain qu'on ne peut se fier à une simple ressemblance; on accordera toutefois, je crois, que l'utilisation du principe de propriété dans le discours de défense a justement des ressemblances qui font du moins question avec le principe posé par Locke un siècle et demi plus tôt. Pour, simplement, donner une idée de l'intérêt d'une confrontation des propositions de Marx avec cette argumentation, on peut donner un aperçu des résultats qu'on peut en attendre, tel que les résume par exemple Etienne Balibar :

> *"La dialectique mise en oeuvre par Marx conduit aussitôt à mettre au jour (...) la proposition anti-lockienne du caractère* transindividuel *de l'activité productive et par conséquent de l'appropriation qu'elle réalise. Il faut donner à cette thèse sa force maximale pour comprendre les conclusions auxquelles Marx veut en venir : non seulement le travail se socialise historiquement, ou devient* trans-individuel, *mais il l'a toujours été essentiellement, en tant qu'il n'y a pas de travail sans coopération, même dans ses formes les plus "primitives", et que l'isolement du travailleur productif dans son rapport à la nature, ne représente jamais qu'une apparence. Il n'y a donc aucune chance pour que le travail personnel, au sens d'isolé et d'exclusif, de l'individu, lui approprie quelque partie du commun que ce soit, et ce n'est pas sur ce fondement qu'on peut établir le droit de propriété, sauf à titre de fiction idéologique (...). »*[43]

Même si on pense que la fondation lockienne n'appartient pas au genre de la légitimation idéologique, et que la portée anti-lockienne des propositions de Marx est par ailleurs compliquée à établir, on peut ainsi convenir que la question a un intérêt, et qu'établir l'apport de Marx suppose précisément de confronter son argumentation avec celle de Locke. Il n'est, sans doute, ni nouveau, ni original d'affirmer qu'on ne peut rien faire seul, ou que sans le travail de tous ceux qui contribuent à l'achèvement d'une œuvre, celle-ci s'en ressentira. Il est cependant moins facile de savoir ce qu'on doit en inférer : le sens de l'assertion : ceci est mon œuvre, doit-il être révisé ? En quel sens doit-on alors prendre les idées d'auteur et de propriété ?

Pour autant, il est impossible de sauter les maillons de la chaîne qui donne un sens au projet. Par exemple, le nom de Locke apparaît peu ou pas dans le débat contemporain sur la propriété. Proudhon, dans le premier

---

[43] Etienne Balibar, "Le renversement de l'individualisme possessif", Colloque de Cerisy-la-salle sur "La propriété", 9-19 Juillet 1999, version remaniée en vue de la publication, p. 22.

mémoire, le mentionne en une seule occasion, mais à propos de l'hypothèse d'une matière pensante, non à propos de la propriété. Thiers, dans sa brochure, ne le cite jamais. Dans le même temps, comme le fait remarquer Pierre-François Moreau dans sa présentation des auteurs qu'il regroupe sous le nom de "libéraux", « Locke formule de façon exemplaire la chaîne de conséquences par laquelle on passe de là (le droit sur sa propre personnalité vivante) à tout le reste. Cette chaîne sera largement diffusée. (...) Deux siècles après, le raisonnement passe intact dans le livre de Thiers (...). »[44] L'absence de référence dans les textes récents, alors que les arguments sont en partie repris ou critiqués, indique que l'argumentation lockienne était devenu un *topos*. On peut donc supposer qu'elle était si bien diffusée que ce statut de lieu commun avait sans doute fini par minorer ou effacer le texte lui-même. (Ce qui ne signifie pas qu'il était bien lu et compris mais ce qui peut expliquer, en revanche, qu'il soit aussi devenu une figure appauvrie et usée du discours de légitimation.)

Si on le considère ainsi jusqu'à un certain point, cela signifie également que l'auteur et sa problématique comptent moins, du point de vue conjoncturel, que la question qu'il traite et les figures qu'il emploie. D'un autre côté, on peut dire également que ce sont la réactivation du principe de propriété de soi par le discours de défense aussi bien que sa reprise par les revendications socialistes qui ont amené Marx à rencontrer ce principe comme un problème.

3. PROPRIETE ET APPROPRIATION INDIVIDUELLES : LA POSITION DU PROBLEME

Résumons. Pour Proudhon, il s'agit de se demander si le droit civil ne confond pas des titres et des prérogatives très différentes sous le concept et le dispositif de la propriété. Plus précisément, il s'agit d'examiner les liens réels qui unissent l'activité à la propriété, et celle-ci à la liberté de la personne. C'est la dissolution du lien entre le droit privé d'appropriation et ses cadres collectifs anciens, ainsi que le caractère absolu de ce droit, qui sont remis en cause, avec plus ou moins de radicalité. Cela entraîne une série de considérations, touchant la nature de la communauté, l'indépendance de la propriété, le pouvoir qu'elle procure non seulement sur les choses mais aussi sur les hommes qui produisent les objets: toutes choses qui sont à la fois très contemporaines et assez anciennes. On peut donc dire que ce sont la compréhension et l'extension du prédicat "privé" qui forment l'objet de la dispute sur la propriété.

---

[44] Pierre-François Moreau, *Les libéraux*, Seuil, Paris, 1978, p. 33.

Celle-ci est surdéterminée par la gravité des enjeux qu'on lui prête. Le raisonnement qui la sous-tend est certainement simpliste mais il n'est jamais absent des textes des participants : si la propriété est un des fondements de l'institution sociale, l'attaquer revient à se déclarer hostile à la société et à ses membres qui se trouvent être propriétaires. Cela permet d'étudier sans les taxer rétrospectivement d'hyperboles, le qualificatif de sacré appliqué à l'institution par ceux qui la défendent, et celui d'ennemi du genre humain, appliqué à ceux qui la contestent. Cela permet aussi de voir que la controverse s'exprime en termes ambigus. Par exemple, “antisocial” peut alternativement qualifier le partisan de la propriété ou son adversaire. Comme dans la plupart des débats politiques, la figure de la rétorsion joue un rôle massif ; on aurait tort cependant de n'y voir qu'une habileté rhétorique. En l'espèce, un discours est contraint d'examiner les modes d'acquisition de la propriété, ainsi que l'étendue de la validité et l'utilité publique de ceux-ci.

L'argument décisif du discours de défense, tel qu'on le lit notamment dans l'ouvrage de Thiers, est la position évidente d'une première propriété de sa personne. Le droit exclusif sur une chose découle du travail. Qu'il soit tâche, peine ou production, ce travail est une activité indiscutablement personnelle. Donc la propriété du produit du travail découle directement du droit exclusif et absolu que chacun a sur sa personne et toutes les activités qu'elle contient. Outre qu'elle semble avoir pour elle la force de la forme, l'avantage d'une telle stratégie est que, quoiqu'elle vise à fonder une utilité personnelle particulière, elle fait appel à un principe qui ne dépend pas des institutions humaines. Il est donc naturel au sens où, lorsqu'il s'énonce, il n'entend pas tirer sa valeur d'une référence aux conventions changeantes et propres à un groupe, même très élargi. Par un argument classique, une certaine “nature” est ainsi saisie, en dernière instance, comme un principe de légitimation d'une institution civile. Celle-ci est en même temps liée immédiatement à la liberté. La propriété est l'expression la plus élémentaire et la moins contestée des droits personnels. Pour toutes ces raisons, en voulant supprimer la propriété privée, socialisme et communisme ne peuvent qu'être liberticides.

Pour les penseurs socialistes, répondre à cela ne semblait pas d'abord très difficile. L'argument cité ignorait ou feignait d'ignorer la distinction faite par les communistes entre la propriété directe et la propriété privée des moyens de production coupée du travail direct ; d'autre part, il pouvait aisément être retourné contre ceux qui l'employaient. Si, en effet, la propriété établie devait être jugée au nom du droit naturel, et que celui-ci donnait indiscutablement à l'ouvrier un droit sur soi et sur son ouvrage, alors la réalité économique devait justement être réformée, puisque la masse des producteurs directs n'avait pas droit au produit de leur travail, tandis que les propriétaires en titre ne produisaient pas directement. Il arrive certainement à Marx d'utiliser cette rétorsion ; Engels et lui écartent par une figure semblable le discours de défense dans le *Manifeste* :

> *« Vous êtes saisis d'horreur parce que nous voulons abolir la propriété. Mais dans votre société actuelle, la propriété privée est abolie pour les neuf dixièmes de ses membres ; si cette propriété existe, c'est précisément parce qu'elle n'existe pas pour ces neuf dixièmes. »* [45]

On peut donc voir là l'un des *topoï* de la pensée socialiste au sens large, qui est loin d'être superficiel. Cependant, cette réponse, aussi contestable que soit l'attaque, n'est pas entièrement décisive, parce qu'elle part du même présupposé que le discours auquel elle répond. Dans tous les cas, en effet, la manière dont la personne s'approprie ses actions, sensations et sentiments, reste décrite par la catégorie d'un "droit sur" ou d'un "pouvoir sur" fondateurs, d'un *dominium,* même si les attributs de ce dernier ne sont pas identiques à ceux du droit positif sur les choses. Et, quoique la société soit ensuite intéressée à le protéger, ce premier *dominium* ne découle pas de l'existence sociale de l'homme ; il définit au contraire un rapport privé de soi à soi. Critiquer sur le fond la propriété établie, c'est examiner ce titre originaire.

La position d'une propriété de soi comprend en fait trois jugements en même temps : elle énonce un droit exclusif; elle traduit ou elle interprète immédiatement celui-ci en termes de « pouvoir sur »; elle attribue à ce titre un caractère originaire ou principiel (ou encore naturel), censé en rendre l'usage décisif dans une controverse. Cela rend identiques détenir un droit, être libre et posséder un titre ou un pouvoir ; pouvoir et droit sont synonymes parce que le principe de sûreté de la personne est précisément décrit en termes de "droit sur". Ce geste n'entraîne pas nécessairement qu'on fasse de l'individualité un sujet détaché, autosuffisant, qui serait séparé de l'autre homme et de la communauté. En effet, quand je fais référence à un tel pouvoir sur moi, je peux vouloir seulement dire que nul homme n'est le seigneur d'un autre, et en ce sens, il s'agit moins d'opposer ses droits à ceux de tous les autres que de protéger les premiers éléments de la liberté de chacun. Mais l'entrée dans la critique doit se faire en examinant le *dominium* ici impliqué. C'est bien sûr par là que nous revenons à Locke.

En conséquence, à supposer que ce même principe soit réellement établi, il faut se demander quelle sorte de liberté il serait capable de protéger. L'autre côté du même problème dépend donc de l'idée qu'on se fait de la liberté. On peut, pour en préciser la notion chez Marx, tirer

---

[45] *Manifeste du parti communiste,* Editions sociales, Paris, 1972, p. 75.

quelques remarques de l'emploi du terme "homme libre" dans "l'association d'hommes libres", qui fournit un synonyme de "communisme" pour se représenter l'organisation sociale future, dans le premier chapitre du *Capital*. Le sens de ce dernier terme n'implique pas que le membre de l'association soit seulement émancipé de la dépendance à l'égard du propriétaire privé moderne. Il ne préjuge pas non plus des modalités concrètes du développement individuel. En revanche, il exclut l'idée que l'association soit composée d'individus qui ne réunissent pas déjà certaines conditions jugées élémentaires de la liberté. Je ne crois pas utile de montrer que, dans ce cas précis du moins, Marx ne séparait pas cette exigence avec celle d'égalité. Si, comme la critique proudhonienne l'avait mis en relief, le "régime propriétaire" est incompatible avec l'égalité comme avec la liberté, l'abolition de ce régime par transfert de la propriété à la collectivité n'est pas une solution. Elle n'offre pas davantage de garanties pour la liberté individuelle. Il s'agit donc de savoir si le maintien ou l'institution d'une certaine forme de propriété personnelle est une des libertés élémentaires que l'association présuppose et maintient.

* * *

Ces questions, ainsi que le problème dont elles dépendent (savoir quels types de propriété et d'appropriation, donc, peuvent être une condition de la libre disposition par chacun de son personnalité) n'ont été formulés par Marx ni en ces termes, ni en d'autres. Il n'y a cependant là pour le commentaire qu'une apparence de paradoxe. Elle se dissipe dès qu'on se place dans le cadre de la critique marxienne. La plupart des écrits de Marx interviennent dans des domaines disciplinaires déjà constitués, ou près de se constituer. Cela indique qu'il ne s'agit pas pour lui de revenir à une question première en reprenant tout à neuf depuis les fondements. Sa pratique consiste plutôt à faire la généalogie des concepts utilisés dans ces domaines, soit pour se les réapproprier à titre de matériaux, soit pour en exploiter les ressources jusqu'à leurs limites, soit encore pour déceler les illusions qui y déterminaient précisément la position des questions. Certes, il n'y a pas jusqu'au bout opposition entre la démarche qui consiste à déceler des illusions tenaces et celle qui consiste à revenir à une question initiale en reprenant tout depuis les fondements : la première amène ou accompagne la seconde. Cependant, cette manière de prendre part à une dispute, et d'y prendre parti, définit bien une position singulière, ce qui justifierait déjà pleinement le terme "critique" qui titre ou sous-titre la plupart des ses oeuvres.

L'énoncé d'un tel problème permet peut-être également de montrer ce que l'on cherche à faire en philosophie politique, en distinguant celle-ci de l'histoire des idées. Il n'est pas nécessaire d'interpréter la propriété de soi en termes de prérogatives absolues ou illimitées, d'y voir un droit originaire indépendant des toute association ou communauté, etc., pour y voir une difficulté et pour mettre celle-ci au centre. En effet, c'est l'idée même d'un droit sur soi qui nous semble l'objet de la critique, et non pas seulement la confusion qu'on peut faire entre la propriété de la personne et celle des objets extérieurs.

Etant donné sa stratégie critique, on ne peut vraisemblablement pas attendre de Marx qu'il commence par examiner le fondement légitime de toute propriété. Mais on ne peut inférer de ceci qu'il ne s'occupe pas du tout de cette question, ne serait-ce qu'en en déplaçant les termes ou en critiquant les présupposés d'un droit originaire, toutes opérations qui me semblent bien effectuées dans les textes. De la même façon, si beaucoup d'arguments étaient déjà devenus des *topoï* dans le moment où Marx critique la propriété, cela explique qu'il n'ait pas jugé utile de s'y attarder, mais cela ne permet pas d'en inférer qu'il ne les connaissait pas et n'en disputait pas, y compris sous la forme d'un *argumentum ex silentio*. C'est, parfois, à trouver un contexte interprétatif à ces silences et, le plus souvent, à déplier les arguments, que nous nous sommes avant tout attachés.

CHAPITRE I

Deux textes sur la propriété

On n'a certainement pas fini de discuter du sens et de la place qu'il convient de réserver dans l'économie d'ensemble des œuvres de Marx aux écrits dits de jeunesse (c'est-à-dire principalement le *Manuscrit de 43* consacré à la critique du droit politique hégelien, les cahiers des *Manuscrits de 44*, ou première *Critique de l'économie politique*, auxquels on peut adjoindre *L'idéologie allemande* qui constitue une sortie hors d'au moins certains des schémas précédents). Plusieurs raisons peuvent expliquer cela: le caractère manuscrit, avec ce qu'il suppose d'élaboration, de retours, d'hésitations significatives; l'usage que Marx fait à ce moment de schèmes ouvertement revendiqués comme des héritages, notamment celui de la problématique de Feuerbach; la récurrence de certains concepts dépendant de celle-ci, comme ceux de dissociation et de dépossession ; enfin - ce qui n'est pas le moins important - la réthorique et la dialectique de Marx. De ces points de vue, chacun de ces textes mériterait un volume séparé.

Notre problème étant plus restreint, et ne supposant pas nécessairement une telle étude, nous avons procédé sur la base de la restitution qui précède, en isolant deux textes brefs qui nous paraissent, dans des styles différents, décisifs pour le traitement des concepts d'appropriation et de propriété individuelle.

Le premier, pris dans les cahiers des *Manuscrits de 44* porte sur l'une des représentations les plus explicites qu'à cette époque Marx a laissées du communisme; le second isole une partie de la longue polémique avec Stirner dans *L'idéologie allemande* et porte plus précisément sur la confusion du propre et de la propriété. De ce point de vue, ce chapitre ainsi que le suivant constituent, comme déjà signalé, une invitation à continuer l'étude de ces textes dans la direction indiquée.[46]

[46] Par souci de place, nous n'avons ainsi pas pu insérer de traitement ni de *La question juive* ni de la *Critique du droit politique hégélien*. Cependant, concernant ce premier texte, la controverse de la propriété permet également de situer les éléments d'un travail d'explication.

I. La production comme amour

« Supposons que nous produisions comme des êtres humains : chacun de nous s'affirmerait doublement dans sa production, soi-même et l'autre. 1° Dans ma production, je réaliserais mon individualité, ma particularité ; j'éprouverais en travaillant la jouissance d'une manifestation individuelle de ma vie et, dans la contemplation de l'objet, j'aurais la joie individuelle de reconnaître ma personnalité comme une puissance réelle, concrètement saisissable et échappant à tout doute. 2° Dans ta jouissance ou ton emploi de mon produit, j'aurais la joie spirituelle immédiate de satisfaire par mon travail un besoin humain, de réaliser la nature humaine et de fournir au besoin d'un autre l'objet de sa nécessité. 3° J'aurais conscience de servir de médiateur entre toi et le genre humain, d'être reconnu et ressenti par toi comme un complément à ton propre être et comme une partie nécessaire de toi-même, d'être accepté dans ton esprit comme dans ton amour. 4° J'aurais, dans mes manifestations individuelles, la joie de céer la manifestation de ta vie, c'est-à-dire de réaliser et d'affirmer dans mon activité individuelle ma vraie nature, ma sociabilité humaine (Gemeinwesen). Nos productions seraient autant de miroirs où nos êtres rayonneraient l'un vers l'autre. »[47]

Devant un tel texte, poser qu'il s'agit d'y penser la révélation des forces propres de l'homme serait sans doute vrai mais demeurerait insuffisant. Marx semble traiter plusieurs questions en même temps: à quelles conditions la production d'un objet exprime-t-elle l'individualité ? Qu'est-ce qu'un lien proprement humain? Comment la seule valeur d'usage d'un produit crée-t-elle ce lien? La production est-elle l'intermédiaire nécessaire entre ma personnalité et l'essence commune (*Gemeinwesen*) ? En quel sens le recours à une communauté est-il une critique de toute privatisation ? Toutes ces questions s'articulent, dans le fond, autour de la possibilité et de la figure d'un travail qui serait définitivement délivré de la propriété privée. Cependant, comme Marx semble voir dans une telle production la preuve sentie d'une reconnaissance mutuelle -métaphorisée par l'image du miroir, on peut supposer, plus précisément, qu'il traite de la question suivante : à quelles conditions le produit du travail peut-il être une preuve d'amour mutuel ?

A supposer qu'elle ait un sens pertinent, cette formulation pourrait être considérée comme étrangère à la critique rationnelle de l'économie politique. On pourrait en effet faire remarquer, comme le fait Allen Wood,

---

Par ailleurs, les textes commentés dans ce chapitre peuvent aussi être considérés comme typiques d'un certain état de la pensée de Marx.

[47] *Manuscrits de 44/Economie et philosophie*, notes de lecture, *Oeuvres II*, édition établie sous la direction de Maximilien Rubel, Gallimard, Paris 1968, p. 33. Toutes nos citations renvoient à cette édition.

que de tels passages sont, « trop poétiques pour fonder une théorie sociale. »[48] Cependant, la question resterait de savoir si, à ce moment précis, Marx cherche à fonder quelque chose comme une théorie sociale. Il nous paraît plus juste de prendre le texte comme une inversion de la réalité de la division du travail et des rapports de propriété historiquement constatables, ce dont Marx est parfaitement conscient. De ce point de vue, comme le résume Hans Joas, cette description apparaît d'autant plus lumineuse que le présent est « justement caractérisé aux yeux de Marx par le fait que le travail ne représente pas pour l'homme une libre expression de soi, mais un simple moyen de subsistance. »[49]

Propre, production, propriété

Significativement, le terme de travail est tout au long du texte remplacé par celui de production. On peut bien sûr y voir la marque d'une volonté de rejeter un terme dont la charge historique renvoie à la douleur et la peine pour qualifier une opération qui, d'après Marx, engendre la jouissance. On peut cependant aussi évoquer d'autres raisons: le terme de travail désigne aussi bien l'activité que son résultat considéré séparément ; celui de production a en revanche l'avantage de lier immédiatement une mise en forme, une manipulation et un résultat final (le terme latin *pro-ducere* signifiant à l'origine faire avancer, faire sortir). Ainsi, dans la mesure où son sens est très proche de l'idée d'objectivation des capacités et d'expression de soi, le producteur humain apparaît comme un sujet individuel dont la subjectivité est intimement jointe à un objet extérieur.

L'accent mis sur cet aspect doit être rapporté à l'idée d'une « psychologie concrète », terme employé par Marx quand il pose que l'industrie est la révélation des forces exotériques de l'homme et que l'étude de celle-ci est la véritable introduction à la psychologie.[50] D'après cela, le sentiment d'authenticité et de reconnaissance passant par l'activité, il n'y a pas de trait individuel observable qui puisse être jugé important par un psychologue et être étudié indépendamment de la production et des objectivations du sujet. C'est donc à travers son ouvrage qu'on lit dans la personnalité d'un homme et, dans les conditions « humaines » décrites ici par Marx, on pourrait pour ainsi dire y lire à livre ouvert. Marx pousse donc aussi loin que possible l'idée que le produit du travail est une extension de la personnalité. C'est à ce titre que l'objet est mien, au contraire de l'argent,

---

[48] Allen W. Wood, *Karl Marx*, Routledge & Kegan Paul, London, 1981, p. 81.

[49] Hans Joas, *La créativité de l'agir*, traduction française, Seuil, Paris, 2003, p. 102.

[50] *Manuscrits de 44*, édition citée, p. 35.

“cette chose qui”, comme l’avait écrit Carlyle, “quand je l’enfermerais derrière cent verrous, serait moins que tout autre mienne.” Le concept de production conduit ainsi à poser une extension de ma vie active dans l’objet. Conduit-il pour autant à poser celui d’une vraie propriété ou d’une propriété authentique, opposée aussi bien à l’absence de propriété qu’à la propriété privée ?

On serait d’abord tenté de répondre affirmativement. Le texte conjugue en effet l’idée d’extension et celle d’œuvre en les poussant ensemble aussi loin que possible. La véritable propriété semble relier la chose à la personnalité au point de faire de celle-là un prolongement indiscutable de celle-ci. On est donc invité à poser que, pour Marx, la production est la réalisation de mon propre. De là, on passera sans doute à l’idée connexe selon laquelle l’appropriation humaine est la réalisation de l’authentique propriété. Et peut-être, au final, si on se porte à l’autre bout de l’œuvre, on sera conduit aussi à voir, dans la proposition selon laquelle le communisme rétablit la propriété individuelle, un écho, une résurgence ou un aboutissement de cette idée affirmée dès 1844. Le communisme serait ainsi l’état social qui rend ses œuvres au travailleur ; cette restitution serait ce que l’on peut et ce que l’on doit véritablement appeler propriété.

A suivre ceci, on tiendrait un fil directeur de lecture. Mais à son encontre, on peut faire plusieurs remarques. Du point de vue de la reprise d’une argumentation lockéenne, s’il est vrai que Marx s’en retrouve très près, et qu’il semble même la pousser à bout, au point de faire de tout produit personnel la réalisation de la liberté, rien ne montre qu’à cette date, Marx voit surtout en Locke un penseur de la propriété : on n’en trouve pas de trace semblable dans *La sainte famille* et *L’idéologie allemande*. Surtout, il n’emploie ici ni le terme de propre, ni celui de propriété, ni celui de droit, pour qualifier cette extension de la personnalité dans les objets extérieurs. S’il emploie le terme de production, on ne trouve pas celui d’œuvre. Plus largement, il n’utilise pas les termes de possession ou de véritable propriété, pour qualifier cette réalisation de soi ; il ne distingue pas entre plusieurs espèces de propriété (dont l’une serait authentique), et il ne délimite pas non plus l’extension légitime de celle-ci. Autrement dit, il ne semble pas recourir à ce type d’opposition, alors qu’il disposait pour cela de tout l’outillage mental nécessaire.

Certes, on pourrait maintenir qu’à travers une substitution de termes, c’est bien le propre, la propriété et tous les rapports qui en découlent qui sont en fait visés ici par Marx. Mais ce qui nous semble remarquable n’est pas qu’une telle possibilité existe, comme si Marx la sous-entendait ; c’est bien plutôt le fait que ces rapports sont, précisément, littéralement absents. Dès lors, s’il existait un champ de discours qui offrait plusieurs possibilités de distinguer entre le tien et le mien et que Marx, en posant la réalisation de la vie individuelle particulière dans la communauté, n'y recourt pas, la conclusion probable est que son propos est ailleurs.

Individuel et collectif

Comme l'a fait remarquer Hans Joas, Marx ne pense pas seulement « à l'épanouissement de l'individu dans ses activités propres, mais aussi à la conjonction des activités productives de tous, au sein d'une communauté qui à la fois produirait et jouirait d'elle-même à travers ses propres productions ».[51] On ne peut donc séparer l'idée d'extension de soi de celle de reconnaissance mutuelle, et le propos du texte est d'engager simultanément une réalisation de l'individualité et celle d'une réciprocité collective sentie, qui se lisent toutes deux dans la fabrication et l'échange (direct) des produits du travail.

Cette représentation de la communauté est dominée par la représentation d'une communication de groupe ou d'un rapport interindividuel transparents. Dès lors, elle semble faite pour contredire intégralement l'idée que l'appropriation individuelle institue une privatisation (si l'on entend toujours par là l'institution d'un espace propre dans lequel tous les rapports immédiats sont seulement définis par des relations de la personne à elle-même). En effet, affirmer la particularité ou la singularité individuelle ne termine pas le processus d'appropriation, puisque celui-ci se continue à travers la reconnaissance d'autrui. Ainsi, l'appropriation ou production n'est pas un retranchement ou une soustraction, mais l'affirmation d'un lien immédiat. Ce lien se marque à travers l'usage qu'autrui peut faire de mon produit. Cet usage est déjà envisagé dans la production, et il s'achève à travers la connaissance qu'un autre homme acquiert de ma personnalité par son emploi. La connexion entre tous les produits du travail est une ainsi communauté concrète.

De ce point de vue, la production "humaine" semble aussi combler une exigence de la sensibilité, restée jusqu'ici insatisfaite. Les *Manuscrits*... font une assez large place à l'expression de ce qu'on peut nommer le sentiment communautaire. Celui-ci ne se présente pas comme une émotion, quoiqu'il puisse par moments se faire plus emporté. Ce n'est pas non plus une tonalité diffuse; il s'agit plutôt d'un affect intense, permanent mais parfois plus violent, convaincu de son authenticité, de sa profondeur et de sa généralité, qui soutient explicitement la critique et contribue à faire de l'appel à la

---

[51] Hans Joas, *La créativité de l'agir*, éd. citée, p. 101.

communauté l'appel à une valeur éthique.On peut donc se demander à quelles figures de l'attente renvoie cet appel, c'est-à-dire si cet *ethos* du lien reçoit des contenus historiques. Si l'on peut relever les traces d'un lien plus étroit entre l'homme et la chose dans les rapports féodaux, la description de l'institution de la réciprocité et de l'échange humains reste celle d'un état auquel nous n'avons pas eu et n'avons toujours pas accès. La communauté est appréhendée comme un manque. Il ne s'agit pas seulement d'une inquiétude, d'un malaise ou d'une insatisfaction sourds, mais d'un besoin principal de notre nature. Elle est ce que nous n'avons pas, mais que nous voulons réaliser. Par "vouloir" et "volonté" il ne faut pas entendre le produit du choix d'un agent libre qui délibère entre plusieurs possibles, mais l'expression d'une nécessité de nature. Nous l'expérimentons par l'épreuve, en nous et hors de nous, d'un intense sentiment d'absence.

Dans la mesure, cependant, où Marx ne réfère pas cette communauté à un état social ou à une condition naturelle originaires, cette absence ne relève ni de la mélancolie, qui naît du regret de ce que l'on a expérimenté puis perdu, ni de la nostalgie, qu'on peut éprouver pour un passé qu'on n'a pas vécu. Elle apparaît plus simplement, et sans doute aussi plus brutalement, comme ce dont nous sommes frustrés, et c'est cette perception d'une privation qui nourrit aussi la dénonciation de la propriété privée.

Quoiqu'on pense de sa possibilité historique, cette représentation de la communauté n'impliquait sans doute pas aux yeux de Marx un dépassement de l'individuel dans le collectif. Quoiqu'il y ait une particularisation du travail socialement exposée, il ne s'agit pas d'une fusion. L'insistance sur la vie individuelle particulière en tant que telle empêche ce type de représentation de la participation. D'autre part, bien que les idées de communication, d'échange et de participation soient nécessairement présentes, l'en-commun ne nous semble pas non plus pensé comme une union d'individus réalisée par l'intermédiaire d'un bien commun identique pour chacun. L'image de l'existence commune s'écarte ainsi de celle d'une *communio*. La communauté est bien plutôt construite par la complémentarité constamment reproduite par les productions propres (donc singulières) de tous les individus. Les individus engagés dans la production ne se reconnaissent pas seulement en tant que membres d'un même genre, mais également en tant qu'ils sont des êtres différenciés. Ce texte offre donc une vision de la communauté très à l'écart des clichés qu'on lui associe souvent, notamment celui d'une immersion de la personnalité dans une totalité qui l'englobe et la dépasse. Comme l'a souligné Jean-Luc Nancy, si l'on entend par un certain usage de la métaphore organique une telle immersion, la représentation marxienne ne s'y rattache pas :

« Dans la communauté, il y a une division des tâches qui ne divise pas une généralité préalable mais qui articule des singularités. C'est la "socialité", comme un partage et non comme une fusion. Ce que Marx désigne ici, c'est la communauté en tant que formée par une articulation de particularités.(...) Tout cela ne constitue guère une communauté organique. Sans doute, les êtres singuliers sont ce qu'ils sont dans la mesure où ils sont articulés les uns sur les autres. Ils se rapportent à une totalité qui fait leur fin commune. Cela ressemblerait donc à un organisme. Pourtant la totalité ou le tout de la communauté n'est pas un tout organique.

La totalité organique est la totalité dans laquelle l'articulation réciproque des parties est pensée sous la loi générale d'une instrumentation dont la coopération produit et entretient le tout en tant que forme et raison finale de l'ensemble. Mais la totalité de la communauté est un tout de singularités articulées. L'articulation n'est pas l'organisation. Elle ne renvoie ni au motif de l'instrument, ni à celui de l'opération et de l'oeuvre. La totalité est elle-même le jeu des articulations. »[52]

Quelle que soit la validité plus large de la métaphore organique, la communauté selon Marx n'apparaît en effet ni comme un englobement, ni comme une réunion simple, ni comme l'union de plusieurs par l'intermédiaire d'un objet commun donné à l'identique à tous. Et, en ce même sens, elle n'oblige pas à une rupture avec des préoccupations de soi à soi censées définir l'égoïsme.

Transparence

Cela n'empêche pas Marx, au contraire, de mettre l'accent sur l'idée de réciprocité. Celle-ci apparaît d'une manière métaphorique à la fin du passage cité. ("Nos productions seraient autant de miroirs où nos êtres rayonneraient l'un vers l'autre"). Cette image mérite qu'on s'y arrête. D'une part, un miroir comme surface plane réfléchit sans réfraction ni diffraction les rayons émis par une source lumineuse. De l'autre, la même image peut être renvoyée de l'un à l'autre par un ensemble de miroirs. Marx pense donc en même temps à un produit qui exprimerait exactement la personnalité du producteur, et à une production qui renverrait sans déformation ni diminution cette expression vers l'autre, de sorte que celui-ci peut voir le producteur tel qu'il est. On peut se demander si ce bref appel à la métaphore du miroir ne trouve pas une origine dans la première des *Epîtres aux Corinthiens* de Saint-Paul : « Maintenant nous voyons en un miroir

---

[52] Jean-Luc Nancy, *La communauté désœuvrée*, Christian Bourgois éditeur, Paris, 1986, nouvelle édition 1990, p. 185.

obscurément ; mais alors nous verrons face à face. Maintenant je connais partiellement ; mais alors je connaîtrai comme je suis connu. »[53]

Bien que les Egyptiens et les Grecs aient su fabriquer ce que nous appellerions une glace,en doublant une feuille transparente d'une mince plaque de métal,[54] Saint-Paul n'entend pas ici par miroir un objet de verre étamé, qui n'existait pas à son époque, mais une surface métallique polie (par exemple celle d'un plateau, de bronze, d'argent ou d'or) dans lequel le reflet de soi qu'on pouvait contempler était toujours plus ou moins déformé.[55] Il y a au moins trois interprétations possibles de cette phrase. Soit on soutient que les autres me connaissent comme je suis, mais pas moi, et que cette connaissance sera ensuite étendu de moi à moi-même. Soit on pose que je vois maintenant les autres et moi-même en un miroir obscur, mais qu'alors je connaîtrais les autres comme ils sont, et qu'en même temps je me connaîtrais moi-même comme je suis, et non plus à travers seulement une image déformée. Dans la première lecture, il ne s'agit pas de faire en sorte que les autres me reconnaissent tel que je suis mais il s'agit de se connaître soi-même comme les autres vous connaissent déjà, en supposant que le regard des autres vous connaît exactement, du moins quand au corps. Dans la seconde, il s'agit de dire que nous ne connaissons nous-mêmes les uns les autres que partiellement et inexactement, et que je me connais moi-même aussi partiellement. Enfin, selon la troisième, je connaîtrais Dieu comme Dieu me connaît ; ma propre connaissance sera presque égale à la sienne. Dans ce cas, ce qui importe est la transparence du rapport avec le créateur, en même temps qu'avec les autres créatures. C'est pourquoi le lectionnaire français traduit plutôt le passage ainsi : « (n)ous voyons actuellement une image obscure dans un miroir ; ce jour-là nous verrons face-à-face. Actuellement, ma connaissance est partielle ; ce jour-là, je connaîtrai vraiment, comme Dieu m'a connu. »[56] Quelque soit cependant le

---

[53] Saint-Paul, *Epîtres aux Corinthiens*, première Epître, 13 ; 12, in *La Bible de Jérusalem*, traduction et édition sous la direction de l'Ecole biblique de Jérusalem, éditions Du Cerf, Paris, 1998, réédition Pocket, Paris, 2003, p. 1932.

[54] Cf, par exemple, Fernand Meyer et Pierre Grivet, *Le verre*, collection Que sais-je, Puf, Paris, 1947, p.71.

[55] Cette précision est opportunément rappelée par Philip K. Dick, qui se sert de cette citation comme métaphore centrale, et comme titre, pour un de ses romans, *Substance mort* (*In a scanner darkly*, 1973) traduction française, Paris Denoël, 1978, réédition Gallimard- Folio SF, Paris, 2005, p. 305.

[56] *Les quatre évangiles, avec les textes fondateurs du Nouveau Testament*, traduction élaborée pour le lectionnaire liturgique francophone, éditions Desclée de Brouwer, Paris, 1980. p. 397. (Le lectionnaire est le livre liturgique qui contient les lectures bibliques de la messe, ou les lectures bibliques, patristiques, hagiographiques de l'office divin.)

privilège qu'on accorde à cette dernière lecture, la transparence est le commun dénominateur des trois, et c'est cette notion que l'on retrouve dans le texte de Marx. Dans la production humaine, ma production sera l'exact reflet de mes capacités à un moment, et elle sera vue comme telle par au moins un autre homme. Elle sera en même temps connue de manière exacte, de l'extérieur, par celui qui l'emploie. Ainsi, la métaphore de la réflexion dans un miroir cumule deux sens : la chose sera une expression sans restrictions de ma personnalité ; l'autre homme la jugera comme elle est et pourra donc me juger tel que je suis. Cette liaison étant universelle - puisque ce que je fais pour un autre est fait par un autre pour moi - la communauté communiste s'annonce bien comme une collectivité universelle transparente.

Pour cerner la figure d'un tel rapport entre les hommes, il faudrait pouvoir donner un cas de production qui approche celui que décrit Marx. Etant donné le caractère délibérément hypothétique du texte, cela peut sembler difficile. Mais on peut, comme le propose Hervé Fradet, lui chercher une illustration littéraire :

> *« La seule production du type que décrit Marx appartient à la poésie et Marx, quand il a écrit ces lignes, le savait. On dirait qu'il a suivi Homère. A la fin de L'Odyssée, Ulysse, revenu, se montre à Pénélope après une séparation de vingt ans. Pénélope fait mine de ne pas le reconnaître. Elle veut la preuve absolue que c'est bien Ulysse qui est devant elle. Elle lui tend un piège et demande à sa servante de déplacer le lit de la chambre. Or ce lit contient un secret que seuls Ulysse et Pénélope connaissent. Ulysse (...) décrit comment il le fit de ses mains. C'est lui qui bâtit ce lit sur la racine d'un jeune olivier (...) qu'il ne déracina pas. Ayant coupé la frondaison, dans le tronc, il tailla un des pieds qu'il perça, et il rabota tout autour toutes les pièces du lit qu'il orna d'appliques en or, en argent et en ivoire. Enfin, il traça la chambre royale tout autour. Personne ne peut déplacer ce lit, dont un des pieds plonge dans la terre. Pénélope exulte à ce récit (...). L'homme et la femme se retrouvent par ce lit qui est "le miroir où leur être rayonne l'un vers l'autre". C'est devant une œuvre, quelque chose qu'Ulysse a fait de ses mains, pour Pénélope, que les époux se reconnaissent vraiment. »*[57]

Comme le fait remarquer Fradet, les raisons de proposer cette version ne tiennent pas seulement à la culture personnelle de Marx et du lecteur. Quoique la pensée grecque de la production soit peut-être éloignée de celle de Marx, on peut se servir de ce récit pour en faire une image typique de la reconnaissance entre humains par les oeuvres. Dans la beauté du lit, Ulysse montrait sa puissance, son art, il manifestait sa vie dans le besoin d'habiter, que, par son travail, il était capable de satisfaire. Ce lit était adressé à

[57] Hervé Fradet, *Trois leçons sur le travail,* éditions Quintette, Paris, 1990, p. 22-23.

Pénélope, et dans la jouissance de pénélope, Ulysse avait la joie, par son travail, de satisfaire un autre besoin humain. Ulysse se faisait ainsi le médiateur entre sa femme et l'existence humaine de celle-ci. Naturellement, on n'est pas obligé d'en rester à l'image du couple ou du rapport interindividuel. L'emploi du "tu" n'a pas à être interprété dans un sens exclusif. Le rapport décrit par Marx peut aussi bien convenir à un groupe, restreint ou large.

On revient ainsi directement à l'idée de communauté. Loin d'être une affirmation subjective synonyme du retranchement d'une chose, la production est en sens inverse l'affirmation d'une communauté. Pour soutenir cela, celle-ci ne doit pas être envisagée comme un ensemble de choses données sur lesquelles chacun a un droit égal, une *communitas omnium rerum*, mais comme la connexion immédiate, sentie comme telle, qui se produit entre des humains par la médiation de leurs travaux.

Si nous rapportons cela à l'hypothèse d'une reprise, implicite ou explicite, d'idées lockéennes, nous voyons que la pensée de Marx nourrit à leur égard deux mouvements. D'une part, elle entretient avec elle une proximité qui, si on l'exprime en termes assez larges, nous paraît évidente ; de l'autre, cette reprise se double de la critique, non seulement des conséquences de la propriété de sa personne, mais également de la manière dont ce principe est posé.

2. PROPRE ET PROPRIETE DANS LE CONTEXTE DE LA POLEMIQUE AVEC STIRNER

Dans le manuscrit de *L'idéologie allemande*, la polémique avec Stirner occupe une place très importante pour plusieurs raisons. Tout d'abord, Marx et Engels tout comme Stirner partent de l'existence des individus, de sorte que le programme de Stirner recoupent des préoccupations marxiennes: assurer les conditions d'un développement libre et original des individus. D'autre part, la critique de Stirner porte sur la réintroduction dans l'humanisme d'une dimension sacrée et mystificatrice sous la forme de l'humanité, de sorte que la problématique de Feuerbach est faussement profane. Marx et Engels doivent donc montrer que la critique de Stirner ne conduit nulle part, et que, s'il faut bien partir des individus, il ne faut pas le faire en concevant cet individu à la manière de l'unique.[58] La polémique

[58] Signalons la récente réédition de l'ouvrage de Stirner : Marx Stirner, *L'unique et sa propriété*, traduction française, sans mention du nom du traducteur, éditions Labor, coll. Quartier libre, 2006.

pourrait donc être clarifiée à partir des questions telles que: l'individu est-il compréhensible en termes de propriété ? Comment s'articulent l'unicité et l'idée d'extériorité et de relation ? L'individualité est-elle ce qui est inéchangeable, et par ailleurs indivisible ? A supposer que la propriété privée n'ait rien de commun avec la possession de soi, cette dernière catégorie garde-t-elle un sens pour parler de la personnalité ?

Cependant, en axant la lecture sur la question de savoir si le passage du propre à une certaine forme de propriété est ou non légitime, il n'est pas certain qu'on trouve une entrée suffisante dans le texte. En effet, si ces questions y semblent bien traitées, le lecteur fait en même temps l'expérience d'une certaine déception et d'une certaine frustration: Marx et Engels passent de manière rapide sur des points sur lesquels on attendrait quelques explications supplémentaires. Cela est du pour partie au genre polémique: dans une discussion de ce type, on prend beaucoup moins la peine d'expliciter ses propres présupposés que de monter l'absurdité, l'incohérence et les fautes des positions adverses. Le style de *L'idéologie* peut par ailleurs lasser, une fois le texte coupé de son moment propre par la distance historique. Ainsi, Louis Dumont ne témoigne pas seulement de sa propre expérience lorsqu'il le trouve difficile à lire. Plus précisément, les attaques contre *L'unique et sa propriété* ne semblent pas aussi décisives et complètes que le laisserait penser le ton des auteurs. Comme le fait remarquer Balibar, la polémique est, « du point de vue strictement rhétorique, assez incertaine ».[59] Aussi, pour savoir, sur la base du texte de 1845, ce qu'il en est de la propriété personnelle, nous avons choisi, malgré le caractère artificiel de ce type d'exercice, de recomposer l'ordre des arguments par lesquels Marx et Engels réfutent les attaques de Stirner contre le communisme. Celles-ci se résument à la thèse selon laquelle, en voulant abolir la propriété privée, les communistes veulent abolir la personnalité. L'objet du débat est donc dans l'argument suivant lequel la personnalité est une propriété privée. Pour répondre, *L'idéologie allemande* recourt à deux arguments.

Le modèle de la personne propriétaire marchande : un non-sens théorique

La propriété n'est pas la propriété de soi et des choses qui dépendent prochainement de soi-même; la confusion relève du sophisme. Le sophisme consiste à transformer la propriété privée réelle, c'est-à-dire établie, en un

[59] Etienne Balibar, *La philosophie de Marx*, La découverte, Paris, 1992, p. 45.

concept abstrait de propriété, détachée de son sens historique précis qui est le seul objet visé.

« (...) tout ce non-sens théorique, qui cherche refuge dans l'étymologie, serait impossible si la propriété privée réelle que les communistes veulent abolir n'avait pas été transformée en ce concept abstrait : la propriété. Ce faisant on s'épargne la peine de dire ou de connaître quoi que ce soit de la propriété privée réelle et l'on peut par ailleurs arriver facilement à découvrir une contradiction dans le communisme, puisqu'on peut, il est vrai, après la suppression de la propriété (réelle) découvrir toutes sortes de choses cataloguables sous la rubrique : "la propriété". »[60]

La propriété effective est à la fois la propriété économique des forces productives et la privatisation établie en droit, protégée par la loi positive, c'est-à-dire les concepts de propriété et d'appropriation tels qu'ils sont compris par l'économie (dans ce cas, classique et scientifique aussi bien que vulgaire et apologétique). Celle-ci n'est pas la possession exclusive de son corps et de sa personne et elle ne recouvre pas non plus la catégorie du propre ou de l'attribution exclusive d'une qualité à un sujet. De sorte que, les communistes niant la première, on peut croire par feinte qu'ils nient la seconde. On passe ainsi d'une série de déterminations d'un concept à une autre beaucoup plus large qui comprend la première sans s'y limiter, de manière à poser que celui qui nie le particulier nie l'universel.

« Dans la réalité, ma propriété privée, c'est tout ce dont je peux faire commerce, tandis que mon individualité peut fort bien n'être pas article de commerce. Je ne détiens la propriété privée de mon habit que tant que je peux en trafiquer, le mettre au clou ou le vendre, tant qu'il est bazardable. Qu'il vienne à perdre cette qualité propre, qu'il tombe en guenilles, et il pourra avoir pour moi encore toutes sortes de qualités, qui me le rendent à moi fort précieux (....). Mais il ne viendra pas à l'esprit d'un seul économiste de le classer comme ma propriété privée puisqu'il ne me donne pas pouvoir sur la moindre quantité de travail d'autrui, si petite soit-elle. Il se peut que le juriste, idéologue de la propriété privée, propose encore des élucubrations de ce genre. »[61]

Cet extrait permet plusieurs précisions. La propriété qu'on cherche à abolir est seulement celle qui donne un pouvoir sur le travail d'autrui. Par définition, cette capacité, reconnue par la loi, de commandement et d'appropriation de produits du travail qui ne sont pas de mon effet suppose d'autres déterminations que la propriété des choses acquises par le travail direct. Par ailleurs, il ne faut pas appeler propriété privée tout objet qui

---

[60] *L'idéologie allemande*, Le concile de Leipzig, III, Saint-Max, traduit sous la direction de Gilbert Badia, Editions sociales, Paris, 1976, p. 226.

[61] Idem, p. 227.

m'est attribué exclusivement. Si j'attache un prix de sentiment à un objet comme celui que Marx prend ironiquement en exemple, il n'en devient pas pour cela ma propriété privée. Est seulement ma propriété (privée) ce qui est échangeable dans le commerce ordinaire contre une autre marchandise quelconque mesurable en une même quantité d'argent. Les expressions "ceci est à moi" et "c'est ma propriété privée" ne peuvent donc pas, sauf par sophisme, être considérées comme synonymes. Il en est de même, *a fortiori*, pour les concepts désignés par les termes de propre et de propriété.

Enfin, Marx ne dit pas que la personnalité singulière ne peut pas du tout être rangée sous un certain concept de propriété, et donc qu'il n'y a aucun passage possible du propre à la propriété, mais seulement que, dans ce cas, cet usage n'aurait rien de commun, sauf vocalement, avec la propriété privée réelle. La réponse de fond à l'objection de Stirner est donc que le communisme ne peut pas menacer la liberté individuelle en attaquant la propriété, parce que la propriété abolie n'est certainement pas, de toute façon, celle du propre et de la personnalité singulière. C'est à ce moment de la polémique que, remontant en-déça de Stirner pour montrer à la fois son ignorance et son absence d'originalité, Marx pose que celui-ci ne fait que répéter, sans le savoir, des arguments classiques de la défense « bourgeoise » de la propriété, qu'on trouve développés exemplairement par Destutt de Tracy. Le texte de Destutt est donc lui-même une expression typique mais non isolée de la défense bourgeoise. L'argumentation du *Traité de la volonté et de ses effets* s'inscrit donc, pour Marx, dans le type du discours de défense.

Il ne s'agit pas pour autant seulement d'une citation *ad hoc* : dans les *Manuscrits de 1844*, Marx critiquait déjà le *Traité de la volonté*... En outre, il est utile de noter que Proudhon cite le même texte dans le *Premier mémoire* et qu'il en fait une critique semblable. Dans le § 2 du chapitre II de *Qu'est-ce que la propriété*, il écrit en effet :

> *« En résumé : Destutt de Tracy confond, sous une expression commune, les biens extérieurs de la nature et de l'art, et les puissances ou facultés de l'homme, appelant les unes et les autres propriétés ; et c'est à la faveur de cette équivoque qu'il espère établir d'une manière inébranlable le droit de propriété. »*[62]

Bien qu'on ne puisse affirmer que c'est là pour Marx la source de sa connaissance de Destutt, on voit que l'argumentation de celui-ci entrait pleinement dans la controverse sur la propriété, et était certainement présente à l'esprit de ceux qui y prenaient part. Aussi, à la fois à cause de

[62] *Qu'est-ce que la propriété ?, ou premier mémoire sur la propriété*, édition citée, p. 72.

cet aspect, considéré par Marx comme typique, et à cause de l'économie de sa démonstration, il vaut la peine de s'attarder quelque peu sur celle-ci.

Dans les *Eléments d'idéologie*, la déduction de la propriété dépend directement des toutes premières notions, posées au début du traité. Destutt enracine d'abord la distinction du tien et du mien dans la représentation d'un *cogito* sensible (qu'il appelle indifféremment "moi", "personnalité" ou "personne"). Outre par la sensibilité, c'est par la volonté que nous l'approchons, et c'est d'elle que vont découler tous les effets et toutes les institutions sociales essentielles. « Actuellement que nous nous sommes fait une idée bien nette (de la faculté de vouloir), écrit ainsi De Tracy, nous pouvons voir facilement comment cette faculté produit les idées de personnalité et de propriété. »[63] La seule position de cette personnalité implique celle de la volonté. Une fois admis que la volonté comporte une part de passivité, cela suffit à fonder la propriété :

> *« (...) notre idée de propriété est privative et exclusive ; elle emporte l'idée que la chose possédée appartient à un être sensible et à lui seul. (...) Or, il ne se peut pas qu'elle existe ainsi dans la tête d'un être qui ne connaît que lui, qui ne sait pas qu'il existe d'autres êtres que lui. »* [64]

Destutt prouve ainsi « que cette idée de propriété est un effet et un produit de notre faculté de vouloir »[65]. Cela pourrait laisser penser que le texte fait seulement reposer la propriété sur un sujet. Cependant, si elle est un effet de la volonté humaine, elle a aussi un fondement objectif. En effet, le passage du propre à la propriété dépend lui-même d'un principe théorique formulé ainsi : "(...) il ne peut jamais rien y avoir dans l'art qui n'ait pas son principe radical dans la nature."[66] Ce principe d'interprétation des institutions humaines est appliqué par Destutt à plusieurs objets, et, notamment, au rapport entre les signes linguistiques et les choses. Appliqué à la propriété, il donne la thèse, posée avant la démonstration du bien fondé du droit privé, selon laquelle "s'il n'y avait pas eu de propriété, naturelle et inévitable, il n'y en aurait jamais eu d'artificielle et de conventionnelle."[67] L'argumentation doit alors avoir pour objet cet élément nécessaire de la propriété, qui fait signe à travers les conventions du droit : la propriété apparaît ainsi, au total, justifié par l'ordre des choses.

---

[63] Destutt de Tracy, *Eléments d'idéologie, quatrième et cinquième parties : Traité de la volonté et de ses effets*, Courcier éditeur, Paris, 1815, Introduction, § 1, p. 64-65.

[64] Idem, § II : de la faculté de vouloir naissent les idées de personnalité et de propriété, p. 72.

[65] Ibidem,p. 73

[66] Idem, p. 74.

[67] Idem, p. 75.

A partir, donc, de ces deux principes (l'un selon lequel une institution enracinée dans la pratique des hommes s'enracine en réalité dans la nature et, l'autre selon lequel les idées de personnalité et de vouloir sont dans notre esprit des notions primitives), Destutt trouve dans l'idée de volonté la source de la propriété : « (…) il fallait avant tout reconnaître qu'il y a là une propriété fondamentale, antérieure et supérieure à toute institution. »[68] Cette propriété fondamentale englobe en fait ensuite les richesses et le commerce (donc les transferts et l'accumulation de propriétés) qui sont tous ainsi fondés, grâce à ce principe d'imitation de la nature, dans un socle qui échappe aux contrats particuliers et aux changements historiques. La nature sert donc, d'une manière assez classique, assumée et revendiquée, de principe de légitimation. Cela permet de passer sans autre médiation du propre à la propriété des choses extérieures prises individuellement. De nouveau, ce passage est volontaire, de sorte que l'ensemble de l'argumentation paraît avoir pour intention de fonder dans les choses le double sens du terme de propriété :

> *« Peut-être sera-t-on étonné de me voir traiter en même temps la question de la propriété de toutes nos richesses et de celle de tous nos sentiments, et mêler ainsi ensemble l'économie et la morale. (...) Nous n'aurions la propriété d'aucun de nos biens quelconques, si nous n'avions pas celle de nos besoins, laquelle n'est autre chose que celle de nos sentiments (...), et toutes ces propriétés dérivent inévitablement du sentiment de notre personnalité, de la conscience de notre moi. »*[69]

Parallèlement, la société est définie comme un commerce en exploitant le double sens du mot. Elle est faite pour l'avantage mutuel des propriétaires et des producteurs, dans la mesure où ils sont utiles au sens large du mot. Destutt peut donc au total être considéré comme un des premiers - si l'on ne tient pas à regarder tout texte s'intéressant à la production et à l'appropriation comme un reflet du proto-capitalisme - à fixer les termes de la question à laquelle Marx prend part. Et, comme Stirner passe du propre à la propriété sans autre médiation, rapprocher Stirner de De tracy ne nous paraît pas en ce sens un parallèle inexact ou forcé.

---

[68] Idem, p. 77.

[69] Idem, p. 81.

Langue et société civile : pratique et linguistique

Cette confusion et ce sophisme ne sont toutefois possibles qu'à la condition que la pratique de la classe des propriétaires privés marchands soit dominante.

> *« Il est d'autant plus facile au bourgeois de prouver, en utilisant la langue qui lui est propre, l'identité des relations mercantiles et individuelles ou encore des relations humaines en général, que cette langue est elle-même le produit de la bourgeoisie et que, par conséquent, dans le langage comme dans la réalité, on a fait des rapports du commerçant la base de tous les autres rapports humains. Par exemple, propriété signifie à la fois* Eigentum *et* Eigenschaft, property *:* Eigentum *et* Eigentumlichkeit, *"propre" au sens commercial et au sens individuel, valeur,* value, wert *-commerce,* Verkehr-*échange,* exchange, Austauch *etc., termes qu'on utilise aussi bien pour traduire des rapports commerciaux que pour exprimer les qualités et les relations des individus en tant que tels. Dans les autres langues modernes, c'est tout à fait la même chose. »*[70]

On peut également, sans y voir un objet exclusif, s'appuyer ici sur le contexte de la citation précédente du *Traité de la volonté*. Dans la première partie (« De nos actions ou économie »), au chapitre VI, Destutt fait en effet un sort au terme de commerce : « Puisque la société toute entière n'est qu'une suite continuelle d'échanges, nous sommes tous plus ou moins commerçans (*sic*). »[71] Pour Marx, qui critiquait déjà cette approche dans les notes de lecture des *Manuscrits de 44*, il s'agit d'une mystification (volontaire ou involontaire) révélatrice d'une certaine économie des représentations de la société civile bourgeoise, qui correspondent trait pour trait à son économie matérielle. En effet, toutes les conventions civiles particulières sont pensées à travers des catégories générales. Mais en réalité, c'est un seul type d'acception de ces catégories, ou si l'on veut, une compréhension particulière du concept, qui est retenu. L'extension à la totalité de cette acception produit donc en fait une réduction du sens : tous les rapports d'échanges sont pensés comme des rapports marchands. Si le propre équivaut à la propriété, c'est parce que dans la pratique, la propriété privée est devenue la propriété tout court, ou encore que la seule propriété connue dans l'usage est la propriété privée de biens échangeables et de l'argent. La confusion repose donc sur l'usage dominant de la marchandise, qui est exprimée par les mots de la langue. En ce sens, on pourrait résumer cette sémantique implicite en disant que, d'après Marx, le sens dominant des mots est donné par la pratique de la classe dominante.

---

[70] *L'idéologie allemande*, édition citée, p. 228.

[71] Idem, p. 181.

Au chapitre XIII, Destutt conclut ainsi son raisonnement concernant les actions de la volonté :

> *« (...)Nous avons vu clairement que (la société) est notre état naturel et nécessaire, qu'elle est fondée sur la personnalité et la propriété, qu'elle consiste dans des conventions, que ces conventions sont toutes des échanges, que l'essence de l'échange est d'être utile aux deux parties contractantes, et que les avantages généraux des échanges qui constituent l'état social sont de produire le concours des forces, l'accroissement des lumières, et la division du travail. »*[72]

Indépendamment de la question de savoir s'il peut être appliqué à Locke, nous obtenons ainsi un certain modèle de l'individu en société, qui est défini en termes de propriété privée et de commerce marchand. 1) Les institutions particulières historiques, et notamment parmi elles, les conventions de l'échange marchand sont fondées sur la nature. 2) On passe de catégories générales à des concepts plus précis déterminés historiquement, ce qui fait du propre une propriété privée. 3) L'état social est une union de propriétaires privés liés par le commerce. Ce modèle pourrait être appelé celui de la personne propriétaire marchande. Il repose, selon Marx et Engels, sur une série de sophismes ou de paralogismes déterminés par l'état de la langue contemporain des auteurs. Reprenons-en les traits un à un. 1) Sans dire qu'on ne peut pas du tout s'appuyer sur une certaine nature pour fonder un rapport ou un comportement social, la nature à laquelle on recourt ici ne peut servir de principe de légitimation, parce qu'elle est une idée hypostasiée. 2) Le passage d'un concept universel (comme ceux de commerce, d'utilité) à des concepts plus restreints est une confusion : le nom qui désigne le concept est pris comme identique alors qu'il signifie le sujet tantôt dans sa totalité, tantôt dans une partie de sa compréhension et de son extension. Ce passage peut être dénoncé comme un vice de subreption, faute logique qui consiste à introduire dans le raisonnement un changement de sens, ou un postulat dissimulé.[73] 3) Enfin, cette subreption, pour autant qu'elle constitue une suite de paralogismes et non le sophisme d'un auteur, exprime la pratique constante de la société civile. Elle est donc facilitée, sinon déterminée, par l'état de la langue, qui

---

[72] Idem, chapitre XIII : conclusion, p. 486.

[73] Rappelons les deux sens du mot, tels qu'ils figurent par exemple dans le *Trésor de la langue française,* article subreption : « A. *DR. CANON., vx. :* Obtention d'une grâce, d'un privilège sur un faux exposé, en omettant sciemment et précisément un fait qui s'y opposerait. *Obtenir une faveur par subreption. Moyens d'obreption et de subreption.* « Moyens apportés pour établir la preuve que des lettres de chancellerie sont obreptices et subreptices, et, par conséquence, en obtenir la nullité » (*Ac.* 1798-1878). B.*LOG.* « Sophisme qui consiste à introduire dans le raisonnement un changement de sens ou un postulat dissimulé. » »

exprime la réduction des pratiques à une seule de ses espèces, devenue dominante ou exclusive. La propriété n'est d'ailleurs pas un concept isolable d'un dispositif qui inclut aussi l'échange ou commerce, et la société comme suite continuelle d'échanges. Il est clair qu'il s'agit là d'un objet qui pour Marx résumait un certain type de discours de défense, qu'il voyait à l'œuvre dans toutes les revendications de la liberté au nom de la propriété privée et qu'il a très tôt considéré comme un non-sens théorique. Si Marx considère aussitôt comme un sophisme une tendance à passer de là à la propriété de soi, considérant que celle-ci n'a jamais été l'objet du débat, cela indique que ce dernier sous-entend de bout en bout une définition de la propriété, économique et juridique, semblable à celle du Code civil. Ainsi, la seule définition reçue est celle du *dominium* contenu dans la loi positive.

Y a-t-il un passage possible du propre à une forme de propriété ?

Cependant, ce qui précède peut, de nouveau, laisser insatisfait. La question qui reste ouverte est de savoir si la dénonciation de ce procédé idéologique interdit de parler de propriété à propos des qualités possédées par le sujet. On a le sentiment que la polémique ne descend pas en-deça d'un certain niveau d'implicite. Peut-on dire que toute propriété est privée et qu'aucun concept de propriété n'est autorisé pour parler de la personnalité et du propre ? Faut-il dire au contraire qu'on peut conserver le terme et le concept de propriété à condition de le distinguer de la propriété privée des choses échangeables ?

Le texte ne répond pas directement à ce type de questions, et fournit des indices ambigus. Ainsi, lorsque Marx et Engels écrivent que c'est chez les prolétaires que se manifestent le plus d'individualité, la catégorie du propre garde son sens; ma véritable propriété serait tout ce dont je ne peux pas faire commerce; cependant, le texte ne se sert précisément pas, alors, du terme de propriété. Dans le même sens, on peut noter que Marx et Engels, qui voient dans les forces sociales une manifestation des capacités, et dans l'appropriation de celles-là la réalisation de celles-ci, ne parlent pas à ce propos de propriété mais seulement d'appropriation.

La question est ainsi de savoir si, dans les concepts, l'individualité supporte l'usage d'une certaine propriété, et si, dans la réalité, le développement de l'individu est supporté par une certaine appropriation à soi qui est aussi une forme de propriété. Dans la mesure où le texte ne fournit pas de réponse directe, on peut se demander s'il n'exploite pas un argument qui permet de résoudre d'avance la question et dissipe à l'évidence toute confusion possible entre la personnalité et la propriété. On peut chercher cet argument intermédiaire, considéré comme un acquis, dans l'exploitation d'une remarque des *Principes de la philosophie du droit*. Dans la première partie des *Principes*, consacrée au "droit abstrait", à la section C, consacrée à l'aliénation de la propriété, au § 70, Hegel écrit :

> *« La totalité de l'activité extérieure, la vie, n'est pas quelque chose d'extérieur par rapport à la personnalité, car la personnalité est elle-même cette totalité et l'est immédiatement. L'aliénation ou le sacrifice de sa propre vie n'est pas l'existence de cette personnalité mais, bien plutôt, le contraire. »*[74]

L'additif précise quelle fausse conception de la personne Hegel entend repousser par là :

> *« Mais l'homme a-t-il le droit de s'ôter lui-même la vie ? (...) la question essentielle reste toujours : ai-je le droit de me donner la mort ? La réponse à cette question est que je ne suis pas le propriétaire de ma vie, car la vaste totalité de l'activité ou la vie n'est pas quelque chose d'extérieur à la personnalité. Si l'on parle du droit que la personne aurait sur sa propre vie, c'est une contradiction ; car on affirme par là que la personne a un droit sur elle-même. Mais ce droit, elle ne l'a pas, car elle ne se tient pas au-dessus d'elle-même ni ne peut se juger elle-même. Lorsque Hercule s'est brûlé vif, lorsque Brutus se jeta sur son épée, il s'agissait du comportement d'un héros attentant à sa personnalité ; mais s'il est question du simple droit de se donner la mort, ce droit doit être refusé même aux héros. »*[75]

La question du droit sur soi est, chez Hegel, abordée à travers l'examen du droit au suicide. L'examen de la question sous cet angle est assez largement répandu dans l'enseignement de philosophie pratique qui précède immédiatement l'époque propre de Hegel, et il est par ailleurs difficile à éviter si l'on traite de la propriété et de la personne.[76] En effet, une fois posé que la personne est propriétaire d'elle-même, la question est de savoir si ce droit s'étend jusqu'à la destruction de sa propre existence. En simplifiant légèrement, on peut dire qu'il y a deux manières d'y répondre. Si l'on estime qu'un tel droit de propriété existe, il faut préciser les limites dans lesquelles il s'exerce. Au fond, cela revient à entendre le terme de propriété dans le même sens que dans l'usage civil : la propriété d'une chose inclut la possibilité d'en abuser par la destruction. On peut pour cela limiter les

---

[74] Hegel, *Principes de la philosophie du droit*, Première partie : le droit abstrait, C. L'aliénation, § 70, édition de 1821, incluant les additions collectées par E. Gans sur les cahiers d'étudiants et les manuscrits et ajoutés à son édition des *Principes* de 1833, traduction de Robert Derathé, seconde édition revue et augmentée, Vrin, Paris, 1998, p. 123.

[75] Idem, p. 123.

[76] Cf. par exemple Kant, *Leçons d'éthique* (1775-1781), texte qui est d'abord un commentaire du manuel officiel de l'Université de l'époque, rédigé par Baumgarten, Section: « Des devoirs envers soi-même », « Du suicide », traduction française de Luc Langlois, Le livre de poche, Paris, 1998.

prérogatives conférées par le titre de propriétaire. Avoir un “pouvoir sur” signifie user d'une chose à son profit, ce qui ne signifie pas en user et en abuser selon son bon plaisir. Chez Locke, cela se fonde en dernière instance sur l'argument du fabricant : n'étant pas les auteurs de nous-mêmes, nous ne pouvons pas non plus faire de nous ce que nous voulons, comme nous y serions peut-être autorisés si nous étions créateurs de notre personne. (On peut noter de nouveau la similitude entre le droit de propriété sur les choses et sur soi-même: la personne n'est pas plus autorisée à abuser de sa vie et de sa liberté que le travailleur n'est autorisé à abuser de son bien, ce qui confirmerait que, même si la propriété ici n'est pas du tout synonyme de celle du droit civil, elle est bien conçue à l'intérieur de la catégorie de droit sur un bien dans les deux cas.) La seconde solution consiste à nier la possibilité d'un tel droit sur soi, parce que cela conduit à une conception contradictoire, selon laquelle le sujet qui prétend détenir un droit sur sa propre vie est à la fois le détenteur d'un titre de propriété sur une chose et la chose sur laquelle il a un titre. Les discours sur le droit de propriété sur sa personne qui cherchent à légitimer le suicide ou simplement à poser la question entrent ainsi dans le cadre des discours autophages.

Si l'on suit l'hypothèse qu'il y a là exploitation de la remarque hégelienne, cela expliquerait que la notion d'appropriation soit seule conservée, au motif qu'elle n'implique pas un droit sur une chose. Celui-ci est lui-même refusé au motif que le pouvoir sur un être extérieur ne peut s'employer pour qualifier un être qui, en l'occurrence, se trouve être moi et qui n'est ni divisible ni extérieur à moi, sauf à admettre un dédoublement vraiment paradoxal de l'individualité.

* * *

Si nous tentons un bilan de l'étude de ces deux textes, nous obtenons un résultat ambigu. Il y a d'abord un certain nombre de traits qui, significativement, sont absents. Ainsi, on peut noter l'absence de Locke dans le débat jusqu'ici. On ne trouve pas non plus d'utilisation du terme de propriété pour parler de l'individualité et de l'appropriation des forces productives. Enfin, on ne trouve pas de recours à la catégorie de personne pour parler de l'individualité et de la personnalité vivante. Ces absences sont significatives parce que ces différents traits nous semblent précisément naturellement appelés par la question. Du fait qu'ils ne s'y trouvent pas, on peut conclure que le propos de Marx est probablement ailleurs, en ce sens que d'une part, il a déjà subverti les termes du débat, et que, de l'autre, il a réinvesti le champ théorique qu'il dessine avec des concepts qu'il s'est déjà appropriés. Ainsi, bien que Marx repère très tôt un modèle de la personne propriétaire marchande comme un élément de la société civile, et qu'il en réfute les attendus, rien n'indique qu'il nie l'idée d'une appartenance à soi qui se prolongerait dans les objets extérieurs, bien au contraire.

En réalité, la pensée de Marx paraît dès ce moment nourrir un double mouvement. D'un côté, il y a affirmation de la particularité individuelle dans l'activité. Jusqu'à un certain point au moins, cette affirmation est vue comme synonyme de liberté. De l'autre, cette affirmation est disjointe de l'idée selon laquelle elle impliquerait une séparation, par le travail, d'avec ce que l'on peut appeler le milieu communautaire. Ce double mouvement fait donc apparaître une certaine proximité avec la démonstration lockienne et, en même temps, un refus d'utiliser le droit de propriété établi.

CHAPITRE II

Marx, Locke et la propriété privée

Les débats relativement récents consacrés à l'interprétation du *Second traité du gouvernement civil* se sont beaucoup articulés à la question de savoir si la théorie qu'y propose Locke de l'appropriation pouvait ou non être appelée libérale; on s'est peut-être moins demandé en quoi les différentes réponses à cette question pouvait précisément modifier les termes d'un parallèle entre les conceptions de la propriété chez Marx et Locke.[77]

Il est vrai que la question présente plusieurs obstacles, le premier étant dans les termes qu'on choisit pour la formuler: il est difficile de ne pas choisir une formulation déjà chargée de prémisses implicites. Prenons comme exemple la suivante : la propriété de soi et des biens comme détermination de la liberté, telle que la conçoit Locke, peut-elle être dite libérale, ou bien peut-elle être reprise par une critique de la propriété privée du type que celle que mène Marx ? Ceci suppose que Locke a écrit les linéaments d'une théorie de la propriété; qu'il existe une définition constante de la propriété privée des biens; qu'en conséquence, la théorie lockienne de l'appropriation peut être l'objet d'une critique marxiste; enfin qu'il existe une définition du libéralisme qui puisse être ici utile, toutes choses qui sont loin de pouvoir être considérées comme acquises, dès que l'on fait attention au contexte et au détail du texte lockien.

Lorsque l'énoncé d'une question apparaît ainsi surdéterminé, il est raisonnable de déplacer légèrement son attention et de se demander ce que l'on attend de la réponse. Dans le cas précis, la complication pourrait bien venir de ce que, soit on considère d'emblée l'argumentation lockienne comme un outil critique d'analyse des rapports de propriété privée, soit au

[77] Cf. entre autres : John Dunn, *La philosophie politique de Locke* (1969) traduction française Puf, collection Léviathan, Paris, 1991 ; John G.A. Pocock, *Vertu, commerce, Histoire* (1985), traduction française Puf, collection Léviathan, Paris, 1992 ; James Tully, *Locke, droit naturel et propriété* (1980), traduction française Puf, collection Léviathan, Paris, 1992.

contraire comme l'expression d'un moment du développement interne de la propriété privée.Une des tentations serait alors d'évacuer ce type d'enjeux, jugés encombrants. Cependant, le type de difficulté qui motive cette solution n'est peut-être pas insurmontable. L'alternative mentionnée ci-dessus ne constitue pas nécessairement une suite de postulats, c'est-à-dire de thèses qui délimitent un champ de recherches, en supposant qu'il y a un intérêt à le faire, sans que le point de départ puisse être infirmé ou confirmé.

On peut en effet lever une partie de l'obstacle en décomposant le problème : dans quelle mesure les arguments fondateurs de Locke sont-ils semblables à ceux qui défendent la propriété privée établie ? Quel est le lien entre la justification lockienne de la propriété privée et sa légitimation "libérale" ou "bourgeoise" ? Ces questions peuvent à leur tour être décomposées en questions susceptibles de recevoir une réponse directe : lorsqu'on écrit que Locke fonde un certain droit de propriété, que signifie "fonder" ? Que signifie ici le concept de propriété ? Le terme de libéral a-t-il un sens clair ? A-t-il un sens net ou vague quand on l'attribue à Locke ? Comment Marx a-t-il lu Locke ? Cela a-t-il un sens de soutenir que Marx évalue les arguments lockiens ? Quels seraient les critères d'une telle évaluation ? Quel sens recevrait le terme de critique dans celle-ci ?

1. Dans quelle mesure Marx a-t-il lu Locke ?

Quoiqu'il soit impossible de fournir à ce type de questions une réponse qui contienne très peu de médiations (ce dont on s'est sans doute aperçu en lisant ce qui précède), la lecture des textes de Marx sur Locke fournit une entrée. Ce que Marx et Engels pensaient de Locke est, pour nous, consigné dans *La sainte famille* et *L'idéologie allemande* et, plus tard, dans les *Théories sur la plus-value*, rédigées par Marx seul. Il s'agit dans le premier cas d'une prise en compte de Locke dans un mouvement plus large qui est le véritable objet du passage, dans le second de notes plus circonscrites, mais courtes. Leur lecture montre deux jugements différents.

De *La sainte famille* à *L'idéologie allemande*, Locke est un penseur de la société civile bourgeoise et un sensualiste. Le rattachement de l'un à l'autre aspect est soutenu par l'idée que ces courants de pensée sont typiques d'une pensée moderne, anglaise parce que c'est en Angleterre que se développe d'abord la modernité économique. De l'autre, dans les *Théories sur la plus-value*, Locke est un penseur de la propriété qui affirme que le fondement de la propriété est en contradiction avec l'invention de la société politique.

Quoique ces deux lectures ne coïncident pas, leur trait commun le plus apparent est de considérer chaque fois Locke comme un moderne. Dans ce contexte, le fait qu'il puisse apparaître très en retrait des penseurs de l'économie classique et en même temps comme un penseur "bourgeois" n'est pas antinomique : ce dernier terme prend dans cet emploi une extension très large. Par exemple, Locke est un penseur bourgeois dans la mesure où il ne défend pas la féodalité.

D'un côté, donc, dans ces deux textes, quoique le jugement porté sur la valeur de la philosophie lockienne s'inverse d'un ouvrage à l'autre, la nature de ses éléments reste pour Marx et Engels identique. Le sort fait à Locke se comprend à l'intérieur du tableau d'une philosophie qui est à la fois qualifiée de sensualiste, matérialiste anti-métaphysique. Son développement accompagne celui de la société civile bourgeoise. La situation de ce tableau lui-même, d'abord fait pour contrer celui de Bruno Bauer, mérite d'être précisée. Comme l'a démontré Olivier Bloch, Marx recourait pour les besoins de la polémique au *Manuel de philosophie moderne* publié en 1842 par Charles Renouvier.[78] Ce manuel, premier ouvrage de son auteur, constituait une version remaniée d'un *Mémoire sur le cartésianisme* daté de 1840. Son objet au départ n'était donc ni de faire une histoire du matérialisme ni de convoquer des figures de la pensée politique jugées modernes. Il était par ailleurs fortement tributaire des schémas de l'histoire de la philosophie telle que l'écrivait Victor Cousin, "en particulier de la filiation sensualisme-matérialisme, chère à Cousin".[79] Marx intègre à sa propre conception cette base d'interprétation. Son apport consiste à relier l'évolution philosophique à l'évolution de la société civile au sens moderne, évolution qui est elle-même jugée positivement. Cette situation explique que Locke n'y soit convoqué ni en tant que figure philosophique propre ni en tant que théoricien de la propriété.

Il y aurait donc une erreur de perspective à inférer de ce tableau que c'est le droit de propriété qui fait trouver à Locke sa place parmi les théoriciens d'une société civile qui marche vers sa maturité. Il est précisément remarquable que, dans les passages de *L'idéologie allemande* qui reprennent les termes de *La sainte famille* pour les lier de beaucoup plus près au développement économique, il ne soit précisément ni question du *Second traité*, ni de son chapitre sur la propriété. On peut donc appliquer à notre cas le jugement plus large d'Olivier Bloch selon lequel « ce texte, quels que soient son intérêt intrinsèque et son importance du point de vue de

---

[78] Olivier Bloch, *Le matérialisme*, Puf, Paris, 1985, p. 20. Ces lignes reprennent les conclusions déjà posées par l'auteur dans son article "Marx, Renouvier et l'histoire du matérialisme" paru dans *La pensée* n° 191, février 1977.

[79] Idem, p. 20.

la formation de Marx, ne saurait être considéré comme un modèle d'historiographie philosophique marxiste. »[80]

Dans les notes des *Théories sur la plus-value*, Marx ne fait pas de Locke un défenseur des présupposés du libéralisme économique, mais plutôt un penseur qui ne saisit pas la connexion entre les mouvements de la propriété privée. La note de Marx consiste en fait à poser qu'il y a chez Locke la reconnaissance d'une antinomie de la propriété: la mesure du travail personnel dans la délimitation de la propriété demeure, alors même que la société politique dont le propriétaire est membre sanctionne d'autres formes que celle-ci. Ce très bref commentaire du chapitre V montre surtout que Marx y reste fidèle à sa manière de lire, rassemblant les propositions principales et les thèses d'un auteur pour montrer qu'elles se contrarient. Le but n'est pas toujours de mettre l'auteur en contradiction avec lui-même: il peut être aussi de montrer qu'un texte pense des moments contradictoires sans penser en même temps l'unité ou l'engendrement mutuel de ces différences, ce qui nous semble ici le cas. Locke pense une privatisation fondée sur le travail direct; la société politique est pensée comme garantie cette dernière. Mais comme cette même société garantit aussi, visiblement, des formes de propriété autrement acquises, l'institution politique est en contradiction avec son fondement. On peut tirer de ce constat plusieurs inférences différentes : Locke est-il pris dans une illusion politique ? Dans une contradiction entre le recours à la nature et le recours à l'institution ? Faut-il y voir une preuve de la nécessité de la dialectique, pour penser les moments de la propriété ? Faut-il y voir la preuve que Locke mêle, en butant sur leur antinomie, deux conceptions contradictoires de la propriété ?

2. LOCKE, MARX ET L'INDIVIDUALISME POSSESSIF

Lorsqu'on parle des rapports entre le *Traité* de Locke, son appréhension comme figure singulière du libéralisme économique et politique, et une critique de celui-ci d'inspiration marxiste, l'interprétation qui vient très vite à l'esprit est celle développée par Crawford Brough Macpherson dans la *Théorie politique de l'individualisme possessif*.[81] Comme elle intéresse directement notre propos, nous allons en restituer les

---

[80] Ibidem, p. 21.

[81] Crawford Brough Macpherson, *Political theory of possessive individualism*, Oxford paperbacks, 1962. Toutes nos citations renvoient à cette édition. En effet, la traduction en français de son texte, par Marcel Fuchs, *La théorie politique de l'individualisme possessif*, éditions Gallimard, Paris, 1971, était, à la date de rédaction de ce travail, devenue indisponible. Fin 2004, cette traduction a été rééditée aux éditions Folio (Gallimard/Folio, collection Essais n° 446, Paris, 2004) avec une postface de Patrick Savidan.

grandes lignes, en faisant abstraction du fait qu'elles sont sans doute déjà connues du lecteur.

Dans le Chapitre IV de l'ouvrage, la pensée politique du *Second traité* est désignée comme une « théorie politique de l'appropriation ». Pour en montrer toutes les conséquences, Macpherson part d'un accord préalable : « tout le monde sait que la justification du droit naturel individuel de propriété est central pour la théorie lockienne de la société politique.»[82] Cette assertion une fois reconnue comme principe, Macpherson montre que les conséquences que Locke en tire fondent la doctrine juridique de "l'individualisme possessif" propre à "la démocratie libérale". Il n'est pas inutile de préciser que, dans la mesure où ces traits couvrent les présupposés d'une société politiquement et économiquement libérale, ce concept est descriptif, mais qu'il est aussi en même temps normatif et critique. En effet, une telle société restreint la liberté comme l'égalité et rencontre rapidement ses limites. L'individualisme possessif est donc le nom d'un objet que l'on critique au nom des valeurs d'égalité et de liberté, et non celui d'une société qui serait pour l'essentiel bonne et désirable.

Comme le modèle de propriété que pose Macpherson à propos de Locke dans le chapitre V est d'abord défini au chapitre II ("l'obligation politique du marché", dans la continuité de l'analyse de Hobbes), il faut en rappeler les attendus. L'analyse vise à montrer que le modèle d'homme naturel que Hobbes et Locke construisent correspond à celui d'un homme conforme aux exigences du marché. Le terme de "modèle" renvoie à une série de critères qui, soit correspondent tous à une formation sociale existante, soit, pris ensemble, désignent une société qui n'a pas existé (ce qui est le cas pour le modèle de la société simple de marché). Dans les deux cas, ils sont utiles à la compréhension, soit qu'ils permettent de reconnaître une forme sociale, soit qu'ils permettent d'y reconnaître certains éléments importants. La "société de marché" réunit les principaux critères d'un modèle qui met au centre la propriété et l'indépendance individuelles. Il faut en distinguer deux étapes. Dans une société *simple* de marché, les hommes échangent des marchandises, mais ces marchandises sont seulement les produits de leurs travaux, et il n'y a pas de marché du travail. Le modèle d'une société de producteurs qui accomplissent leurs travaux indépendamment les uns des autres correspond, à peu de choses près, à celui posé par Marx dans le premier chapitre du Livre I du *Capital*. Dans une société *possessive* de marché, en revanche, il y a ensemble un marché des biens et un marché du travail. Ce dernier modèle n'implique donc pas seulement la circulation des marchandises; sa condition nécessaire et

[82] Macpherson, opus cité, p. 198.

suffisante est qu'un homme trouve une propriété qui peut être tenue pour une marchandise dans sa capacité générale de travail, qu'il peut louer en échange d'un salaire. Lorsque ce modèle correspond à la pratique constante d'une société, il est suffisamment répandu et puissant pour donner leur forme aux autres aspects de l'existence sociale des individus, ce qui explique que Macpherson emploie pour le décrire le terme de société de marché, et non celui d'économie de marché.

On peut à partir de là regrouper les arguments concernant Locke sous trois chefs. 1) La propriété s'étend à l'ensemble des actions rattachables à une personne sans équivoque possible; par là, elle inclut évidemment aussi les conditions qui rendent possible l'exercice des facultés. Ainsi, il faut accorder à chacun la propriété de son corps, ou refuser toute espèce de pouvoir sur soi et par conséquence toute liberté. 2) La thèse sur la nature et la fonction de l'Etat « requiert clairement le postulat que les hommes ont un droit naturel de propriété, un droit indépendant de l'existence de la société civile».[83] Cela signifie que ce droit appartient à tout homme qui est, ou peut devenir, un agent libre auteur de ses actions intentionnelles. « Ces propositions découlent de l'axiome selon lequel les hommes sont naturellement égaux en ce sens qu'aucun d'entre eux n'a de juridiction sur l'autre. »[84] En ce sens, le droit de propriété est un droit d'user de ce que l'on possède selon sa propre volonté, sans avoir de comptes à rendre à un autre homme, du moins tant qu'on ne transgresse pas les commandements de la raison. Ceux-ci nous obligent à nous conserver, à aider les autres hommes à le faire si nous le pouvons, et à protéger les conditions de cette conservation. 3) Du principe selon lequel la propriété précède la socialisation, et de celui selon lequel l'homme propriétaire est une créature raisonnable, vont découler les clauses du pacte ou du contrat social. Chaque associé, en tant qu'il est raisonnable, ne peut vouloir en toute conscience empirer sa situation. La situation naturelle est celle de l'insécurité. La personne ne va donc accepter d'établir des lois que pour autant qu'elles garantissent le libre emploi desdites propriétés, dont il est titulaire originaire. De cette définition de la propriété, il découle que, dans ce qui demeure de liberté, est inclus le droit que chacun possède d'user de ses biens et de les échanger. Autrement dit, si, dans la société civile, l'indépendance et la libre disposition des biens propres sont mieux garanties que dans l'état de nature, les lois établies n'abolissent pas et ne changent pas non plus les échanges de biens et les droits de propriété qui sont déjà considérés par Locke comme des institutions présentes à l'état naturel. En

[83] Idem, p. 198.

[84] Idem, p. 142.

ce sens, la loi de nature (l'ensemble des commandements précisés plus hauts, communs à tous les hommes) n'est pas contredite par l'échange et l'accumulation des biens.

Telle qu'elle ressort de l'analyse de Macpherson, la propriété de soi-même est, chez Locke, un droit comparable par bien des aspects à celui qu'un homme détient sur les choses extérieures : elle apparaît indépendante de tout rapport social ; elle est opposable à tous, comme elle l'est dans le droit réel positif; les forces d'une personne sont sa propriété, non pas au sens où elles seraient inséparables de la dite personne, mais seulement au sens où elles sont elles-mêmes un bien dont on peut disposer. Ce recoupement entre un droit naturel et un droit positif est un des critères qui permet de lire Locke comme théoricien d'un modèle marchand de société. En effet :

> *« si l'on voulait un seul critère de cette société, on pourrait dire que le travail d'un homme y est un bien, c'est-à-dire que l'énergie d'un homme et son habileté sont sa propriété, mais sont conçues non comme des parties intégrantes de sa personnalité, mais comme des possessions, dont il est libre d'user et de disposer comme il veut. »*[85]

Un des points importants pour nous est que, d'après cette analyse, une société où les forces d'un homme lui appartiendraient en un sens nettement distinct de celui de la possession d'un bien cesserait d'être une société de marché. Dans l'exposé, Macpherson cependant ne s'y attarde pas, considérant sans doute qu'il s'agit là d'un fond sur lequel son interprétation prend son sens. Le point décisif de sa lecture est plutôt celui-ci: quoique Locke affirme un lien immédiat et intime entre producteur et produit, ce lien, affirmé seulement au § 27, le troisième du chapitre, va être rompu dans les §§ suivants de deux manières. D'une part, puisque le droit sur soi implique qu'on puisse transférer, céder ou vendre ses forces à un tiers, il est possible que le produit de mon travail ou mon travail appartiennent à un autre. La possibilité de faire du travail un bien aliénable et une marchandise découle en effet du droit de propriété ainsi conçu. D'autre part, l'invention de la monnaie et de la circulation monétaire, engendrées par les échanges de biens, permettent de s'approprier plus de terres que ne le permettrait le travail personnel, de sorte qu'une accumulation de biens dont le titre de propriété n'est plus fondé sur le travail propre est parfaitement possible dans l'état de nature. Les positions de Locke sont donc loin de défendre simplement, même de manière restreinte, l'appartenance de la chose à celui qui l'a faite.

---

[85] *Ibid.*, p. 48.

Macpherson résume ainsi les résultats de son interprétation :

« Avec Locke nous sommes de nouveau au royaume des droits moraux et de l'obligation, dérivés d'une nature supposée de l'homme et de la société. Comme chez Hobbes, la démonstration de Locke commence avec l'individu pour aller vers l'Etat et la société, mais, de nouveau comme chez Hobbes, l'individu dont on part a déjà été créé à l'image de l'homme du marché. Les individus sont par nature également libérés de la juridiction d'autrui. L'essence de l'homme est la liberté à l'égard de toute autre relation hors celles qu'un homme entretient en vue de son propre intérêt. La liberté individuelle est justement limitée par les exigences de la liberté des autres. L'individu est propriétaire de sa propre personne, pour laquelle il ne doit rien à la société. Il est libre d'aliéner sa capacité de travail, mais non la totalité de sa personne. La société est une série de relations entre propriétaires. La société politique est une construction contractuelle pour la protection des propriétaires et la réglementation de leurs relations.

Pour autant, Locke ne quitte pas entièrement la loi naturelle traditionnelle. (...) Sa faiblesse théorique principale est dans sa tentative de combiner ces deux sources de la moralité et de l'obligation. »[86]

L'un des résultats les plus nets de son interprétation est que Locke ne peut plus être classé dans la catégorie des auteurs pré-libéraux. On pourrait après tout être tenté de le faire, par exemple au motif que "bien que ses arguments en faveur de la liberté de conscience soient impressionnants, ses opinions concernant les autres libertés civiles sont trop différentes de celles de Smith, Turgot et Jefferson pour qu'on puisse les classifier ensemble sous une même appellation".[87] Au regard de l'étude de Macpherson, une telle classification n'a pas suivi l'intégralité du raisonnement de Locke sur la propriété.

Mais l'étude écarte aussi deux visions, également modernes quoiqu'inégalement répandues, de la pensée politique de Locke. De ce point de vue, l'auteur, même si ce n'est pas là son intention principale, prend en compte l'ambivalence des jugements portés sur Locke à l'intérieur des courants socialistes, et plus largement son étonnante postérité politique.On peut d'abord voir en Locke un défenseur des libertés individuelles, contre les invasions de la volonté d'autrui et les prétentions du pouvoir, ce qui en ferait une des sources directes principales d'un libéralisme entendu simplement comme défense politique de certains droits de la conscience. Cette définition du libéralisme est insuffisante au vu des tensions qui travaillent le texte dans la conception du travail comme marchandise.

---

[86] Macpherson, opus cité, édition citée, chapitre VI : individualisme possessif et démocratie libérale, p. 269.

[87] Vergara, opus cité, p. 10.

Cependant une lecture démocratique sociale est également rejetée. En effet, quoique la personne soit propriétaire de son travail et de son produit, la possibilité de les aliéner est naturelle; et quoique la mesure de cette propriété soit le travail personnel, l'échange et l'argent permettent d'accumuler des biens au-delà de cette mesure. Ceci est vrai dès l'état naturel, que la société politique conserve ensuite.[88] Locke fonde donc, en principe, l'appropriation illimitée de la terre, de ses fruits, et libère l'achat et la vente de la force de travail de ses restrictions.

Cela ne signifie pas pour autant que sa pensée ne comporte pas des traits archaïsants: la présence de tels traits n'est pas contradictoire avec cette lecture, puisque, comme le signale la fin du passage cité ci-dessus, Locke reste un auteur de transition ou de passage, donc en proie à des tensions. Le but de Macpherson est toutefois, au-delà de cela, de relier la défense des libertés ou droits individuels à la libération du jeu des intérêts économiques privés. Cette dernière ne peut à l'évidence s'exprimer dans les concepts plus récents de l'économie politique. Locke ne peut donc être qu'un théoricien encore ambivalent des conditions d'une société marchande, et c'est à l'intérieur de cette ambivalence qu'il théorise les présupposés et les principes juridiques et éthiques de ce type de société. La question est donc de savoir un peu plus précisément ce que nous pouvons entendre ici par libéral.

3. MARX, LOCKE ET LE LIBERALISME

Il est certainement vrai de dire que, au sein de la classification des doctrines politiques, le terme "libéralisme" a été employé à propos d'une si grande variété de pensées, de positions pratiques et d'attitudes, que son unité de sens sur les moyenne et longue durées est incertaine. Cependant, comme le remarque l'historien américain Robert Paxton à propos du fascisme, il n'est pas correct d'inférer des abus d'un terme le refus de son usage.

> *« Il faut mettre un terme à l'usage abusif de l'étiquette "fascisme", mais pas la rejeter à cause de cet usage abusif. De même que nous ne rejetons pas le terme "libéralisme" parce que les politiques libérales ont pris des formes dissemblables dans la Grande-Bretagne victorienne, lectrice de la Bible et adepte du libre-échange, et dans la France protectionniste et anticléricale de la troisième république, ou dans le Reich allemand (...). En réalité, abolir le*

[88] Sur la réception socialiste anglaise de Locke, voir Charles Driver, "John Locke" in *The social and political ideas of some english thinkers of the augustan age 1650-1750*, Harrap, Londres, 1928 ; ainsi que l'ouvrage de D.G. Ritchie, *Darwin and Hegel,* Londres-Sonnenschein, 1893, dans son chapitre "Locke's theory of appropriation".

terme "libéralisme" serait plus logique que d'abolir le terme "fascisme" à présent que libéralisme est synonyme d'extrême gauche pour les Américains, alors que les Européens appellent libéraux les tenants du libre-échange et du laisser-faire, comme Margaret Thatcher, Ronald Reagan et George W. Bush. Même le fascisme n'atteint pas ce degré de confusion. »[89]

Quel que soit le degré respectif de confusion du fascisme et du libéralisme, je crois qu'on peut fournir de ce dernier une définition descriptive, suffisante pour faire voir les raisons - bonnes ou mauvaises - de solliciter Locke ici.[90]

Introduit vers 1160 en français, l'adjectif libéral, directement tiré du latin *liberalis* est synonyme de "généreux" et désigne ce qui est digne d'un homme libre.[91] Ce premier sens sera d'ailleurs conservé dans certains des emplois ultérieurs du mot, comme dans la dénomination, attestée en 1845, de "professions libérales". Dans une acception restrictive introduite vers 1750, il signifie "favorable aux libertés individuelles dans le domaine politique, économique et social". C'est, semble-t-il, pendant les guerres d'Espagne de Napoléon que cet ancien mot est vraiment entré dans l'usage pour désigner le nouveau courant d'idées. Comme les auteurs qui s'en réclamaient optaient en faveur de plus de liberté, et que les mesures revendiquées (abolition de l'esclavage, de la corvée, de la torture etc.) apparaissaient comme généreuses, "l'appellation est doublement heureuse."[92]

Apparu en français en 1816 pour marquer l'unité d'esprit des partis politiques libéraux, le substantif a d'abord désigné une "attitude des partisans de la liberté politique et de la liberté de conscience", puis, plus largement "l'ensemble des doctrines qui tendent à garantir les libertés individuelles dans la société" et, notamment, parmi elles, la libre disposition de la propriété et la grande part réservée à l'initiative économique privée. Plus récemment, ces derniers traits sont devenus dominants au point d'être reçus, dans l'usage le plus courant, comme une note préalablement admise de la définition du concept, comme le montre ce passage d'un article d'Henri Lepage :

---

[89] Robert Paxton, *Le fascisme en action*, traduction française, Le Seuil, Paris, 2004, p.42.

[90] Sur le terme de définition descriptive, voir Carl Hempel, *Eléments d'épistémologie*, traduction française Armand Colin, 1966, La formation des concepts, p.134.

[91] *Dictionnaire de la langue française* par Paul Robert, articles libéral, libéralisme, édition revue et augmentée par Alain Rey, éditions Société du Nouveau Littré - Le Robert, Paris, 1986.

[92] Francisco Vergara, *Les fondements philosophiques du libéralisme*, éditions La découverte, Paris, 2000 pour cette édition, p. 6.

> *« Le libéralisme ne se limite pas à l'établissement d'un état de pluralisme économique. Il ne s'arrête pas non plus au retour des libertés économiques. Le libéralisme est un régime qui fonde la liberté sur l'affirmation que tout homme de par son existence même possède des droits individuels et inaliénables, qu'il est immoral et injuste pour les autres de violer et qui s'imposent à tous, même à l'Etat, indépendamment de toute considération majoritaire. »*[93]

Si l'on discute encore de l'extension du concept, il est admis dans tous les cas que le libéralisme économique est, dans son expression la plus simple, la doctrine selon laquelle les forces du marché, et non l'action collective et volontariste des membres de la société, peuvent résoudre les problèmes collectivement posés.[94] (Ces positions sont souvent nommées en France ultra-libérales, d'un mot d'abord forgé pour désigner ceux qui occupaient l'extrémité du champ politique républicain sous la Restauration.) [95] Cependant, malgré son caractère répandu, et la référence fréquente des auteurs dits ultra-libéraux à la théorie des droits naturels de Locke, cette acception préalable est fortement contestable.[96] L'admettre suppose en effet d'admettre aussi que des libéraux dits classiques, comme Smith, Turgot ou John Stuart Mill, adhéraient au principe selon lequel l'Etat doit rester le plus possible en-dehors de l'économie. Comme le souligne Francisco Vergara, bien que les choses ne soient peut-être pas aussi tranchées qu'il l'indique, il s'agit là d'une erreur :

> *« (...) cette caractérisation du libéralisme (tant économique que politique) est (...) est totalement imaginaire : la lecture la plus rapide de Smith ou de Turgot (ou de Jefferson, Condorcet ou Constant) révèle une foule de propositions d'intervention de l'Etat. En parlant de l'économie politique classique, John Stuart Mill avait répondu par avance à ces critiques (...) qui étaient déjà monnaie courante à son époque : "Il y a quelque chose d'amusant et de naïf dans la manière dont l'intervention de l'Etat est perçue par nombre de commentateurs (...) D'après eux, il s'agirait de faire des exceptions à ce qu'ils appellent les principes de l'économie politique ; puis-je me permettre*

---

[93] Henri Lepage, "Le retour au droit naturel chez les libertariens", souligné par nous, *Revue d'histoire des facultés de droit et de la science juridique*, 1989, n° 8, p. 165.

[94] Voir articles "libéral" et "libéralisme", in *Le Robert,* texte revu et remanié sous la direction de Josette Rey-Debove et Alain Rey, éditions Le robert, Paris, 2003 pour cette édition, pp.1482-1483.

[95] Sur ce sujet, voir Vergara, opus cité, *passim.*

[96] Sur ce sujet, voir Pierre Lemieux, *L'anarcho-capitalisme*, Puf, Paris, 1988, chapitres VI et VII, pp. 67-82 plus particulièrement.

de rappeler qu'il n'existe pas, dans l'économie politique, de tels principes." »[97]

Je mentionnais cependant plus haut que les choses ne sont pas aussi simples, parce qu'il faut noter, d'un autre côté, que l'alliance entre sens économique et sens politique est d'un usage déjà ancien. En France, elle coïncide avec l'époque de la consécration sociale du droit privé de propriété. On peut suivre sur ce point l'*Histoire des doctrines économiques* de Charles Gide et Charles Rist :

> *« Ce fut à cette époque (*entre 1830 et 1850*) que s'effectua ce que l'on pourrait appeler la conjonction de la liberté politique et de la liberté économique qui désormais furent confondues dans un même culte et portèrent un seul et même nom : le libéralisme. La liberté économique, c'est-à-dire celle du travail et des échanges, fut élevée au même rang que la liberté de conscience ou la liberté de la presse (...). »*[98]

L'unité des différents sens de "libéralisme" peut donc continuer de faire question une fois la signification du terme débarrassée des confusions les plus grossières. Aussi, on pourrait chercher une unité dans l'idée que la médiation entre la défense des libertés civiles et celle de l'intérêt économique singulier réside précisément dans l'accent mis, chaque fois, sur un certain concept de propriété privée. En ce sens, nous pouvons nous contenter de définir ici superficiellement "l'intérêt" comme mobile et agent du profit, et la notion d'utilité individuelle comme incluant tout ce que les hommes socialisés jugent favorable à leur bien-être : ce qui compte dans ce repérage sont la fonction et le statut reconnus par ceux que l'on appelle libéraux aux droits réels. Cela signifierait aussi que, si la défense des libertés de l'individu a été, de façon plus ou moins nette, sous-tendue par la mise au centre d'un tel droit, la tradition libérale aurait toujours été guidée par elle de façon cohérente dans une même direction à la fois sociale, économique et politique.

Si l'on cherche à partir de là pourquoi on range aussi souvent Locke dans cette catégorie de « libéral », plusieurs traits peuvent être soulignés : le rôle central de la thèse selon laquelle une personne est propriétaire originaire de ses actions et de ses facultés; l'accent mis sur une propriété exclusive de la vie et des possessions matérielles; l'impression que l'acquisition de la propriété des choses repose sur un certain nombre d'opérations définies en termes privatifs; la thèse qui s'en déduit selon

---

[97] Francisco Vergara, *Les fondements philosophiques du libéralisme*, La découverte, Paris, 2002 (1992 pour la première édition), p. 9.

[98] Charles Gide et Charles Rist, *Histoire des doctrines économiques depuis les physiocrates jusqu'à nos jours*, cinquième édition, Recueil Sirey, Paris, 1926, p. 382.

laquelle la société civile (politique) est une union de propriétaires; celle selon laquelle l'Etat a pour mission de protéger ce qui appartient à chacun. Pris ensemble, ces traits expliquent que Locke soit considéré comme un interlocuteur privilégié pour qui cherche les racines et les éléments du libéralisme. La lecture de Macpherson constitue un modèle de liaison entre tous ces traits qui donnent un sens précis, descriptif et critique, au concept.

Un second souci explique aussi, je crois, la place accordée à Locke. L'intérêt qu'on lui porte est d'autant plus vif que le libéralisme est lui-même vu comme synonyme d'une certaine modernité théorique et pratique. La tendance à coupler la recherche des présupposés du libéralisme et l'interprétation du texte du *Second traité* s'expliquent donc, non seulement par la place que Locke accorde à l'appropriation privée dans sa théorie du pouvoir politique, mais aussi par la place qu'on accorde à cette même théorie dans la mise en place des éléments qui forment une part importante de notre modernité politique, que celle-ci soit ensuite objet d'éloge ou de blâme. La diversité des interprétations du *Second traité* (parmi lesquelles celle de Marx a sa place) explique la complexité de l'étude des liens entre Marx et Locke. Comme le fait remarquer plus largement Jean-Fabien Spitz, on pourrait résumer l'objet des discussions en disant qu'il s'agit de savoir si le contenu de la philosophie politique de Locke forme une partie importante de la modernité libérale, ou de sa critique.

> *« Parmi les grandes oeuvres politiques du passé, celle de Locke présente un destin tout à fait singulier par le caractère parfaitement antinomique des interprétations qui en sont aujourd'hui données. Certains y voient une pensée entièrement sécularisée (...), alors que d'autres entendent au contraire rendre tout leur sérieux aux prémisses théologiques sur lesquelles Locke a voulu fonder son système. Compte tenu du rôle que beaucoup continuent d'assigner à la pensée de Locke dans l'élaboration théorique et la justification philosophique des fondements des sociétés libérales contemporaines -et en particulier de l'idée qu'il existe des droits imprescriptiblement attachés à la personne humaine que toute autorité politique est tenue de respecter - cette situation a de quoi surprendre. »* [99]

On pourrait émettre une réserve sur la conclusion de cette présentation (selon laquelle une telle situation "a de quoi surprendre"). Si la recherche des liens multiples entre Locke et le libéralisme est une question qui, comme le note John Pocock, a quelques-uns des traits d'une obsession [100], il me semble que c'est précisément le rôle assigné à cette théorie dans les fondements de la pensée politique moderne qui l'explique. C'est pourquoi,

[99] Jean-Fabien Spitz, intro. à l'édition du *Second traité*, Puf, Paris, 1994, p. XXXIX.

[100] John Pocock, "The myth of John Locke and the obesssion with liberalism", in Pocock and Ashcraft, *John Locke*, Los angeles, 1980.

plus haut, nous avons cherché à préciser, sans les écarter, les termes relativement attendus dans lesquels on pose la question du rapport entre Marx et Locke. Si on peut se méfier du surinvestissement dont Locke est l'objet, et des confusions qui en résulte, il est également vrai qu'un tel investissement recoupe quelques-uns de nos intérêts historiques légitimes.

Quelle est maintenant place de Marx dans l'ensemble de ses interprétations ? On lui prête souvent la thèse selon laquelle Locke serait un des tous premiers théoriciens, ou un précurseur, de la société civile bourgeoise, encore pris dans des ambivalences. A regarder les textes - qui constituent plus des notes de lecture que des comptes-rendus critiques - les choses apparaissent différemment. Il reste vrai de poser que Marx peut être dit faire de Locke un auteur ambivalent. Cependant, ce n'est pas au sens où il ferait de ce dernier un libéral ambivalent. On peut confirmer cela en examinant brièvement de quand date la réception de Locke comme père ou grand-père du libéralisme.[101]

> *« La conception moderne selon laquelle Locke serait le "père fondateur du libéralisme" a pris véritablement forme au cours de l'ère victorienne. Elle repose sur deux dogmes simples, exposés par Leslie Stephen (...). Le premier dogme est que, malgré de multiples déclarations rationalistes, la morale (...) repose en fait sur des fondements utilitaristes (...). Le second dogme est que Locke serait l'apologiste officiel de la Révolution de 1688 et que ses écrits seraient devenus la "bible politique" du dix-huitième siècle. »*[102]

Pour qu'une telle réception soit possible, deux traits doivent donc être codifiés : Locke doit apparaître comme un partisan de l'esprit utilitaire, de la recherche privée et personnelle du bonheur, de la défense de l'intérêt propre ; et il doit avant tout concevoir l'Etat comme le garant de la propriété privée et de la poursuite de ces buts. Comme le fait remarquer Spitz, la lecture de Leslie Stephen ajoute à ces deux traits le constat, qui sera lui aussi souvent répété, d'une incohérence de la pensée politique lockienne. Selon Stephen, en effet, celle-ci pose les traits ci-dessus dans le cadre d'une pensée fortement théologique, dans laquelle l'homme a un certain nombre de devoirs objectivement prescrits.

Certes, Marx n'ayant pas laissé de caractérisation aussi complète de Locke, on ne peut décider sans autre argument que sa vision ne recoupe pas en certains points la présentation, disons, victorienne. On peut également interpréter certaines de ses remarques dans le sens d'une relative incohérence de la position lockienne, encore que cela relèverait déjà d'une

---

[101] Cf. Leslie Stephen, *English thought in the Eighteen Century*, Londres, 1876. Ce texte a été réédité en deux volumes par Thoemes à Bristol, en 1991.

[102] Spitz, opus cité, p. XXX.

sollicitation de ses remarques en partie guidée par des lectures postérieures. Mais, même dans ce cas, il demeurerait que sa lecture, du moins sur les points qui nous intéressent, apparaît éloignée de cette présentation. En-dehors de la confirmation du fait que Marx connaissait les textes de Locke, que peut-on en tirer au total ?

D'abord, si l'on compare la lecture de Locke que propose Macpherson, considérée comme ici comme cas exemplaire de celles qui font de lui un libéral, avec le contenu des dernières notes laissées par Marx, on peut remarquer que, bien que Macpherson s'appuie sur les aperçus de Marx pour les lier en une théorie, un écart demeure entre la lecture de Marx et la critique de Locke comme individualiste possessif ou libéral. On ne peut donc pas faire comme si celle-ci avait rétrospectivement établie la vraie teneur de celle-là. Plus largement, si l'on part de l'idée que les interprétations de Marx renforcent celles qui font du *Second traité* l'expression d'un mouvement de la propriété émancipé de ses cadres anciens, cette attente est déçue par la lecture des notes. Eneffet, de ce point de vue, elles ne coïncident pas entre elles et ne constituent pas une lecture complète. Notamment, l'expression de doyen de l'économie politique employée dans *L'idéologie allemande* et celle d'expression des idées classiques de la société bourgeoise, employée dans les *Théories*... ne peuvent être rendues synonymes. Dans la première, qui est aussi la seule à cette date qui mentionne les réflexions sur la propriété, il est question, dans le contexte d'une polémique avec Karl Grün citant Etienne Cabet, de la contradiction entre les déclarations de principe de Locke et ses conseils et ses actes pratiques. La seconde expression signifie que Locke attaque la propriété seigneuriale et féodale; elle n'implique pas que l'auteur juge favorablement les conditions bourgeoises d'échange et de production. D'après Marx, l'invention de la monnaie entre en contradiction avec la mesure naturelle de la propriété. Mais cette contradiction, qui se ramène à celle qui peut passer entre nature et institution, ne signifie pas à son tour une ambivalence entre deux jugements de valeur favorables.

L'ensemble des notes ne peut pas se ramener à une évolution linéaire ou à un schéma antithétique, comme si, par exemple, Marx avait d'abord vu en Locke un défenseur de la société marchande, pour dans un second temps, se rapprocher de certaines de ses idées, considérées comme appropriables. Le point apparent est plutôt l'absence de tels schémas. On pourrait bien sûr réunir différents indices pour construire une lecture marxiste faisant de Locke un idéologue de la propriété. En effet, si l'on recoupe les remarques de *L'idéologie allemande*, avec celles de la *Critique*... faisant de l'état de nature des projections et des anticipations des structures d'une certaine société civile, et qu'on y ajoute certaines des expressions des *Théories*..., on peut en tirer que : 1) l'état de nature est une robinsonnade ; 2) Locke en posant cette conception en partage les présupposés ; 3) en axant plus particulièrement son analyse sur l'appropriation, il exprime, plus nettement que d'autres, le mouvement de la société civile bourgeoise. Si l'on veut, on peut à partir de là faire de Locke un auteur ambivalent, qui se fonde en partie sur un droit ancien et en partie sur un droit subjectif beaucoup plus moderne, ou en faire le représentant d'une société marchande simple, où la petite propriété directe, bientôt abolie, domine encore. De telles lectures demeurent fondamentalement possibles. Cependant, le fait remarquable n'est pas que de telles possibilités existent ; il est plutôt que Marx ne les ait pas empruntées. A la lettre, la déduction de la propriété dite privée à partir de la propriété de soi ne semble pas jouer de rôle fondateur ou important dans la controverse sur la propriété. Dans le même temps, une argumentation proche, au moins en apparence, était présentée par les discours de légitimation passive. Si donc des discours contemporains pratiquaient celle-ci et que ce que l'on pourrait nommer, de ce point de vue, sa version originale, n'était pas considérée comme fondatrice par les participants révolutionnaires de la controverse sur la propriété, une conclusion raisonnable est que ceux-ci ne la rattachaient pas à leur présent. Cela n'implique pas qu'elle n'y soit pas rattachable; mais cela indique que, probablement, c'est seulement rétrospectivement, pour nous, qu'il existe une ligne continue qui mène du chapitre cinq du *Second traité* aux libéraux, au Code civil, au courant conservateur dominant. Pour Marx, les §§ 25-36 du *Traité* n'apparaissaient pas comme une préfiguration ou comme une première version de la justification de la propriété privée. Le fait dont on doit partir pour soutenir un parallèle est donc que, pour Marx, Locke n'était pas en fin de compte, une sorte de moule des discours de légitimation active et passive, alors même que par plusieurs aspects, il se trouvait confronté à ce type de discours. On ne peut cependant se contenter de soutenir que la dite déduction est extérieure pour l'essentiel à la question; on doit plus raisonnablement soutenir que ce constat ouvre plusieurs possibilités à l'étude de leurs rapports.

CHAPITRE III

Appropriation et propriété de soi chez Marx et chez Locke

1. De la communauté à la propriété

Si nous résumons ce qui précède, on voit que, jusqu'à un certain point, on peut compter au nombre des idées préconçues, dues à l'ajout successif des interprétations, l'idée que Marx critiquerait en Locke une théorie de la propriété qui annoncerait ou accompagnerait le déploiement de la société civile bourgeoise. Mesurée à cette idée, les lectures de Marx prennent au contraire l'apparence d'un paradoxe : lorsque Locke est convoqué comme un représentant de la modernité bourgeoise, ce n'est pas sa conception de la propriété qui est convoquée à l'appui de cette lecture ; lorsque cette conception fait l'objet de notes, il n'apparaît pas comme un représentant de la propriété privée établie. En revanche, si on pose qu'il y a une mesure naturelle de la propriété que Locke théorise et que le rapport de Marx à son argumentation comporte vraisemblablement lui-même une ambivalence, nous obtenons les linéaments d'un parallèle possible.

La difficulté n'est cependant pas résolue; même indépendamment de la question de savoir si la notion de libéralisme est pertinente pour penser le rapport entre nos deux auteurs, il n'est pas facile de dépasser le sentiment d'une proximité et d'une différence. Comme le fait remarquer Allen W. Wood :

> *« Certains philosophes ont posé que la propriété et l'appropriation dans le sens premier renvoyaient à une relation directe et naturelle entre les agents humains et les choses qui sont les objets de leur activité ou de leur volonté. Locke (...) est l'archétype de cette position. (...) Et c'est probablement le plus naturel des gestes de tenir les arguments de Marx sur l'objectivation et*

l'appropriation, comme l'expression d'un accord avec ces philosophes (...). Cependant, repérer les points exacts d'accord est une tâche difficile. »[103]

On pourrait ajouter qu'il est également difficile de détecter les points exacts de désaccord. D'un côté, en effet, on pourrait croire être en somme quitte avec une critique d'inspiration marxienne, une fois montré que le droit lockien d'appropriation ne peut pas légitimer une définition "bourgeoise" de la propriété. De l'autre côté, à l'inverse, si l'on classe cette même théorie parmi les éléments de la représentation bourgeoise et propriétaire de l'appropriation, on aura tendance à fortement privilégier les ressemblances de celle-ci avec celle-là. On pourrait peut-être simplement poser que Marx est proche de certains aspects des conceptions de Locke. Il faut toutefois se demander si ce type de réponses ne repose pas sur une confusion dans la position de la question ou, du moins, sur une confusion entre différentes parties d'un même problème. Il est par exemple possible que Marx ait critiqué chez Locke des positions indépendantes de son appartenance supposée au libéralisme. Il est ainsi possible qu'il y ait place pour une critique marxienne de sa déduction, quand bien même la théorie de l'appropriation lockienne serait loin des légitimations de la propriété établie. Et naturellement, il reste possible que Marx se soit trompé dans sa critique de Locke, et que la proximité entre les deux auteurs existe sur la base d'un malentendu. Je crois donc qu'il faut distinguer deux questions :

1) dans quelle mesure peut-on inclure Locke dans la critique que fait Marx des présupposés de la propriété privée libérale ?

2) dans quelle mesure Marx peut-il être considéré comme un critique des principes lockiens ?

On ne peut se contenter, pour tenter de répondre, de relever quelques points. Pour éviter une esquisse abstraite, nous avons choisi de suivre le détail d'un texte, en nous attardant sur le § 27 du *Deuxième traité*. Citons-le d'abord pour faciliter la lecture :

« Si la terre et les créature inférieures appartiennent à tous, chaque homme est cependant propriétaire de sa propre personne. Aucun autre que lui-même ne possède un droit sur elle. Le travail de son corps et l'ouvrage de ses mains, pouvons-nous dire, lui appartiennent en propre. Il mêle son travail à tout ce qu'il a fait sortir de l'état dans lequel la nature l'a fourni et laissé, et il y joint quelque chose qui est sien ; par là il en fait sa propriété. Cette chose étant extraite par lui de l'état commun où la nature l'avait mise, son travail lui ajoute quelque chose qui exclut le droit commun des autres hommes. Car ce travail étant indiscutablement la propriété de celui qui travaille, aucun autre homme que lui ne peut posséder de droit sur ce à quoi il est joint, du moins là

---

[103] Allen Wood, *Karl Marx*, Routledge et Kegan Paul, Londres, 1981, p. 39.

où ce qui est laissé en commun pour les autres est en quantité suffisante et d'aussi bonne qualité. »[104]

Isoler, provisoirement, ce § des suivants (qui incluent la location des services d'un travailleur à un tiers, l'analyse du rôle de la monnaie et de l'accumulation des biens) demande quelques explications. Il est vrai qu'il est dangereux, comme l'a fait remarquer John Dunn, de considérer que Locke traite dans le chapitre V d'un sujet en soi, qui serait l'origine de la propriété, et que l'on pourrait isoler ce dernier de l'ensemble de l'ouvrage.[105] Il est juste en revanche de poser qu'il s'agit de lier les deux concepts de pouvoir et de propriété de la personne pour poser une théorie du pouvoir politique. On peut faire aussi remarquer qu'inclure le problème de la propriété, envisagé comme distinction du tien et du mien, dans une théorie politique n'est, dans le contexte large de l'époque, ni nouveau ni original ; ce qui l'est bien plutôt, c'est de placer au principe de cette théorie une certaine propriété de soi. A ce titre, il est remarquable que, dans le *Second traité,* la propriété des choses et le gouvernement des hommes découlent, tous deux, d'un pouvoir originaire sur soi-même. Pour cette raison, il ne nous paraît pas arbitraire de faire un sort particulier à ce passage. Le choix du § 27 est donc motivé par le fait qu'il s'agit précisément du moment initial de la démonstration, qui lie propriété de la personne et appropriation des choses.

Précisons son contexte juridique. L'idée de personne, qui supporte la légitimation de la propriété, tout comme l'idée de légitimation elle-même, supposent des concepts puisés dans le *Corpus de droit civil,* tel du moins qu'il était redécouvert et réinterprété par les romanistes des temps modernes.[106] Ainsi, le § 27 s'inscrit, par son but et ses arguments, dans une procédure de *légitimatio* et de *rei vendicatio,* puisqu'il s'agit d'examiner à quelles conditions je puis affirmer de manière valide : « ceci est à moi ». Par conséquent, on peut considérer que ces mêmes concepts, considérés comme catégories communes, sont pertinents pour l'ensemble du problème. Par "catégories communes", j'entends donc que, même si les concepts et les thèses empruntés au *Corpus* n'ont pas, dans le texte de Locke sur la propriété, un sens aussi précis que celui que leur a conféré le travail spécialisé des romanistes, et qu'ils ne servent pas, par ailleurs, à résoudre tous les cas que rencontraient les jurisconsultes, Locke en connaissait suffisamment le sens pour s'en servir en connaissance de cause. On peut à

[104] Locke, *Second traité du gouvernement*, chapitre V, § 27, traduction de Jean-François Spitz et Christian Lazzeri, Puf, collection Epiméthée, Paris, 1994, p. 22.

[105] Pour une mise au point, cf. Tully, opus cité, p. 143.

[106] Cf. par exemple Tully, opus cité, p. 197.

partir de là, tester l'hypothèse de lecture selon laquelle la conception lockienne du travail, de l'œuvre et de l'appropriation est bâtie dans le cadre que ces catégories dessinent, pour répondre à certaines des difficultés qu'ils posaient (ce qui n'implique pas qu'il n'a pas, ce faisant, fabriqué des distinctions et des concepts nouveaux).

Choses communes et privatisation

Les §§ 25 à 27 entrent dans l'examen de ce que l'on appelle de manière relativement technique les modes originaires d'acquisition de biens. Grotius, dans les chapitres 3 à 6 de la deuxième partie de son *Traité du droit de la guerre et de la paix* (*De jure belli ac pacis*, 1625) en avait fourni le premier une terminologie et une théorie systématiques. Les modes "originaires" d'acquisition, traités aux chap. 3, 4 et 5 de l'ouvrage, sont ceux par lesquels on acquiert une chose qui n'avait pas de précédent propriétaire. Ils se distinguent des modes "dérivés", traité au chapitre 6, qui sont ceux par lesquels on acquiert un bien au terme du transfert d'une propriété antérieurement acquise. Le titre exclusif acquis selon les premiers modes, qui nous intéressent exclusivement ici, est intégral et n'est grevé d'aucune charge antérieure, démembrement, servitude ou hypothèque (puisque, par définition, il n'y a pas de propriétaire antérieur pour les constituer).

Grotius, et à sa suite le droit civil, reconnaissent trois modes originaires. L'occupation, ou droit du premier occupant, repose sur la possession, celle-ci se confondant dans ce cas avec la propriété. La spécification est produite, pour reprendre les termes ultérieurs de Pothier, "lorsque quelqu'un a formé et donné l'être à une nouvelle substance avec une matière qui ne lui appartenait pas"[107] (d'où le choix du nom de ce mode, tiré de l'expression latine *speciem facere* : créer une chose nouvelle par transformation d'une matière première). Il y a enfin accession lorsque deux choses sont incorporées l'une à l'autre au point de n'en faire plus qu'une seule. La propriété du résultat de cette incorporation appartient au propriétaire de l'objet principal (d'où la formule *accessorium sequitur principale*, l'accessoire suit le principal, qui donne son nom à ce mode). La légitimation d'une certaine forme de privatisation va, selon nous, être centrée chez Locke sur ces deux derniers modes.

---

[107] Pothier, *Traité du droit de domaine et de propriété*, Première partie, chapitre II, Article IV, sans date, in *Oeuvres complètes de Pothier*, tome 1, par M.M. Rognon et Firbach, Paris, Depelafol, 1835, 2 tomes, tome 1, p. 163.

Pour les rendre opératoires, le texte présuppose un régime où "la terre et les créatures inférieures" appartiennent en commun aux hommes. Locke renvoie à l'Ancien Testament, la Bible étant considérée, comme déjà signalé, comme un texte dont les vérités révélées ne sont pas contradictoires avec celles découvertes par la raison. Outre la référence aux Psaumes, un bref rappel de la manière dont, de nouveau, Grotius, avait traité la question permet d'expliquer cette position du problème. A travers sa classification des modes d'acquisition, celui-ci voulait montrer que la propriété exclusive originaire était légitimée par le droit du premier occupant (*Traité du droit...*, partie II, chap. 2 et suivants). L'occupation était chez lui soutenue par l'idée d'un accord tacite de tous les hommes. Cet accord fonctionnait comme une règle propre au droit des gens, indépendante de tous leurs autres contrats, pactes ou conventions particulières. Par consentement universel, le titre exclusif sur une chose était laissé ou concédé au premier occupant. Grotius avait supposé pour cela un état où le monde était *res nullius*, contenant des choses qui n'étaient actuellement à personne, mais qui pouvaient être appropriées. Les hommes acceptaient donc tous d'avance, comme une maxime raisonnable, que la part du monde sur laquelle un homme était le premier à s'installer lui appartenait de ce fait.

(D'un point de vue historique plus strict sur le droit romain, il est probablement vrai qu'il ne faut pas chercher dans ce droit d'opposition stricte entre *res communes* et *res nullius*. Les catégories du *Digeste* dont s'inspiraient ces classifications modernes étaient à la fois plus ambiguës et plus étroites : le digeste ne parlait guère que d'occupation des oiseaux, des poissons et des bêtes sauvages par le moyen de la chasse ou de la pêche. D'autre part, les *rei communes*, c'est-à-dire les choses sur lesquelles chacun avait le même droit, ainsi que les *rei publica*e, propriété des citoyens, faisaient partie des *res nullius*. Le travail des jurisconsultes sur cet ensemble de distinctions constituait donc certainement plus qu'une redécouverte du droit romain. Quelle que soit cependant sa fidélité à l'esprit de l'original, cette reconstruction permettait de distinguer domaine privé et domaine public, choses qui étaient et devaient demeurer inappropriables à titre personnel, et choses qui étaient actuellement sans propriétaire mais pouvaient en trouver un sans violer les droits des autres hommes. Ainsi, à l'intérieur de cette classification, la terre pouvait devenir domaine privé.)

Si l'on considérait que la terre était *res nullius* au sens de Grotius, l'occupation semblait un titre de propriété suffisant. Il semble cependant y avoir une objection directe. Si l'on rend le consentement exprès ou tacite de tous les hommes nécessaire, la propriété devient à la fois impossible et non décisive: empiriquement, aucun homme ne peut consulter tous les autres; juridiquement, ceux qui n'ont pas été consultés pourront toujours réclamer contre une convention dont ils peuvent dire qu'ils ne l'ont pas passée parce qu'ils n'en ont pas été informés.

La stratégie de Robert Filmer, ennemi des doctrines du droit naturel et adversaire central dans les deux *Traités,* consistait dans son principal ouvrage, *Patriarcha,* à montrer que le droit naturel rend, par ses conséquences, impossible les institutions qu'il prétend expliquer. Il mettait ainsi ce droit en contradiction avec lui-même. Il avait donc fortement souligné ce type d'objection. Il écrit ainsi à propos de la théorie de l'acquisition de la propriété par convention en régime de communisme premier :

> *« Ce fut certainement une rare félicité, que tous les hommes de la terre, en un seul et même instant, se soient tous mis d'accord ensemble pour changer la communauté naturelle de toutes choses en domination privée, car sans pareil consentement unanime, il n'était pas possible que la communauté fut modifiée, car si un seul homme sur terre avait été d'une opinion différente, cette modification aurait été injuste, parce que cet homme, en vertu de la loi naturelle, avait le droit de jouir de l'usage commun de toutes choses sur terre ; si bien que si l'on avait donné n'importe quelle chose en propriété à n'importe qui d'autre on l'aurait lésé de son droit à l'usage de toutes choses. »*[108]

On aurait quelque raison de contester la conception de la communauté que Filmer prêtait à Grotius pour la critiquer. Celui-ci n'invoquait pas un accord empiriquement réalisé de tous les hommes mais plutôt une maxime raisonnable: chaque homme acceptait d'avance que celui qui occupait une place avant lui, la terre n'étant à personne, était son légitime possesseur. Cependant, comme l'a fait remarquer Dunn, quelques soient ses vices de construction, la stratégie de Filmer imposait à l'adversaire la charge de la preuve: celui qui recourait à l'hypothèse, d'une condition naturelle, faite d'égalité et de liberté, dans laquelle les hommes connaissent les lois de la raison, mais pas la propriéte, se trouvait en effet "obligé de trouver un moyen d'expliquer comment il se pouvait faire que la loi naturelle puisse pendant un temps prescrire la communauté pour ensuite prescrire au contraire la propriété".[109] Le propos de Locke a donc certainement pour but de d'abord répondre à cette objection: il ne peut y avoir de distinction entre ce qui m'appartient et ce qui appartient aux autres dans l'hypothèse d'une communauté. La propriété *privée*, quelle que soit l'extension que l'on donne

---

[108] Robert Filmer, *Patriarcha and other political works*, édition Peter Laslett, Oxford U.P., Oxford, 1949, p. 273 ; cité ici dans John Dunn, *La pensée politique de John Locke- une présentation historique,* (1969) traduction française, Puf, collection Léviathan, Paris, 1991, p. 75.

[109] John Dunn, *opus cité*, p. 75.

ensuite à ce prédicat, est rendue impossible par le droit naturel d'occupation.

Pour fonder un titre moins contestable sur la chose, Locke part d'une communauté comme etat dans lequel chacun a un droit égal sur les choses, dans la mesure où celles-ci sont nécessaires à sa conservation. Elle se distingue de la conception d'une communauté originaire conçue en termes négatifs, conception patagée par Grotius et définie en ces termes par Pufendorf :

> *« (...) on entend par choses communes au sens négatif celles à l'égard desquelles il n'est point intervenu d'acte humain(...). D'où vient que ces sortes de choses sont censées n'être à personne, dans un sens négatif plutôt que privatif ; c'est-à-dire qu'elles n'ont été assignées en propre à qui que ce soit, et non qu'elles puissent l'être jamais. On dit encore qu'elles sont à tout venant. »*[110]

Il y a donc bien deux façons de comprendre le régime de communauté en l'absence de droit exclusif : la terre et les créatures inférieures peuvent n'être à personne, ou bien, comme chez Locke, chacun peut avoir un droit égal à celui des autres hommes. En apparence, choisir cette dernière conception ne facilite pas la légitimation. L'occupation ne suffit plus à régler la question. Les choses ne sont plus en effet à l'origine sans possesseurs, quoique ceux-ci n'aient pas de titre d'exclusivité : elles sont communes au sens où par nature les hommes ont tous le même droit sur elles, droit qui s'étend sur la plus petite partie de chaque chose qui peut devenir un bien de conservation. Le terme de droit en régime de communauté positive peut donc se prendre dans un sens assez semblable à celui qu'il a lorsqu'on parle du régime de communauté universelle sous lequel vivent deux époux, ou lorsqu'on parle d'un régime d'indivision entre héritiers.

Si, impatient et perplexe devant ces développements, on arguait que Marx, lorsqu'il parle de communauté originaire (*ursprüngliche Gemeinschaft*) ne l'entend pas du tout dans le même sens, et qu'il est étranger à ces distinctions et au problème dont elles dépendent, on pourrait objecter qu'il faut d'abord sauter trop d'intermédiaires pour affirmer cela. Le contenu de la distinction entre communauté positive et négative avait en effet commencé de s'effacer, de manière relativement rapide, chez les juristes eux-mêmes. Par exemple, Pothier entame le deuxième chapitre de son *Traité du droit de domaine* en la rappelant :

---

[110] Pufendorf, *Droit de la nature et des gens*, cité par Tully, opus cité, p. 70.

« Les premiers hommes eurent d'abord en commun toutes les choses que Dieu avait données au genre humain. Cette communauté n'était pas une communauté positive telle que celle qui est entre plusieurs personnes qui ont en commun le domaine d'une chose dans laquelle elles ont chacune leur part, c'était (...) une communauté négative, laquelle consistait en ce que les choses qui étaient communes à tous n'appartenaient pas plus à aucun d'eux qu'aux autres, et qu'aucun ne pouvait empêcher un autre de prendre, dans ces choses communes, ce qu'il jugeait à propos d'y prendre, pour s'en servir dans ses besoins. »[111]

Si nous avons bien lu, Pothier définit la communauté négative dans les termes d'un droit égal en tous sur les choses communes, ce qui paraît plutôt être la définition de la communauté positive chez Locke. Plus tard encore, lorsque Proudhon cite Grotius dans le premier mémoire, le rappel de l'idée de communauté originaire y sonne comme celui d'une fable ancienne, dont seule la morale peut encore instruire. Quoiqu'on pense de cette distinction et de sa postérité, il en ressort, je crois, que qu'on ne peut pas s'attendre à ce qu'elle soit reprise ou récupérée telle quelle par des auteurs postérieurs qui reposent le problème de la communauté. Mais cela n'entraîne pas que les deux discours se tournent simplement le dos. (C'est ce dont témoignerait aussi les curieuses similitudes entre la manière dont Filmer voit Dieu, ou le premier homme, comme propriétaire absolu et unique de toute la terre, et la manière dont dans les *Grundrisse* Marx montre que, dans la commune asiatique, il n'ya qu'un seul propriétaire qui est un despote semi-divinisé, tous les sujets n'étant que des possesseurs révocables. Cela permettrait au-delà de Marx, de souligner que les sciences ethnologiques naissantes reprennent, plus qu'on ne le croit généralement, des motifs et des figures des interrogations passées sur le droit naturel Néanmoins, comme il s'agit d'une idée un peu l'air, qui manque de vérifications et tient plus du collage que de l'hypothèse, je me contente de la signaler entre parenthèses.) En tous cas, cela permet, du moins, de laisser ouverte la réponse à ce point et revenir à notre extrait.

2. LE DROIT DE LA PERSONNE

Admettant une communauté originaire, Locke pose une exception de droit à cet état, dont dépend toute sa démonstration: "Chaque homme est propriétaire de sa propre personne, et sur elle aucun autre que lui n'a de droit." Cette assertion reçoit dans le texte le statut d'un principe, sans être

[111] Pothier, *Traité du droit de domaine et de propriété*, première partie, chapitre II, article premier; s. d. , in *Oeuvres complètes de Pothier* par MM. Rognon et Firbach, 2 tomes, Paris, Depelafol Libraire, 1835, tome 1, p.145.

davantage argumentée, ce qui signifiait certainement qu'aux yeux de Locke elle n'en avait pas besoin. A son tour cela signifie que cette assertion reçoit un privilège argumentatif propre à un principe nécessaire et évident. On peut donc essayer de compléter le raisonnement très serré que le texte nous propose en se demandant d'abord quel argument pourrait en montrer le caractère évident.

On pourrait invoquer une réduction à l'impossible: celui qui, soit prétendrait se passer du principe, soit tenterait de le réfuter, serait en fait contraint de l'admettre ; l'ignorer reviendrait à dire que l'on n'est ni l'auteur ni le maître de son discours et de son action, ce qui est contradictoire logiquement ou pragmatiquement, pour autant qu'on veut discourir.

L'appropriation de soi

Cependant, la force propre de cette réduction, sans doute présente dans le texte, n'interdit pas de chercher une généalogie à cet argument dans une chaîne plus longue de concepts. Il semble d'abord devoir quelque chose à l'idée stoïcienne d'appropriation à soi (*oikéiosis*). Le doxographe épicurien du troisième siècle Diogène Laërce, recensant les opinions stoïciennes, cite à ce propos le premier livre d'un des traités perdus de Chrysippe, *Des fins* : « la nature n'a pas crée l'être vivant en l'aliénant ou en négligeant de l'adapter à lui-même, (...) l'ayant constitué, elle le rend proche de lui-même. »[112] L'idée d'appropriation à soi est déduite de l'examen stoïcien des fins de la nature. Il serait en effet illogique de poser à la fois que la nature crée des vivants en vue de leur propre conservation et qu'elle n'adapte pas les fins et les moyens. Il en résulte que l'animal doit se sentir chez lui dans son corps et sa vie au sens large. Dans l'idée de conservation, la pensée stoïcienne met l'accent sur le soi, sur la proximité de tout être vivant avec son corps et ses membres: s'il a été fait pour se conserver, celui-ci est dans un rapport d'immédiateté et d'intimité avec sa propre constitution. O*ikéiosis* signifie donc que le vivant se conserve lui-même dans la constitution que lui a donné la nature. Les stoïciens de langue latine rendent *oikéiosis* par *conciliatio sibi*: être associé, être uni avec soi-même. Toutefois, *oikéiosis* est dérivé de *oikos* qui signifie la demeure, la maisonnée, et par extension le propre; le terme grec met davantage l'accent sur la distinction entre ce qui

[112] Diogène Laërce, *Vies*, VII, 85, les stoïciens, traduit par Jean-Paul Dumont, in Jean-Paul Dumont, *Eléments d'histoire de la philosophie antique*, Nathan, Paris, 1993, pp. 590-591. Voir aussi les notes de Pierre Maxime Schul sur ce même texte, in *Les stoïciens*, Gallimard, La pléiade, Paris, 1964.

est proche et ce qui est éloigné, ce qui est propre et ce qui est commun. Plus précisément, le propre en question comporte l'idée d'un espace privé reconnu, sans inférence, comme le sien par un être et un seul. Dans l'idée de conservation de soi, les stoïciens insistent donc sur l'individualité et l'unicité du vivant qui se conserve. Il semble qu'on retrouve cette idée chez Locke: si j'ai pour fin rationnelle de me conserver, ce qu'il affirme par ailleurs, il serait incohérent de ne pas poser une appropriation à soi, et donc de ne pas mettre aussi l'accent sur l'idée que c'est bien *moi* qui me conserve.

Le pouvoir sur soi

Cependant, il n'y a encore là ni affirmation d'une propriété au sens d'un droit sur moi-même, ni désignation de ce moi comme étant une personne. Concernant plus spécifiquement ce dernier terme, la question n'est donc pas tant de se demander ce qu'est une personne (par différence avec un individu, un homme, etc.) que de se demander pourquoi Locke lie l'idée de personne et celle de droit sur soi. On peut chercher une réponse, par une chaîne sans doute un peu incertaine, si l'on examine la doctrine de Vitoria et de ses disciples. Pourvu qu'on entende le terme de connaissance en un sens assez large ou diffus, à cause de la diffusion de la doctrine de Vitoria, la connaissance que Locke en avait semble probable:

> *« Locke connut la doctrine du pouvoir politique de l'école de Vitoria. En effet (...) Filmer dans* Patriarcha *prend la défense de l'absolutisme. Son traité n'est qu'une longue critique des scolastiques du XVI et XVIIèmes siècles, qu'il considère comme les néfastes fourriers des doctrines démocratiques (...). Locke dut buter sur les citations par Filmer de Suarez, Bellarmin, si admiratifs de Vitoria. Il ne les mentionne pas dans la réfutation de son compatriote, mais il est certain qu'il en tint compte (...). »*[113]

A l'intérieur de l'ensemble assez vaste de pensées que peut regrouper le terme "école de Vitoria", on peut chercher le sens de l'assertion selon laquelle la propriété de soi est un *dominium* dans plusieurs directions. Le mieux cependant est sans doute de s'intéresser au texte de la conférence de Vitoria lui-même, daté de 1539, *Sur les Indiens*. En effet, il a pour objet de défendre aux colons espagnols de traiter les Indiens comme des esclaves, des enfants ou des créatures irrationnelles, et il formule le problème dans des termes qui recoupent notre propos:[114] il s'agit de savoir « si, avant

---

[113] Ramon Hernandez Martin, *F. De Vitoria et la leçon sur les Indiens*, Cerf, Paris, 1997, p. 134-135.

[114] Les *Leçons théologiques* (*Relectiones theologicae*) sont un recueil des leçons extraordinaires (c'est-à-dire hors de l'enseignement ordinaire) prononcées par Vitoria (1492-

l'arrivée des Espagnols, les Indiens étaient véritablement leurs maîtres dans l'ordre privé et public, c'est-à-dire s'ils étaient les propriétaires véritables de leurs biens et de leurs domaines. »[115] L'esclave est défini comme celui qui « ne peut avoir rien à lui, selon les *Institutions* et selon le *Digeste* ».[116] Si les Indiens étaient des esclaves par nature, ou s'ils pouvaient à juste titre être traités comme tels, l'appropriation de leurs richesses et de leurs corps par les colons ne serait ni un vol ni un crime. Comme le texte de la conférence entend prouver qu'il s'agit bien de cela, nous nous trouvons une fois encore devant une *reivindicatio.* Pour la fonder, Vitoria pose deux prémisses.

D'abord, avoir un droit, y compris le plus élémentaire, est avoir un "pouvoir sur". L'équivalence entre droit et pouvoir revient trois fois dans le texte, toujours en position de principe. Ce dernier se formule ainsi: « le pouvoir n'est rien d'autre que le droit d'user d'une chose à son profit ».[117]

La restriction qui fournit la deuxième prémisse de l'argumentation pose que ce "pouvoir" appartient seulement à des êtres capables de ressentir manifestement l'injustice et de la concevoir, donc à des êtres rationnels au sens large : "pouvoir signifie droit (...). Les créatures irrationnelles ne peuvent avoir de droit, donc elles ne peuvent avoir de pouvoir." Il faut en effet, pour éviter que les Indiens soient, malgré tout, traités comme des enfants ou des créatures irrationnelles, préciser que le prédicat "avoir un pouvoir" doit être restreint à la classe des êtres qui peuvent devenir rationnels. Vitoria, pour justifier la particularisation du prédicat "avoir un pouvoir", s'oppose au commentaire de Conrad sur le droit de Justinien, qui pose que se servir d'un autre être pour son usage signifie avoir un pouvoir sur cet être, même si le titulaire est dépourvu de raison et de sensibilité. Cela revient, si l'on accorde la synonymie entre pouvoir et droit, ce que fait également Conrad, à accorder un droit aux créatures non-raisonnables. Il faudrait alors dire qu'un ruminant a un droit sur l'herbe qu'il mange. Dans ce cas, le soleil aussi aurait un droit sur la terre, et l'on commettrait peut-être une injustice en lui fermant sa fenêtre. Comme le sens commun des

1557) devant le corps universitaire. L'ouvrage se compose de plusieurs traités dont les plus célèbres sont *De indis* (*Sur les indiens*) *De jure belli* (*Sur le droit de la guerre*) et *De potestas civili* (*Sur le pouvoir politique*). L'ouvrage fut composé très probablement vers 1539, et la *Leçon sur les Indiens* date probablement de 1535. Nous la citons ici d'après l'édition et la traduction de Ramon Hernandez Martin, *F. de Vitoria et la leçon sur les Indiens*, éditions du Cerf, collection Classiques du christianisme, Paris, 1997, pp. 49 et suivantes.

[115] Vitoria, *Leçons sur les Indiens*, édition citée, p. 58

[116]Idem p. 58.

[117] Ibidem, p. 69.

mots refuse à l'évidence cet emploi, il faut restreindre l'idée de pouvoir aux êtres raisonnables. Etre raisonnable signifie manifester, par des paroles ou d'autres signes, qu'on possède une différence spécifique. Ainsi, les êtres qui ne sont pas encore en possession de toutes leurs facultés, comme le sont les enfants des hommes, peuvent cependant avoir un pouvoir, puisqu'ils peuvent subir et ressentir manifestement l'injustice. Cela prouve que seules les créatures rationnelles "ont un droit sur les choses, et qu'elles ont un pouvoir, qui n'est autre qu'un droit."[118]

Le travail de définition du concept de droit dans le texte exploite chaque fois le double sens du mot "pouvoir", en montrant qu'il faut certes garder dans l'emploi moral du terme une partie de son sens de capacité ou de puissance, mais qu'il ne faut pas non plus l'entendre en ce seul sens. Vitoria résume ainsi son argumentation :

> *« Bien que cela semble une simple question de mots, il est certainement très impropre et étranger au langage courant, d'attribuer un pouvoir aux animaux car on ne dit de quelqu'un qu'il est maître que de ce qui est en son pouvoir. Ainsi disons-nous : ceci n'est pas en mon pouvoir, si je n'en suis pas maître. Les animaux, qui ne se dirigent pas eux-mêmes mais sont dirigés (...) ne possèdent donc pas de pouvoir. Ce que dit Sylvestre est sans valeur, à savoir que, parfois, le pouvoir n'implique pas le droit mais seulement la possibilité. En ce sens, le feu a un pouvoir sur l'eau. Si cela suffisait, le brigand aurait le pouvoir de tuer un autre homme, car il en a la possibilité et la force. Les expressions "les astres président ou dominent" et "le lion est roi" sont des métaphores. »*[119]

On peut de nouveau essayer de compléter cette argumentation très resserrée. D'abord, si "je peux" doit s'entendre au sens de"j'ai le droit de", c'est déjà qu'il y a dans un sujet une puissance d'agir. Or, pris séparément, le terme de pouvoir ainsi entendu signifie déjà plus que la simple liberté de faire ou de ne pas faire quelque chose. Pouvoir vraiment signifie un peu plus que la seule capacité, la seule réserve nécessaire, pour faire une action; cela signifie également plus qu'une simple licence de faire ou non, concédée ou tolérée par une autorité. Pouvoir vraiment signifie avoir une maîtrise ou une emprise sur un objet. Cette puissance, pour être un droit, doit pouvoir ensuite être dite "légitime" ou "illégitime". Comme il faut que le sujet soit capable de ressentir l'injustice, "légitime", dans ce contexte, signifie que détenir un pouvoir est une qualité d'un agent auteur de ses actes intentionnels. Les deux sens se recoupent si l'on dit que le pouvoir est le

---

[118] Ibidem, p. 72.
[119] Vitoria, *Sur les indiens*, édition citée, p. 71.

titre revendicable, par un agent capable de lois, d'une emprise sur les choses.

Vitoria prouve cela en se référant, en vertu de l'argument d'autorité, à la *Somme contre les gentils* de Saint Thomas, Livre III, chapitre 10, dans lequel Thomas écrit que seule la créature rationnelle est maîtresse de ses actes. Dans ce recours, Vitoria utilise en fait les acquis de son propre commentaire - long de plus de cent soixante pages - de cette partie de la *Somme théologique,* intitulé *De justitia et jure*, plus précisément de la partie qui porte sur le droit de propriété. [120]

La démonstration pose classiquement, en interprétant la Genèse, que Dieu, même s'il a donné en commun la terre aux hommes, a dès le départ concédé certaines formes de propriété. Il a fait de l'homme au moins le maître ou propriétaire de son corps et de ses actes (*"dominus sui corporis"* et "*dominus suorum actorum*"). Si nous joignons à cela l'assertion selon laquelle l'être rationnel seul est le maître de ses actes, nous voyons - quelle que soit par ailleurs la fidélité de Vitoria à Saint-Thomas - comment l'auteur joint les deux usages du terme de pouvoir. Définir un droit (*jus*) se ramène à être en mesure de substituer à tous les emplois du terme de droit "avoir un pouvoir sur", ou *dominium.* Ainsi, la propriété de soi est un *dominium*, et *dominium* est synonyme de *jus*.

C'est pourquoi on pourrait définir ici le droit comme une puissance morale attachée à un sujet et à un seul. Si on accepte cela, on voit que la compréhension du terme de "propriété" qu'on trouve chez Locke recoupe d'assez près la définition qu'en donne Vitoria. Comme le résume Tully, le terme "droit" désigne chez lui "une puissance morale que possède une personne sur un objet. Le terme *property* doit s'entendre comme un droit possédé en commun par l'humanité entière."[121] De même, si nous revenons au contexte immédiat de Locke, la critique de Filmer, nous voyons que ce dernier partage une conception de la propriété comme pouvoir conforme à celle qui précède, à condition d'ajouter qu'il la rend illimitée. Dans *Patriarcha* l'un des buts explicites est de comprendre "les fondements de la domination et de la propriété, qui sont les principes essentiels du gouvernement et de la justice".[122] Or, chez Filmer, comme le remarque Dunn, tous les arguments en faveur de la monarchie absolue supposent que "toute autorité est propriété, comme toute propriété dépend de l'autorité".[123]

---

[120] Vitoria, op. cit, P. 71.

[121] Tully, op. cit. , p. 9.

[122] Filmer, cité par Dunn, opus cité, p. 75.

[123] Dunn, op. cit. , p. 76.

La *domination* est en réalité le titre perpétuel et illimité d'un seul sujet, tout comme l'est la propriété privée d'un bien : "un grand nombre d'absurdités sont facilement évitées" écrit par exemple Filmer, "si nous soutenons au contraire que la domination naturelle et privée d'Adam est la source de tout gouvernement et de toute propriété." [124]

Ainsi, la conjoncture comme les filiations plus éloignées de l'emploi du concept indiquent que Locke partage une conception de la propriété qui fait d'un être capable de concevoir le juste et l'injuste le dépositaire d'un titre exclusif originaire sur lui-même. En ce sens, l'idée désignée par le terme de *dominium* est première: elle précède l'analyse du "droit de domaine", ainsi que toutes les autres distinctions internes au droit de propriété. Nous avons donc là une première définition d'un droit subjectif, dont le modèle est un "droit sur" qui lie nécessairement droit et maîtrise d'un sujet sur un bien, ce qui inclut sa propre personne. La question que va se poser Marx est, à notre avis, de savoir ce qui se passe quand on substitue, dans le processus d'appropriation, la notion d'individualité à celle de personne. Il faut donc s'arrêter sur cette dernière.

L'idée de personne

Le terme de personne s'emploie de manières diverses, et certaines sont proches des emplois de personnalité et de personnage, du moins dans l'usage le plus courant de notre vocabulaire. Si je dis "c'est une personne étrange", c'est qu'un individu humain manifeste, pour ce que j'en connais, une conduite curieuse, qui peut être aussi bien un rôle. A ce niveau, il peut y avoir indistinction entre personne et personnage. Dans le même ordre d'idées, "la personne du maire" signifie sa fonction, distincte du contenu psychologique de la personnalité de celui qui l'occupe : quand bien même l'individu qui occupe le poste serait victime d'une agression physique, ce n'est seulement ce qui compte quand on dit qu'il y a eu atteinte à la personne du magistrat. Une atteinte à la personne est en revanche également une atteinte à l'intégrité de la personnalité ; en ce dernier sens, la personne signifie l'individualité.

Nous ne prêtons pas pour autant le prédicat de personne à tout individu ; son domaine d'application est plus retreint. Nous ne disons pas d'une pierre ou d'un chien qu'ils sont des personnes, bien que nous puissions être tentés de parler de la personnalité d'un animal. La notion semble donc cumuler plusieurs définitions: le rôle social distinct, ou

---

[124] Filmer, *Patriarcha*, cité par Dunn, op. cit., p. 75.

personnage public, la nature propre ou personnalité individuelle, la référence à un être doté d'un statut juridique qui lui donne des droits et des devoirs. Dans le *Traité des devoirs* (*De officiis*)[125] (1,30), Cicéron distingue à cet effet quatre sens du terme de *persona* : la personnalité individuelle (qui fait qu'il est digne de la nature de Caton et conforme à elle de se donner la mort à Utique pour ne pas voir le visage du tyran César); la nature de l'homme comme être raisonnable; le rôle qui découle de notre statut social; celui que nous nous sommes fixés en choisissant un type de vie et de profession. Pour comprendre quel sens de la notion domine chez Locke, et à partir de quels critères il opère un tri entre toutes celles qui ont été citées, on peut préciser qu'il part selon toute probabilité de la définition qu'en avait fixée Boèce :

> *« Il est clair que la* persona *ne peut se dire ni des corps inanimés- car nul ne dit qu'il y a une personne de la pierre- ni des êtres vivants privés de sensibilité, car il n'y a pas non plus une personne de l'arbre, ni enfin de ce qui ne possède ni intellect ni raison, car il n'y a aucune personne du cheval ou du bœuf ou des autres animaux qui, privés du langage et de la raison, mènent une vie soumise uniquement aux sens ; mais nous disons qu'il y a une* persona *de l'homme, nous le disons de Dieu, nous le disons de l'ange. (...) La personne est-elle une substance universelle ou particulière ? La* persona *ne peut être attribué qu'aux singulières car il n'y a pas de persona de l'homme considéré comme animal ou comme genre, mais seulement de Cicéron, de Platon ou d'individus particuliers. Donc la persona est une substance individuelle de nature rationnelle. »*[126]

L'usage des mots prouve que le concept de personne ne peut convenir qu'à des agents intelligents, ce qui exclut les choses et les animaux. (De même que chez Vitoria, on ne pourra littéralement dire que celui qui ferme sa fenêtre offusque les droits du soleil sur la terre.) Dans cette définition, le trait le plus intéressant est toutefois donné par l'assertion selon laquelle la personne est une substance particulière ou singulière (les deux termes étant ici employés comme synonymes). Son concept convient seulement à des êtres formant un tout relativement indivisible et isolable, des individus désignés par des noms propres, comme Socrate ou Platon.

Dire que Socrate est une personne, ce n'est donc pas la même chose que de dire que Socrate est un homme (au sens d'un animal raisonnable).

---

[125] Ciceron, *De officiis*, 1, 31, 107 et suivantes.

[126] Boèce, *Contra Eutychen* 2-3, in *Patrologie latine* 64, 1342 et suivantes, traduction de H. Merle, cité ici in Jean-Michel Fontanier, *Le vocabulaire latin de la philosophie*, article Persona, Ellipses, Paris, 2002, p. 92. Une édition critique récente du même traité de Boèce a été faite par Axel Tisserand in Boèce, *Traités théologiques,* édition bilingue, G. F., Paris, 2000.

Quoiqu'en effet, lorsque je dis ceci, je considère bien une certaine détermination de Socrate, cette détermination reste un universel, qui m'est seulement ici présentée dans le sujet qu'elle affecte, non à part. En termes scolastiques, le terme "homme" que j'emploie dans "Socrate est un homme" renvoie à un concept concret, ce que Jacques Maritain précise de la manière suivante :

> « *Quand nous appelons Socrate homme plutôt que athénien ou philosophe, c'est que nous le considérons sous un certain aspect intelligible, sous une certaine détermination que nous appelons quand nous la considérons à part, humanité. Dans les deux cas, c'est une certaine détermination, l'humanité, qui est présentée à mon esprit. Mais dans le premier cas, elle m'est présentée dans le sujet qu'elle affecte, dans le second elle m'est présentée sans ce sujet. Comment désigner ces deux catégories de concepts ? Nous pouvons appeler les premiers concrets et les seconds abstraits. Il convient bien sûr de ne pas confondre concret et individuel. En effet, bien que les uns et les autres soient abstraits (...) en ce sens qu'ils font abstraction des notes individuelles présentées par les objets de l'intuition du sens, néanmoins les seconds sont à vrai dire abstraits à la seconde puissance, parce qu'ils détachent pour ainsi parler une forme du sujet qu'elle détermine, afin de le considérer à part. C'est seulement par opposition à cette sorte d'abstraction que les concepts tels que homme ou philosophe sont appelés concrets.* »[127]

La personne n'est donc pas le nom d'un concept concret. Parler de la personne d'un homme est une manière de penser les déterminations de l'individu comme un et différencié. Quelles que soient ensuite les déterminations qu'il lui donne, la personne, chez Locke, ne peut d'abord convenir qu'à un tout existant physiquement, en-déça de l'identité seulement sociale, du personnage public et du rôle. La différence entre la personne et l'individu n'est donc pas que l'un des deux ne désignerait pas un singulier ; elle porte plutôt sur la manière de comprendre ces déterminations singulières. La notion d'individualité ne place pas immédiatement au centre les concepts d'intellect, de conscience, et de sujet imputable. C'est plus précisément sur la notion de droits et de devoirs attachés à la *persona* que se fait la différence.

Dans la langue latine, comme signalée, *persona* incluait déjà les idées de responsabilité et d'obligation propres au droit civil. Locke insiste sur cet aspect, qu'il combine donc avec ce qui précède. Outre d'autres raisons, cela peut être justifié par le contexte critique, au sens large, dans lequel Locke l'emploie. Il faut en effet également lire la théorie de la personne propriétaire comme une prise de distance avec la théorie du représentant et

---

[127] Maritain, *Eléments de philosophie, II, L'ordre des concepts, Petite logique*, chapitre II, le concept, §16, Pierre Tequi éditeur, Paris, 1999 pour cette édition, p. 60-61.

de la personne morale que Hobbes avait développé dans le chapitre XVI du *Léviathan* : "Des personnes, des auteurs et êtres personnifiés", dans laquelle la personne est une fiction, c'est-à-dire une institution juridique conventionnelle.[128] Locke ne l'entend certainement pas ainsi. Comme le fait remarquer Balibar, il y a là une véritable opposition :

> *« (...) nous avons d'un côté une doctrine de la personnalité morale (et à la limite chez Hobbes même les personnes physiques sont des personnes morales dans la mesure où elles entrent dans des rapports de représentation et font usage de fictions correspondantes) et de l'autre une doctrine de la moralité des personnes (fondées sur leur capacité de préserver par la conscience de soi (...) en deça de tout "rôle" une identité naturelle ou authentique). Ce sont deux conceptions divergentes de la société et de l'Etat qui en découlent, même si on peut formellement les considérer l'une et l'autre comme individualistes. »* [129]

Quoiqu'il en soit de l'individualisme de Locke, il est presque certain que sa pensée de la personne est une pensée de l'individu humain réel, pris comme agent responsable. Si nous résumons, nous dirons qu'en engageant l'analyse au nom de l'individualité, Marx se distingue de Locke en questionnant cette subjectivité, dans la mesure où le fait de l'appartenance à soi n'est pas immédiatement interprétée en termes de personnalité, de conscience de soi et de conscience morale. Sous cet angle, par son refus de substituer la *persona* à l'individu, la pensée de Marx resterait proche de l'idée stoïcienne d'appropriation, et assez loin de celle d'une pleine reconnaissance des droits d'une personne.

Par inférence, si l'on suit ce fil directeur, le processus d'appropriation peut être décrit dans des termes qui font du produit du travail un prolongement direct de l'agent, sans recourir à l'idée d'un droit exclusif. Cela ne signifie pas que Marx est extérieur à l'idée que le travail, au sens large, de notre personnalité vivante est la chose du monde la plus individuellement possédée qui soit. Cela ne signifie non pas plus qu'il s'éloigne beaucoup du principe de propriété de soi. Le problème semble surtout se poser ainsi: le travail va être chez Locke une capacité de soustraction, par un homme, d'une chose à la communauté positive; toute la démonstration consiste à déduire un titre sur le bien du titre sur soi. Ce qui importe donc est que, en admettant que Marx nie cette dernière prémisse, il ne peut plus faire ensuite de l'activité subjective le fondement de la privatisation. Autrement dit, même si l'appartenance à elle-même de

---

[128] Hobbes, *Léviathan*, chapitre XVI, traduction française de François Tricaud, Sirey, Paris, 1971, p. 161.

[129] Etienne Balibar, *John Locke, Identité et différence, l'invention de la conscience*, Seuil, Essais, Paris, 1998, glossaire, article "person", p. 237.

l'individualité qualifie bien une certaine intimité de l'activité, on ne peut confondre celle-ci avec un titre sur soi, comparable à celui que détient une personne sur les objets extérieurs.

Pour clarifier, on pourrait voir dans la proposition : "une personne est propriétaire d'elle-même" une proposition polysémique, en distinguant ce dernier caractère d'une simple ambiguïté. Un énoncé est ambigu, ou équivoque, s'il contient au moins deux significations tout à fait distinctes entre lesquelles on hésite. Par exemple, le mot cousin en français désigne soit un moustique, soit un parent, sans qu'il y ait de noyau de sens transposable d'une signification à l'autre. En revanche, la propriété de soi peut s'entendre en plusieurs sens. Ainsi, si d'un côté, celle-ci peut sembler avoir pour elle la force de l'évidence, cette évidence elle-même peut s'entendre dans des sens multiples, notamment en contestant les qualificatifs de personne et de droit exclusif sur une chose. On peut à partir de là se faire une idée plus précise de la conception que se fait Locke du travail, du problème que cette conception sert à résoudre, et de l'écart entre cette conception et celle de Marx.

3. Travail, oeuvre et specification

La spécification

Locke présente le travail et l'œuvre comme un transfert d'une partie des qualités de la personne à la chose : "le travail de son corps et l'oeuvre de ses mains, pouvons-nous dire sont son bien propre". Quoiqu'il n'explicite ni ici, ni, à notre connaissance, ailleurs, cette distinction, Locke n'emploie pas travail et œuvre comme de stricts synonymes, bien qu'il les comprenne dans l'activité d'un sujet. Le premier renvoie à l'énergie dépensée par l'organisme du travailleur, le second renvoie à la fabrication, elle-même pensée comme l'activité manuelle de donner forme à une matière. Il est cependant difficile de donner à cette distinction un autre statut que celui d'une trace laissée par des usages anciens, qui n'ont déjà plus de signification particulière. L'important en effet est la dépendance directe de l'énergie comme du savoir-faire à la *persona*. On peut donc prendre travail en un sens qui comprend l'ouvrage qu'un agent projette de faire, et dénote une production qui est une tache supposant une dépense d'énergie. Le résultat de celle-ci fonde un droit exclusif. En ajoutant quelque chose d'indiscutablement mien à une chose, j'en fais mon bien. Si cet argument semble aussitôt persuasif, il reste cependant une difficulté.

Comme la matière naturelle est dans l'état de communauté positive, si l'on pouvait séparer dans le produit fini ce qui revient à la nature et ce qui revient au travailleur, le droit revendiqué par ce dernier ne pourrait s'étendre au point de faire cesser sur l'intégralité de l'objet le droit commun des autres hommes. Les commentateurs ne soulignent que peu, ou ne soulignent pas du tout, que ce type de difficulté rappelle d'assez près celle qui animait la controverse sur la spécification entre les deux écoles juridiques antiques des Sabiniens et Proculiens, omme le résument Lévy et Castaldo:

> *« A l'évidence, ce qui est le plus important dans la spécification va entraîner la propriété de l'ensemble : mais qu'est-ce qui est le plus important, la matière ou le travail ? (...) Pour les Sabiniens, le plus important était la matière car elle subsiste dans l'objet fabriqué, tandis que les Proculiens estimaient au contraire que le travail avait l'avantage parce qu'il détruit la matière première, qui cesse ainsi d'exister, et qu'il crée une chose nouvelle, dont l'artisan s'empare aussitôt par occupation. »*[130]

Il est intéressant de noter la solution de cette controverse animée par l'opposition entre forme et matière, fixée par le droit de Justinien (533):

> *« Si l'on peut revenir de l'objet fabriqué à la matière première, par exemple lorsqu'il s'agit d'un bijou ou d'une statue si on peut revenir au métal qui le constitue, en pareil cas l'objet fabriqué appartient au propriétaire de la matière première ; en effet, celle-ci se retrouve toujours. Inversement, si ce retour à la matière première est impossible, par exemple dans le cas du vin, la propriété appartient au fabricant qui a créé l'objet nouveau. »*[131]

Cela montre que Locke est proche d'une thèse qui défend l'acquisition par spécification. D'autre part, cela montre qu'il en connaissait les termes académiques, ne serait-ce que par l'intermédiaire de la compilation de Justinien. Dans l'intérêt de notre hypothèse, attardons-nous sur les problèmes semblables que posent, dans ce même droit, le mode d'accession, en reprenant aux juristes romains les cas distincts d'une feuille de papier et d'une toile à peindre.[132]

Dans le cas d'une feuille de parchemin ou de papyrus appartenant à autrui, et sur laquelle je tracerais des lettres, c'est le support qui est l'objet principal: la propriété de l'ensemble reste au propriétaire du support. Dans le cas de la planche à peindre (puisque la peinture sur toile ne remonte pas avant le XVe siècle), les *Institutes* de Gaius (IIes. ap. J.C.), suivies par celles de Justinien, confèrent la propriété à celui qui a peint. Dans les deux cas, l'idée demeure que l'acte n'est pas concevable sans un support indépendant. Ce qui permet cependant de trancher en faveur du peintre dans le second cas est une conséquence commerciale extérieure : à suivre le raisonnement

---

130 Lévy et Castaldo, opus cité, § 374, p. 539.

131 Idem, p. 539.

132 *Digeste*, 6, 1, 23, 3.

selon lequel le support est le principal, on en viendrait à dire que les oeuvres de peintres reconnus valent moins que le morceau de bois ou de toile qui les supportent.[133]

Posons enfin qu'au lieu d'appartenir à un propriétaire unique, le support de bois soit commun, comme lorsque j'évide le tronc d'un arbre d'un bois ou que je le grave. On trouve les mêmes problèmes que pour la spécification, qui semblent d'abord difficile à évacuer ou à résoudre. Or, Locke ne semble pas les rencontrer. Si donc il les connaissait, et que pourtant il ne leur consacre manifestement pas de traitement particulier, l'hypothèse la plus probable est qu'il sous-entendait une conception du travail dans laquelle l'ajout à la chose de l'effort personnel produit une modification décisive, suffisante en tous cas pour qu'on ne puisse plus revenir à la matière première et mesurer sa part. Le trait sous-entendu important est donc la négation de l'idée de support indépendant.

Locke et Marx sur l'œuvre et le travail

Pour la comprendre, on peut éclairer cette conception du travail et de l'oeuvre par la discussion sur les types de causes menée dans l'*Essai sur l'entendement humain* (Livre II, chapitre 26, § 2).[134] Locke appelle d'abord cause ce qui fait qu'une autre chose commence à exister. Cette définition l'amène à en distinguer quatre types: la création, la génération, l'altération et le faire. Par au moins deux d'entre elles, l'homme peut être l'auteur d'une chose nouvelle, soit en juxtaposant des éléments distincts (création), soit en introduisant une qualité nouvelle dans un objet (altération). Ces aspects, qu'on retrouve implicitement dans le *Second traité*, font donc du concept de travail le synonyme de toute activité de transformation d'un donné qui aboutit à la production d'une chose nouvelle ayant une cohésion. Si l'on excepte les cas où la matière première vaut beaucoup plus que le travail, comme pour l'or et les matières précieuses, cas que Locke n'examine pas ici puisqu'il traite seulement des moyens de conservation, ainsi que le cas de la monnaie, qui permet de donner un équivalent du travail, et qui n'est pas encore une détermination des rapports entre l'homme et la chose, l'argumentation de Locke apparaît dès lors proche de la thèse de l'acquisition par spécification, dont elle constitue une radicalisation. Si l'avantage revient à l'art, ce n'est pas cependant, comme dans la thèse dite proculienne, parce que la forme compte plus que la matière, mais parce que, dans le produit, on ne peut plus isoler la part de celle-ci. Ce n'est ainsi que

---

[133] *Institutes*, 2, 1, 34.

[134] Voir Tully, opus cité, p. 66-67.

grossièrement et inexactement qu'on peut dire, à propos du bronze d'une statue finie ou de la terre cultivée d'un champ, qu'ils sont le même matériau que celui qui existait avant la mise en forme. Cela signifie que ce qui ne s'entendait que de certains produits finis dans le droit de Justinien est étendu à l'ensemble de l'activité sur les choses. Comme le résume Tully, il n'y a « pas de chose première qui subsisterait tout au long du processus de création et d'altération, et qui pourrait être distinguée par soustraction de la valeur ajoutée par le travail de l'ouvrier. »[135]

Plus largement, le problème traité par Locke est moins de savoir si le travail pouvait donner un quelconque titre de propriété, que de savoir si ce titre était un fondement suffisant. On peut dire en ce sens que le travail fait de la personne un créateur, du moins de cette création seconde propre à l'homme, limitée à la modification d'une matière déjà donnée. Si l'on veut affirmer que Marx retrouve un emploi semblable du terme et du concept de travail pour désigner des activités concrètes différentes, on peut prendre comme centre d'une réponse les remarques des *Grundrisse*, vues comme étape de transition à l'intérieur des écrits de la maturité.

Si on regroupe les différentes remarques de Marx, on voit que : 1) du moins dans un état jugé normal de santé, de dextérité et de vigueur, l'individu a besoin d'une certaine quantité de travail qui mette fin à son repos; 2) « le travail est une activité positive, créatrice » [136], et non un simple sacrifice du temps de ce loisir ou de ce repos; 3) la mesure du travail vient des obstacles à surmonter en vue du but à atteindre ;[137] 4) le renversement de ces obstacles constitue en soi une affirmation de liberté, à condition que les fins ne soient pas extérieures mais qu'elles « soient posées et imposées par le sujet lui-même» ;[138] 5) le travail peut donc, dans certaines conditions, qui sont opposées à celles de l'esclavage, de la corvée et du salariat, devenir « attractif ». Ce dernier terme est repris à Fourier pour qualifier un travail propice à « l'autoréalisation de l'individu ».[139] Cependant, il ne signifie pas du tout que le travail attractif

[135] Tully, opus cité, édition citée, p. 169. Pour la distinction des types de causes qui amènent un être à exister, voir p. 66-67.

[136] *Grundrisse/ Manuscrits de 1857/58*, édition établie par Maximilien Rubel, Oeuvres, II, Gallimard, Paris, 1968, p. 289.

[137] Idem, p. 289.

[138] Idem, p. 289.

[139] Ibidem, p. 289.

« ne serait qu'un amusement de grisettes, comme le conçoit naïvement Fourier. Les travaux vraiment libres, la composition musicale par exemple, c'est diablement sérieux, cela exige même l'effort le plus intense. »[140]

Quelles que soient ensuite leurs différentes combinaisons, ses éléments apparaissent suffisamment stables pour livrer une conception d'ensemble selon laquelle a) la liberté est une activité libre; b) elle suppose l'exercice et l'effort, et n'est donc ni une récréation, ni un jeu, mais bien plutôt une tache que je me donne; c) quoiqu'évidemment, cet effort ne soit pas l'effort productif subordonné à l'augmentation de la richesse de celui qui l'emploie, il en partage certains traits : manipulation, appropriation du matériau, tension, dépense d'énergie, exercice et fabrication ; d) cet ensemble coordonné d'actions en vue d'un but à atteindre, dont la nécessité ou la raison sont contenues dans la volonté et l'entendement du sujet actif, peut être appelé travail.

Plus précisément, dans son sens commun comme dans son usage lockien, le terme de travail a deux sens: l'effort d'information d'une matière; le résultat de celui-ci. Dans les deux cas, l'accent mis sur l'idée de travail suppose de l'étendre à de nombreuses activités autres que le travail manuel et l'effort productif direct: il convient donc à toutes les espèces d'activités, aussi bien celles qui ont pour but la perfection de l'agent que celles qui ont pour but la perfection de la chose faite par l'agent.

Cette conception a la particularité de ne pas reconnaître en principe la distinction entre faire et agir. Comme le fait remarquer Tully, Locke comprend sous un même concept des actions très différentes parce qu'il met au premier plan « le lien qui unit les résultats de l'activité créatrice de l'homme au concept de personne, comme agent moral responsable ».[141] Cette conception se fonde sur le rapport d'intimité entre la chose faite et l'homme; elle pousse en même temps à penser la diversité des activités sur le modèle de celle de l'ouvrier. Un modèle déjà éprouvé, présent chez Marx, de l'agent libre et intelligent comme travailleur libre, trouve donc là une de ses principales sources.

* * *

---

[140] Idem, p. 289.

[141] Tully, opus cité, p. 174. Tully renvoie pour cette conception à l'étude de J. J. Hintikka, "theoretical and practical reason : an ambigous legacy", in *Practical reason*, Oxford, Korner edition, 1975.

L'argumentation de Locke montre d'abord ce que cherche à faire une certaine philosophie du droit, ce que peut donner le traitement philosophique d'un problème de droit. La fragilité du mode d'acquisition par occupation pousse Locke à chercher un socle plus solide, et c'est dans ce besoin d'un fondement qui échappe aux conventions et aux artifices qu'on retrouve la volonté de remonter à un principe, pour enraciner une prétention dans une origine qui la garantisse. De ce point de vue, qu'il admette une communauté positive dépose en faveur de ses arguments, puisque cela donne une vigueur singulière aux rapports entre une certaine forme de privatisation et l'idée qu'on peut se faire d'une communauté des choses. Il est clair que Marx opère des déplacements considérables de cette problématique du rapport entre travail, oeuvre, appropriation et liberté. Notamment, il est vain de chercher chez lui une reprise de concepts dont les contenus exacts tendaient à s'effacer plusieurs décennies avant qu'il se mette à écrire sur la communauté et la propriété. Pour autant, il y a un peu plus qu'une marge entre poser cette assertion et poser celle selon laquelle les deux discours ne seraient pas communicables. Il ne nous semble pas juste de poser que notre auteur est soustrait à un type de questionnement semblable. Marx est préoccupé par des questions qui touchent à ces concepts, ne serait-ce que parce qu'il se pose la question de l'articulation entre l'acte d'objectivation par le travail et l'appartenance à une communauté.

Plus précisément, si nous repartons de la question initiale (la protection et le respect de la liberté de la personne passent-ils par ceux de sa propriété ?), et de la question de savoir si chez Marx l'abolition de la propriété privée inclut ou non celle de la propriété personnelle, nous obtenons deux résultats. D'une part, si l'on entend par libéral un penseur qui tient pour sacrée la propriété privée des moyens et de la matière de la production en un sens relativement proche de la propriété romaine, il nous semble que Locke n'est pas un libéral. En revanche, si, abstraction faite de ce dernier prédicat, on voit un problème et l'objet d'une critique dans une pensée qui fait prédominer tout du long le concept de droit sur un objet, alors la théorie de l'appropriation nous semble bien relever aussi de la critique de Marx.

En second lieu, si l'on admet que le modèle de l'œuvre chez Marx reprend celui de Locke, on doit aussi considérer qu'il l'élargit pour le pousser vers sa limite. Qu'advient-il du droit personnel sur les choses dans un collectif de travailleurs ? Comment y séparer la part de chacun ? Si le produit de l'effort d'un groupe est plus que la somme de ses parties, ne faut-il pas dire qu'il est, en même temps que l'effort lui-même, la possession indivise de ce groupe ? On voit que ce point dépend de l'examen de l'idée plus large selon laquelle le travail est addition à la nature et soustraction à la communauté des hommes.

En troisième lieu, l'attention que nous portons à ce qui peut séparer les domaines respectifs du travail, de l'oeuvre et de l'action ne doit pas faire obstacle à la compréhension du travail que Marx opère sur l'idée d'appropriation. Celle-ci, en effet, ne se pense seulement par rapprochement avec la possession et la propriété. Elle ne signifie pas non plus seulement qu'une chose devient mon propre. Dans son premier sens, ce qui domine dans cette idée, ce sont les traits de l'adaptation et de l'assimilation. En ce sens, on dit par exemple qu'on doit s'approprier les connaissances acquises. En français, ces sens dérivent de ceux du terme de bas latin *appropriatio*, qui est d'abord un terme médical signifiant l'action naturelle par laquelle les aliments pénètrent dans l'organisme. Les sens de convenance, d'accommodement, et d'adaptation à un usage, peuvent être vus comme des dérivés de ce dernier. Lorsque Marx vise l'action subjective, il cherche donc à restituer cette dimension naturelle de l'appropriation des choses. Il ne s'agit pas du recours à une des métaphores de l'organisme: l'échange de matériaux entre l'homme et le monde, dont il est lui-même une partie vivante, est littéralement le premier geste de la propriété. Ce sens n'était certainement pas absent de la déduction lockienne. Lorsqu'il se demande où commence l'acte de propriété, Locke fait précisément référence à des opérations immédiates d'assimilation et d'ingestion.[142] Mais il me semble juste de dire que, malgré cela, demeure une différence entre cette dernière approche et une analyse qui fait directement de l'appropriation un métabolisme, un échange de matériaux avec la nature.

Ceci confirme la différence entre une analyse qui mobilise la notion de personne et une autre qui insiste sur l'individualité. Certes, les deux ne s'opposent pas comme si l'une était la négation de l'autre. Un individu peut être saisi comme un agent conscient auteur de ses actes intentionnels ; réciproquement, il est très difficile de nier que l'idée de personne contient celle d'un être un qui forme un tout concret. Mais il reste que l'intervention de la personne va minorer l'activité pré-juridique au profit des catégories signalées, mode originaire d'acquisition, droit exclusif sur une chose, ce qui va faire très vite passer l'appropriation dans les concepts de possession et de propriété. En revanche, une analyse en termes d'individualité conduit d'abord à la notion de vie organique et accentue la dimension physiologique immédiate de la prise de possession, dont les modalités juridiques peuvent être ensuite dérivées. De ce point de vue, il y aurait une erreur à centrer très vite la critique sur l'extension, légitime ou non, du concept de travail à

---

142 Cf. *Second traité*, édition citée, § 28.

toutes sortes d'activités. On commettrait une erreur analogue à poser immédiatement que Marx confond toutes les formes d'activité dans un concept flou d'appropriation, marqué par une sorte de vitalisme diffus. Cela aboutit, à mon avis, à masquer ou à mal apprécier la redéfinition du concept qu'il opère, qu'on peut aussi voir comme un retour au premier sens du mot.

Dans tous les cas, refuser un certain usage du principe de propriété de soi et du concept de propriété dans les légitimations de la propriété privée ne nous semble pas épuiser le contenu des rapports de Marx au droit naturel de propriété posé par Locke. La critique perd ainsi le privilège apparent d'occuper une position extérieure à son objet. Elle s'annonce plutôt comme une critique interne de la description du mouvement d'appropriation.

CHAPITRE IV

Critique du droit subjectif

Nous devons maintenant revenir, pour les confronter, sur les trois textes sur lesquels nous nous sommes appuyés, celui de Macpherson, celui du *Second traité*, et celui des notes de Marx. Quelle position attribuons-nous en définitive à Locke ? En quel sens pouvons-nous considérer que Marx hérite des problèmes posés par ce dernier ? Le modèle de la société possessive de marché ou de la société simple de marché lui est-il applicable ? Si ce n'est pas le cas, quel serait l'objet d'une critique de Locke de type marxien ?

1. LA PROPRIETE DE SOI ET L'APPROPRIATION : DEUX OBJETS DE LA CRITIQUE

Notre propre commentaire du passage cité de Locke semble d'abord s'accorder, au moins en partie, avec la thèse de lecture selon laquelle son propos s'enracine dans un socle d'idées extérieures à la doctrine juridique de l'individualisme possessif: il s'accorderait donc avec les interprétations qui ne voient pas en lui un "moderne" ou un "libéral". Il nous paraît en effet peu probant de faire de Locke un libéral en ce sens. Mais cela n'entraîne pas, à notre avis, que Marx ne soit pas ici un critique de première importance. Pour montrer cela, il m'a paru nécessaire, sans entrer ni dans une présentation détaillée, ni dans une discussion de fond extérieures à notre sujet, de rappeler le principe et les enjeux de plusieurs récentes relectures de Locke.

L'interprétation contextuelle

Ces lectures (qui se présentent aussi comme des relectures rectificatrices) s'inscrivent dans le genre de l'interprétation historique. Interprétation se prend ici dans le sens large, comme le fait de donner une signification, sans qu'il soit encore besoin de distinguer entre interpréter et expliquer. En mettant l'accent sur la conjoncture, elles se distinguent toutefois des tentatives de lecture historique qui prennent comme fil directeur l'usage des concepts dans la longue et moyenne durées.[143]

Cette interprétation vise à concilier l'explication par ce que l'on a coutume de nommer le contexte, et l'explication par la compréhension interne de l'œuvre; ce qui se fait par l'intermédiaire de la notion d'intention d'auteur. A cette fin, l'intention est située ou replacée dans son environnement historique proche. Le terme de contexte se prend donc dans le sens de conjoncture. Celle-ci est constituée d'une part de plusieurs discours, de l'autre d'une situation politique. Lorsqu'un passage d'un texte paraît obscur, ou sujet à des controverses qui manifestent son implicite, il faut le renvoyer, non seulement aux autres passages du même texte qui emploient le même terme, ou aux passages qui désignent le même sens sous un autre terme, selon la méthode éprouvée des passages parallèles, mais il faut aussi et surtout le renvoyer au contexte assez étroitement déterminé dans lequel ces termes et concepts sont employés.[144]

On pourrait résumer les choses en disant que cette méthode de compréhension élargit la portée de la méthode des passages parallèles à la conjoncture. Le but raisonnable qu'on peut ainsi fixer à l'interprétation est de retrouver ou d'établir l'identité historique d'un texte, en confrontant le discours de l'auteur et les types, conventions, formes de discours, qui, adversaires, concurrents ou proches, sont contemporains de ce texte et appartiennent au même champ. Cette confrontation permet en effet de comprendre le sens que l'auteur entendait donner à son discours, ce qu'il entendait faire en l'écrivant et en le publiant.[145]

Etant donné les malentendus possibles, qui tiennent à un problème de définition, il est utile de préciser que, si la notion d'intention présuppose certainement un sujet psychologique auteur et possesseur de ses actions, elle n'implique pas pour autant de sortir de ce que l'on peut nommer la matérialité du texte. En effet, pour savoir ce que l'auteur voulait faire, il n'est ni nécessaire ni souhaitable de chercher à connaître l'intention préméditée ou l'état mental qu'il pouvait avoir présents à l'esprit dans le

---

143 Voir sur ce point le modèle dessiné par les travaux de Richard Koselleck, notamment le texte programmatique : « Histoire sociale, Histoire des concepts » in *Sémiologie des temps historiques*, traduction française, Paris, éditions du Seuil, 1994.

144 Pour une mise au point sur la portée et le sens de la méthode des passages parallèles, on peut consulter Antoine Compagnon, *Le démon de la théorie*, Seuil, Paris 1998, chapitre 2 : "l'auteur", "La méthode des passages parallèles", pp. 71-74.

145 Sur ce point, voir l'article de Quentin Skinner, "Meaning and understanding in the history of ideas", repris dans *Meaning and context...*, édition citée ; également Quentin Skinner, *Machiavel* (1980), traduction française, Points seuil, Paris, 2002.

moment où il écrivait ou ensuite. Il ne s'agit donc pas d'examiner les motifs que l'auteur a pu avoir en fait d'écrire son texte: le sens en question est seulement celui qui est attesté par les mots employés.[146] Par ailleurs, il faut signaler que l'enquête historique n'a pas pour seule ambition d'évacuer les contresens et d'établir le cadre pertinent d'un commentaire, ce qui la rendrait au fond seulement négative, mais qu'elle a bien pour but de poser une lecture.

Poser que c'est là l'objet de la recherche dans le domaine de l'histoire des idées et de la philosophie politique implique qu'il n'y a pas de proposition vraie en dehors du cadre qu'elle dessine, si l'on prend vraie au sens de vérifiable. En effet, selon cet axe, en poussant quelque peu mais, je crois, sans déformer, quelqu'un qui ne partagerait pas ce précepte serait exclu des discussions d'interprétation, au motif qu'il ne serait plus possible de faire la preuve de ses torts à quelqu'un qui introduirait des préjugés dans son travail. C'est par cette approche que certains interprètes du *Deuxième traité*, et plus spécifiquement de son chapitre sur la propriété, nient le modèle de l'individualisme possessif. La déduction lockienne de la propriété ressemblerait plutôt, aussi bien à propos de la propriété comme droit naturel que de celle ensuite instituée par contrat dans la société politique, à une protection du droit de chacun, ce que James Tully résume ainsi :

> *« Toute la doctrine de Locke s'articule sur l'idée-mère selon laquelle la distribution de la propriété doit satisfaire à une double condition : d'une part que nul ne soit privé des biens nécessaires à la subsistance et au bien-être ; qu'il soit d'autre part donné à chacun d'exercer le travail auquel il est appelé et d'en recueillir les fruits, car c'est ainsi que l'activité des hommes s'apparente à l'activité du créateur divin. Tels sont les présupposés explicites du discours lockien sur la propriété dans le cadre normatif dans lequel il s'inscrit. »*[147]

De l'insistance sur l'intention et l'Histoire, lisibles ici dans l'accent mis sur les "prémisses explicites" du discours et sur le "cadre normatif", il ressort qu'il serait erroné de prêter à Locke une stratégie de défense de la propriété foncière privée, du moins si l'on prend celle-ci en un sens relativement proche de celui qui est inscrit dans le *Code civil*. Le problème serait au contraire d'articuler harmonieusement la communauté, la propriété et

---

[146] Voir Q. Skinner, "A reply to my critics" in Tully, opus cité, p. 260-280; Jean-François Spitz « Comment lire les textes politiques du passé? Le programme méthodologique de Quentin Skinner. » in *Droits*, (1989) volume 10, pp. 133-145. Pour une discussion plus large de la notion d'intention d'auteur, voir Antoine Compagnon, *Le démon de la théorie*, Seuil, Paris, 1998.

[147] Tully, opus cité, p. 236.

l'égalité, aussi bien naturelles que civiles. Il faut donc séparer l'assertion selon laquelle Locke est un penseur de la propriété de celle selon laquelle il anticiperait, en pensant la propriété, certaines des conditions de la société civile bourgeoise. La discussion des §§ 25-36 sur les droits et libertés individuelles n'a pour but, ni de fonder un droit privé de propriété "libéral", ni de poser les prémisses de son libre exercice, et elle n'aboutit pas non plus implicitement à un tel résultat.

Il est certainement possible d'émettre des réserves sur les résultats de ces lectures, en montrant par exemple qu'elles visent surtout les excès d'une lecture du type de celle de Macpherson, sans pour autant s'attaquer à son noyau. En effet, montrer que Locke n'est pas partisan d'une rationalité utilitaire d'accumulation, ce n'est pas encore s'occuper de la question de savoir si oui ou non les facultés de la personne sont pour lui un bien dont elle peut disposer. Il est également possible que ces approches valorisent à l'excès les traits archaïsants de la démonstration lockienne, au détriment d'autres traits ou d'autres tensions nettement plus modernes. Ce qui nous paraît frappant, toutefois, se situe un peu en amont de ce type de réserves. Ces lectures posent comme équivalentes l'assertion selon laquelle Locke n'est pas un individualiste possessif libéral et celle selon laquelle il n'est pas un moderne (ce qui tient peut-être à l'histoire propre de leur formation). Ainsi, expliquant dans sa préface les raisons de son étude significativement sous-titrée : « une présentation historique de la thèse exposée dans les *Deux traités du gouvernement* », John Dunn écrit :

> *« (...) on a vu toute une ribambelle de philosophes intrépides, à cheval sur leurs Rossinantes scolastiques, partir au galop à l'assaut d'une série de moulins à vents désaffectés (...). Considérée de ce point de vue, la présente étude n'a pour ambition que de remettre le moulin à vent dans son état originel en montrant comment ses ailes tournaient ; certes avec des grincements, mais enfin elles tournaient. (...) L'autre raison est plus personnelle. (...) Il m'est tout simplement impossible d'envisager de construire l'analyse de la moindre question relevant du domaine de la théorie politique contemporaine à partir d'une seule proposition énoncée par Locke en matière de politique. La seule thèse, dans toute sa philosophie politique, qui me semble encore vraiment intéressante comme point de départ pour la réflexion dans un débat de théorie politique contemporaine, c'est le thème développé dans les* Lettres sur la tolérance. *Or, dans la pensée de Locke, ce thème est étroitement solidaire de prémisses religieuses. De fait, l'une des affirmations centrales développées ici est que l'intelligibilité même (...) d'un très grand nombre de*

thèses de Locke dépend fortement de toute une série de partis pris théologiques. »[148]

Ces lignes doivent être appréciées dans le contexte d'une multiplication des interprétations rétrospectives de la pensée politique de Locke. Cela explique pour une large part l'ironie de la comparaison allusive entre le célèbre épisode de *Don Quichotte* où le héros charge des ennemis imaginaires et les lectures "intrépides" qui critiquent en Locke un théoricien de la propriété absolue et illimitée. (D'un autre côté, cela confirmerait le jugement de Richard Aschcraft, selon lequel le travail de Dunn est plus une rectification des lectures rétrospectives de Locke qu'une véritable entreprise de clarification des buts intellectuels que poursuivait l'auteur des *Deux traités*.)[149] Si tous les commentaires contextuels de Locke ne partagent pas la lettre des formulations de Dunn, ils en partagent assez souvent l'esprit: rendre leur sérieux aux prémisses religieuses et morales sur lesquelles se fondent la pensée de Locke, "remettre le moulin dans son état originel", donc, permet de poser ou de penser qu'il n'est pas un moderne. Autrement dit, les questions de la propriété civile privée, de l'individualisme au sens courant et de la communauté ne se poseraient pas, pour Locke, en des termes dans lesquels nous pourrions nous reconnaître. Trop de maillons manqueraient pour cela entre ses écrits et notre propre temps, essentiellement parce que la construction de Locke repose précisément "sur une série de partis pris théologiques". Une critique marxienne ou marxiste du chapitre sur la propriété, et à partir de là de la pensée politique du *Second traité,* ne peut donc que tomber à côté de leur objet.

Il est peu de personnes, je crois, pour contester le sérieux et l'importance des préoccupations religieuses de Locke. Les choses ne sont peut-être pas cependant aussi tranchées que l'indique Dunn dans sa préface. En effet, ce retrait de notre auteur hors du débat sur l'individualisme moderne ne fonctionne que si l'on pose que Marx critique un droit illimité. Si l'on admet que c'est le principe de l'appropriation à soi interprétée comme pouvoir et droit sur sa personne qui est au centre de la critique (ce qui signifie d'abord que Marx rencontre cette idée comme un problème), et qu'un tel principe est présent chez Locke, une semblable objection historique au rapprochement n'est plus aussi valide.

Il peut être utile de préciser également que, bien que cela aboutisse probablement à deux manières différentes de lire la déduction lockienne du droit d'appropriation, l'opposition ne tient pas à ladifférence entre une

---

[148] John Dunn, *La pensée politique de Locke* (1969) traduction française Puf, Paris, 1991, "Préface" (1968), pp. 6-7.

[149] R. Aschcraft, *Locke's two treatises of government*, Londres, 1987, p.304-305.

lecture en contexte et une autre qui le serait moins ou qui ne le serait pas du tout (ou, en un autre langage, aux différences entre interpréter, expliquer et comprendre). Tout dépend de ce que l'on entend par le terme de contexte, et, au-delà, par le terme de signification historique. Les lectures citées considèrent que la restitution de la conjoncture dans laquelle écrit Locke épuise en somme le sens de son propos, et qu'il serait vain de lui prêter des problèmes auxquels il ne pensait pas, et qu'il voulait donc encore moins chercher à résoudre. Si ce programme peut répondre de manière satisfaisante à la critique du recours à la notion d'intention, les choses sont plus difficiles concernant l'identification de la notion de contexte, comme le remarque le chercheur canadien Alexis Lapointe :

> *« Tenir pour évident que le contexte dans lequel agit l'auteur est son contexte intellectuel immédiat tient d'une position qui procède par tranches synchroniques. Or une telle position minimise l'importance de la redécouverte possible de certaines théories passées qui peuvent être tombées dans l'oubli d'une part, et de l'autre, de la relation à l'auteur à un contexte futur. Un auteur, en s'adressant à ses contemporains, s'adresserait aussi selon diverses modalités, à une postérité intellectuelle et sociale qu'il ne connaît pas encore mais, pourrions-nous dire, qu'il devine, espère ou craint. Bien que cette dimension ne soit pas entièrement séparée du contexte contemporain à l'agent, elle ne lui est pas pour autant identique. »*[150]

Comme Lapointe le note également, les différences plus larges entre les méthodes récentes d'explication du sens des textes se jouent moins sur la présence d'une volonté plus ou moins grande d'interprétation revendiquée que sur l'extension dans le temps des notions de contexte et d'usage des concepts. En ce sens, si l'on accorde qu'un discours de second niveau, qui prétend donner les raisons cachées ou méconnues du propos d'un auteur, en s'appuyant bien davantage sur l'esprit que sur la lettre, se distingue assez nettement d'une explication, et penche vraiment vers l'interprétation, il ne nous semble pas relever de l'interprétation de poser que le sens du discours de Locke excède la signification conjoncturelle qu'il a voulu lui donner.

Il nous semble au contraire que Locke innove suffisamment à l'intérieur de la question qu'il entendait traiter pour léguer à ses successeurs une série de problèmes qu'ils n'ont pas fini de résoudre: la qualification exacte de cette évidence que constitue le sentiment de l'appropriation à soi; la distinction entre travail du corps et oeuvre des mains; les limites de cette définition de l'activité; tous problèmes qui sont littéralement présents dans

---

[150] Alexis Lapointe : "Les méthodes de Quentin Skinner et Reinhart Koselleck. De l'épistémologie de l'histoire à la pratique politique", note, Communication au *Colloque international des jeunes chercheurs*, Université de Rennes -I, www. creum.u.ca/colloque-les méthodes-, Février 2005, dernière consultation le 29/09/05.

son propos mais qui lui sont en un autre sens extérieurs, parce qu'ils ne constituent pas l'objet propre d'une réfutation, d'une distinction ou d'une théorie. A partir de là, ce qui nous semble en fait au coeur de la critique marxienne est la reconnaissance des limites de l'idée de "droit sur" pour qualifier l'appartenance des facultés à une individualité singulière.

Deux objets de la critique

Je crois que la critique de Marx a, concernant la propriété, deux objets distincts. Elle porte d'une part sur la propriété privée établie. Du point de vue littéraire, en sautant les étapes intermédiaires et en restant à titre d'exemple dans le contexte français, on peut dire que Destutt de Tracy constitue le premier maillon important d'une chaîne qui aboutit provisoirement à Thiers, qui suit lui même l'évolution de la doctrine. Dans cette conception, on peut vérifier chacun des critères qui selon Macpherson définissent la société possessive de marché. Et cela peut donner aussi un contenu restreint mais précis à ce qu'il faut appeler libéral, quand on dit que Locke n'est pas un libéral. Mais cette critique ne fait pas le tour de la critique marxienne de la propriété personnelle. En effet, l'idée d'une erreur et d'une illusion, théorique et pratique, dans l'identification entre posséder un droit sur soi, être propriétaire et s'appartenir, nous paraît d'autre part constituer un fil directeur de la pensée de Marx. Il y a un décalage assez net entre les deux. La seconde contient la première comme un de ses moments, mais elle est plus large et porte sur ce que l'on peut nommer, par commodité, le sujet privé actif.

2. Le droit de propriete comme paradigme du droit subjectif

Un tel modèle du sujet privé actif se trouve à notre avis bien présent chez Locke. Il est suffisamment connu que la proposition selon laquelle chaque homme est titulaire de droits individuels conduit dans le *Second traité* à une déduction de l'Etat, pour que nous nous contentions de citer ici un seul extrait, choisi parce qu'il concerne directement le passage de la condition naturelle à la société politique. Au § 128, dans le chapitre 9 ("Des fins de la société politique et du gouvernement"), Locke écrit :

> *« (...) dans l'état de nature, outre la liberté qu'il a de se livrer aux plaisirs innocents, l'homme possède deux pouvoirs. Le premier c'est de faire tout ce qu'il juge à propos pour sa propre conservation et celle des autres, dans la limite de la loi de nature (...). L'autre pouvoir que l'homme possède dans l'état de nature, c'est celui de punir les crimes commis à l'encontre de la loi. Il abandonne ces deux pouvoirs lorsqu'il se joint à une société privée - si je puis*

m'exprimer ainsi - ou particulière, et lorsqu'il s'incorpore à une république qui est distincte du reste du genre humain. »[151]

Le passage de la société naturelle à l'Etat apparaît ainsi comme une particularisation et comme un transfert des pouvoirs personnels. La particularisation est dans le passage de la grande communauté du genre humain gouvernée par une seule loi à une société plus petite gouvernée par des lois publiques (ce qui explique l'appellation, littéralement impropre, pour qualifier la société politique, de "société privée", c'est-à-dire restreinte à un groupe distinct par son organisation du reste de l'humanité). Si les lois civiles sont compatibles avec la loi de nature, elles sont aussi, inévitablement, moins simples et moins universelles qu'elle, plus changeantes et spécialisées. Le transfert est celui du pouvoir privé au sens propre - le droit d'exercer une capacité sans avoir, sauf infraction contre la loi de nature, de comptes à rendre à un autre homme - à une autorité qui devient publique par délégation et renoncement partiel. Grâce à ce passage du privé au public, l'idée d'une propriété de la personne peut être couplée avec celle de l'origine du pouvoir gouvernemental. Ce sont ses propres pouvoirs que la personne cède partiellement pour fonder la légitime obéissance à l'Etat, considéré comme gouvernement légal. C'est donc à la racine du projet lockien que nous trouvons le principe d'un pouvoir exclusif du sujet sur lui-même. Ainsi, l'usage de la notion de personne propriétaire dans la démonstration semble inscrire Locke dans la théorie selon laquelle un individu humain a des droits propres, ou, en termes plus techniques, selon laquelle les sujets de droit sont porteurs de droits subjectifs, du moins, comme l'écrit Tully, "de droits subjectifs naturels."[152] L'idée d'un sujet privé suppose donc celle de droit subjectif.

La notion de droit subjectif

On n'a certainement pas fini de discuter de la compréhension qu'il faut donner au sens de ce dernier terme. Comme l'a fait remarquer Michel Villey, [153] sa polysémie a toutefois ceci de particulier qu'elle ne provient pas de la multiplicité de ses usages publics, et des confusions que ceux-ci peuvent engendrer, mais d'une multiplication de définitions savantes et techniques. Cela tendrait à indiquer qu'une importance particulière est accordée au choix de la signification que l'on doit donner au terme. Les

---

[151] Locke, opus cité et édition citée, p. 92.

[152] Tully, op. cit., p. 9.

[153] Michel Villey, *La formation de la pensée juridique moderne*, Montchrétien, Paris, 1976, p. 225

choses sont encore compliquées en France par le fait que, généralement sous l'influence du *Traité de droit constitutionnel* de Léon Duguit, on a tendance à opposer à un droit subjectif, exclusivement détenu par un sujet individuel, un droit objectif qui, selon Duguit, émane du groupe ou du peuple, expression juridique que le droit positif ou étatique se borne à constater et à sanctionner. On pourrait reprendre cela, si les catégories d'objectivité et de subjectivité n'étaient elles-mêmes opposables de multiples manières. Aussi, malgré son caractère de position moyenne, une solution commode pour repérer l'objet de la critique est de sérier les acceptions du terme de droit subjectif.

Si l'on suit les civilistes Philippe Malaurie et Patrick Morvan, quatre définitions fondamentales de la notion ont été successivement proposées.

> *« 1°) Le droit subjectif est un pouvoir de la volonté selon Widscheid, pandectiste allemand du XIXe s. qui reconnaît à l'individu une puissance souveraine : si le sujet veut user d'une norme de droit objectif, celle-ci devient son droit, de sorte que le droit subjectif est une puissance de la volonté ou un pouvoir de la volonté concédée par l'ordre juridique. Cette conception, que Savigny a également faite sienne, tend à confondre droit et exercice du droit ; en outre celui qui ignore ses droits (comme par exemple l'incapable) n'en est pas moins titulaire. 2°) Il est un intérêt juridiquement protégé, comme l'écrit Ihering, sous l'influence du droit romain. Surtout, le but du droit subjectif est de servir la jouissance, l'utilité, l'intérêt égoïste : par exemple le propriétaire tire profit et jouissance de la chose, et en cas de litige, recoure à une action en justice de l'Etat pour qu'il garantisse son droit. Mais affirmer que la protection juridique de l'Etat transforme le fait en droit subjectif n'explique rien ; c'est retourner la question. 3°) Le droit subjectif est un lien d'appartenance et un pouvoir de maîtrise ou une faculté de libre disposition dont on peut exiger des tiers qu'ils le respectent, écrit le belge Dabin ; la définition est difficilement réfutable, sans doute parce qu'elle est très vague. 4°) Les droits subjectifs sont les droits fondamentaux de la personne, en ce sens que tout homme par son existence même possède des droits individuels qu'il est pour les autres immoral et injuste de violer, et qui s'imposent même à l'Etat. Cette définition, qui a l'avantage de donner un contenu politique assez précis à la notion de libéralisme, est dominante chez les néo-libéraux et les libertariens américains. Mais les droits fondamentaux sont davantage des libertés publiques ou civiles ou, à tout le moins, des droits d'une nature particulière. (...). »*[154]

On peut discuter de savoir s'il n'est pas excessivement vague de définir un droit subjectif comme un lien de maîtrise; on peut également se demander si la liberté de la personne - qui n'a pas nécessairement de but défini - est à

[154] Philippe Malaurie et Patrick Morvan, *Introduction générale au droit*, éditions Sirey Paris, 1999, p. 37.

proprement parler un droit. Cependant, toutes ces définitions ont suffisamment de traits communs pour qu'on puisse situer le sens de la notion en ces termes: « le droit subjectif est un avantage (un avoir) et une prérogative, opposable à autrui, au besoin par la contrainte. »[155] La définition volontairement élémentaire qu'en donne Michel Villey est assez semblable :

> *« Le droit subjectif applique le cachet, le contreseing du juridique (la force normative du droit) à une faculté du sujet, à l'un de ses pouvoirs. Le droit subjectif de propriété c'est par exemple le pouvoir d'user, de jouir, de disposer de la chose, attribué au propriétaire, lui-même reconnu, garanti, sanctionné juridiquement. »*[156]

Ainsi, l'idée de droit subjectif se définit par les idées de prérogative et de maîtrise, ce qui revient bien à entendre sous le terme l'idée d'un *dominium*, originairement détenu par un sujet individuel.

La critique de Marx

On remarquera que, dans deux des définitions qui précèdent, le droit de propriété vient aussitôt sous la plume comme cas paradigmatique de droit subjectif et que dans les trois autres il est assez fortement suggéré. On remarquera que les définitions 1 et 2 sont fortement influencées par l'étude du droit romain de propriété, et dues à des représentants de l'école des Pandectistes allemands. Il est donc logique qu'on y retrouve les prémisses de la critique du droit positif de propriété par Marx, qui part précisément de cette interprétation. En tout cas, tout se passe, de nouveau, comme si les libertés étaient aussitôt comprises comme des droits sur détenus par une personne, et que le modèle d'un tel "droit sur" était celui de propriété.

La critique ne se réduit pas cependant à poser que toute défense de la propriété, ou toute argumentation qui met au principe cette idée, se réduit à une défense du propriétaire privé égoïste. Il me paraît également dangereusement rapide, ne serait-ce qu'historiquement, de rabattre la notion sur un arrangement technique propre au droit de la société marchande, comme l'a fait par exemple Michel Miaille, pour qui « la distinction du droit subjectif et du droit objectif est une manifestation de la technique juridique du système capitaliste moderne en vue de permettre un certain

[155] Idem, p. 37.

[156] Michel Villey, *La formation de la pensée juridique moderne*, éd. cit., p. 228.

type d'échange. »[157] On a souvent confondu le fait que les auteurs du droit naturel emploient des termes empruntés au langage du pacte, du contrat et de la convention, avec l'idée qu'ils théoriseraient ce faisant une pratique moderne de la contractualisation, propre au monde marchand, bref une confusion du droit privé et du droit public, ou une réduction du second au premier. Il est permis de se méfier de ces lectures rétrospectives. [158]Mais on n'a pas besoin de soutenir que les usages en droit des notions de contrat, de convention ou de pacte sont en fait transférés par Locke à la question de l'origine de l'Etat, pour soutenir qu'une notion que nous attribuons communément au droit privé est utilisée par Locke pour définir les droits fondamentaux de la personne. Il suffit de clarifier ce que l'on entend par cette notion.

La position de Marx sur ce point ne me semble pas être une position générale selon laquelle le droit privé utilisé pour définir l'individualité humaine reflète les structures du monde marchand capitaliste. Elle me semble d'abord une critique du sujet qui s'enracine dans la critique du droit de propriété, tel que nous l'avons vu à l'oeuvre chez Locke. Même indépendamment des conséquences que Locke en tire, et qui lui paraissent fausses, Marx repère dans l'énoncé du principe une confusion: le sentiment intime de possession de soi-même est pris immédiatement pour un droit sur. Cela permet d'autres confusions entre l'appropriation à soi et la propriété des objets extérieurs pris individuellement. Cela permet enfin de poser le caractère privé de l'appropriation originaire. La difficulté de principe ne vient pas de ce que l'on pose originairement l'homme comme le titulaire d'un droit illimité et absolu, mais de ce que l'on pose ensemble l'homme comme une personne et comme une chose sur laquelle cette même personne a un droit.

Si l'on voulait résumer les choses, on pourrait dire qu'attaquer, *via* l'additif du § 70 des *Principes de la philosophie du droit,* le présupposé de l'idée d'une propriété de soi semble la voie constamment suivie par Marx. L'argument est, à ce niveau, simplement rationnel et se ramène à l'exclusion d'un principe contradictoire: si, comme le dit Hegel, la vie est la totalité de l'activité du sujet, et qu'il ne reste pas en somme un autre sujet qui, placé sous elle, la supporterait, il est à proprement parler impossible de

[157] M. Miaille, *Une introduction critique au droit*, Maspero, Paris, deuxième édition, 1982, p. 172.

[158] Pour la méfiance à l'égard d'une lecture rétrospective de l'usage des notions de contrat et de convention par le droit naturel, mais aussi en faveur de la validité d'une telle lecture, cf. Jean Terrel, *Les théories du contrat social*, Seuil collection Points (inédit) Paris, 2001, plus particulièrement pp. 188-189 et p.376.

conférer à un homme un droit sur ses activités vitales. La propriété de soi, qui comporte toujours un certain concept de *dominium,* repose de ce fait sur une description hâtive du rapport entre l'individualité et ses actions; on prend alors en effet le sujet sous deux rapports différents: il faut qu'il soit d'une part, le sujet propriétaire et, de l'autre, la série d'objets sur lesquels ce propriétaire a un titre; soutenir cela supposerait évidemment de pouvoir séparer les qualités de la chose possédée de celles du sujet. Or, une fois que j'ai défini celui-ci par sa "vie" au sens le plus large, sa liberté (donc son caractère d'agent rationnel et volontaire), et que j'y ajoute la conscience et les capacités de l'agent (toutes choses qui pourraient par ailleurs elles-mêmes être rangées sous un des concepts précédents), il ne reste plus d'autre être, doté d'attributs différents de ceux qui viennent d'être cités : nous avons fait le tour de ce qui définit une personne. Un seul être occupe donc bien, en étant pris en même temps et sous le même rapport, deux fonctions différentes.

Pour remédier à la contradiction, il faut, sans que ces deux solutions soient exclusives, soit nier la propriété de soi, soit nettement distinguer l'appropriation à soi (ou appartenance à soi) du droit sur soi. L'appartenance à soi n'est pas niée par Marx (et en ce sens la catégorie du propre garde sa validité); en revanche, une conception de la personnalité qui se fonderait sur un droit de propriété sur soi, ou présupposerait dès le principe un tel "droit sur", tomberait sous le coup de la critique qu'il fait du sujet propriétaire.

* * *

Un tel résumé des positions sous-jacentes de Marx reste cependant insuffisant. L'énoncé de l'argument masque en effet la proposition synthétique, implicite selon laquelle il y a équivalence entre vie, totalité des activités et personnalité. Il laisse ensuite ouverte la question de savoir comment il faudrait qualifier cette possession de soi, si elle n'est ni un titre de propriété, ni même un pouvoir. Enfin, la confusion entre cette appartenance et la propriété privée, si elle existe, ne constitue probablement pas une négligence ordinaire des règles de la logique, et il faudrait aussi pouvoir rendre compte des raisons de ce glissement.

Ce qui précède permet cependant déjà de clarifier quelques points. D'abord, par rapport à une qualification rapide de Locke comme individualiste possessif, la difficulté change de place. Si Locke l'était, il suffirait de montrer que son concept de propriété entraîne des confusions typiques de la société libérale entre la personne et la chose. On pourrait alors en appeler à une véritable propriété, ce qui revient au fond à opérer un *distinguo* dans le concept. Si ce sont les notions de propriété et de possession elles-mêmes qui impliquent une confusion, la position de Marx devient plus radicale. Elle devient aussi plus difficile, et pousse à interroger ses conséquences pragmatiques. Notamment, elle invite à demander si l'on peut maintenir l'idée d'une protection de la liberté sans avoir recours à l'idée d'un « droit de » fondé sur un pouvoir personnel.

Ensuite, je crois qu'il faut définitivement écarter, du moins si l'on veut y voir clair, deux approches des rapports entre Marx et Locke qui nous paraissent toutes les deux fausses. Selon la première, le Marx incisif et radical, quoique très polémique, de *L'idéologie allemande,* aurait, à travers la réfutation des sophismes de Stirner, définitivement dénoncé le passage du propre à la propriété des objets extérieurs, telle que celle-ci s'illustre, par-delà les idéologues français, chez Locke lui-même, ce qui fait du rapprochement entre propre et propriété un jeu de mots, un tour de passe-passe ou un paralogisme ordinaire. Selon la seconde, la démonstration de Locke, étroitement déterminée par le cadre d'une dispute sur la distinction du tien et du mien en régime de communauté, aurait un objet très éloigné de ceux de la critique de Marx. On peut penser que le rapprochement du propre et de la propriété n'est pas seulement un jeu de mots ou un paralogisme. On peut également penser que la restitution de leur contexte ne fait pas le tour des problèmes soulevés par Locke. Le problème nous paraît plutôt être le suivant: la déduction par Locke du droit d'appropriation repose sur la description d'un acte strictement privé; c'est ce dernier caractère qui fait difficulté chez Marx. Il faut donc chercher à comprendre pourquoi ce qui est considéré comme suffisant par le premier est considéré comme incomplet ou problématique par le second.

Pour compléter cette mise au point, je crois qu'il faut distinguer deux espèces de critique du sujet propriétaire. Quoique leur objet respectif ne soit pas absolument sans rapport, ils ne se confondent pas, et la critique du second est loin de se limiter à celle du premier. La première critique, amorcée dans les *Manuscrits de 1844* et développée dans *L'idéologie...*, est celle de ce que nous avons nommé en abrégé le modèle de la personne propriétaire marchande. Elle offre une variante intéressante du modèle de l'individualisme possessif, dans la mesure où elle inclut dans la définition complète de l'individualité l'idée de commerce. On voit, au passage, qu'il ne suffit pas d'intégrer la notion de relation dans la définition de la personnalité pour être en-dehors des représentations de l'individu comme membre de la société civile bourgeoise: il faut aussi en même temps que ces relations échappent à la catégorie des rapports marchands. Cet objet de la critique peut être rangé sous une des définitions du libéralisme politique et économique. Très tôt, Marx a été au contact de cette théorie, et il a également considérée la critique qu'il en faite comme un acquis définitif. La seconde critique est plus diffuse, plus difficile à cerner et plus implicite mais elle me paraît bien présente: elle a pour objet l'idée d'un sujet propriétaire, telle qu'elle est formée et présentée par les textes de Locke cités. Celle-ci exerçait indéniablement sur Marx une attirance. Ce qui le préoccupait néanmoins était la conception du pouvoir privatif qu'elle contenait. Pour comprendre cette dernière critique, il faut donc se pencher sur le rôle et le statut de la subjectivité du travailleur dans les formes antérieures à la production capitaliste.

CHAPITRE V

Propriété personnelle et communes précapitalistes

1. QUE CHERCHE A MONTRER LE MANUSCRIT DES FORMEN ?

Les communes primitives sont, pour l'essentiel, l'objet de la partie des manuscrits de 1857-58 consacrée aux formes de production antérieures à la production capitaliste.[159] Sans vouloir résumer le propos, une brève présentation des enjeux de ce manuscrit est nécessaire pour montrer comment il se rattache à notre sujet. Marx cherche ce que sont les premiers comportements laborieux de l'humanité, pour montrer comment se sont développés progressivement, jusqu'à l'indépendance réciproque, les différents éléments qu'ils contenaient. L'un des buts explicites est donc de lire la modernisation économique et l'affirmation de la société civile bourgeoise comme une émancipation d'éléments à l'origine imbriqués les uns dans les autres, selon un schéma de différenciation. Le deuxième but est de montrer que les premiers stades de l'humanité sont communautaires. Ce terme se prend en deux sens : on trouve au commencement plusieurs formes de possession ou de propriété collective du sol; dans chacune d'elles, le travailleur est pris dans des groupes primaires, qui sont des groupes familiaux au sens large. Marx retrouve ainsi, à travers l'analyse des formes précapitalistes de production, le problème de la communauté. Cependant, il l'aborde maintenant sur un terrain différent. Le terme de communauté y

[159] Il existe trois traductions françaises des *Formes antérieures à la production capitaliste*, désormais nommée *Formen* dans la suite du texte : celle de Roger Dangeville, parue en 1969 aux éditions Anthropos; celle de Maximilien Rubel et Jean Malaquais, dans le tome II de l'édition de la Pleïade (1968); celle de l'équipe dirigée par Jean-Pierre Lefebvre, parue sous le titre *Grundrisse* aux éditions Sociales, en 1980; par commodité, toutes nos citations renvoient aux pages de la traduction établie pour l'édition de Maximilien Rubel in *Œuvres*, II, éditions Gallimard, collection La Pléïade, Paris, 1968.

reçoit d'abord un sens restreint : il s'agit de systèmes communaux de propriété collective. Ainsi, «comment poser une communauté de possession à l'origine des groupes humains?» est une question qui recoupe les préoccupations des *Formen* ; « à quelles conditions le produit de mon travail rend-il lisible mon appartenance à une communauté de nature ? » ne l'est plus.

Cependant, ceci n'implique ni que Marx cesse de se préoccuper du concept de communauté, ni qu'aucune des questions qui y touchent ne se retrouvent dans ce manuscrit. En termes larges, les sciences sociales ethnologiques naissantes sur les données desquelles s'appuie Marx traitent de questions comme: où doit s'arrêter la propriété privée ? Quelle est la différence entre société et Etat ? Il est difficile de produire un texte ethnologique qui, pour m'exprimer ainsi, consomme le divorce avec le type de questions traités dans le champ traditionellement attribué à la philosophie politique et au droit naturel (ce qui est partie du au fait que les premiers chercheurs étaient des juristes spécialistes de droit comparé). Si l'on considère plus précisément que la propriété, la possession et l'appropriation sont au centre de ce genre nouveau, on peut en inférer que Marx ne quitte pas simplement ses préoccupations antérieures en s'intéressant à celui-ci.

Le terme de formes antérieures à la production capitaliste, par ailleurs, pourrait tromper: il signifie non seulement que ces formes sociales ne connaissent pas la domination du capital, mais plus largement qu'il ne s'agit pas de sociétés marchandes, simples ou complexes. L'échange des marchandises n'y a un qu'un rôle marginal, et, s'il y a un propriétaire producteur, celui-ci n'est pas indépendant: ce n'est pas un travailleur privé. Ce que produisent par exemple les paysans n'est pas entièrement destiné au marché, mais aussi bien à la subsistance. “Précapitalistes” est donc largement synonyme de “prémarchand”. Il faut ajouter que Marx, en étudiant les communes, trouve un mode d'organisation préindustrielle, précapitaliste et prémarchand antérieur à la période médiévale, qui est, comme comme objet de connaissance historique, indépendant de celle-ci. En étudiant les communes, Marx est délivré du poids de cette référence. Dans l'utilisation de cette dernière, Marx travaillait en effet largement sur des représentations préformées par les courants romantiques; le Moyen Âge était en conséquence avant tout définie par la dépendance personnelle, puis par l'artisanat. Il s'agissait donc d'une récupération d'une vision idéalisée et attendrie dans une stratégie argumentative d'affaiblissement des représentations que l'économie bourgeoise se fait d'elle-même. Dans la mesure même où les communautés ne sont pas aussi connotées et surdéterminées politiquement, l'enquête peut être d'emblée critique, c'est-à-dire refuser de verser dans une idéalisation naïve et dans la mythologie historique (ce qui ne signifie pas qu'elle est dépourvue de présupposés et de jugements de valeur).

Si, pour clore cette présentation, on rapporte ce texte au contexte plus large de la controverse sur la propriété dont nous sommes partis, nous pouvons dire que cette enquête contribue à nier l'idée d'une naturalité de la propriété privée, ou d'une propriété privée originaire. Elle contribue au contraire à faire de celle-ci un moment transitoire, un élément devenu progressivement indépendant des autres moments de l'existence sociale. La propriété privée paraît ainsi, à tous le sens du terme, cernée : considérée comme transitoire, traversée de contradictions, critiquée pour être anti-communautaire et illusoirement présociale. Le trait le plus apparent des *Formen* est en effet que, s'il existe une subjectivité du travailleur propriétaire, celle-ci s'y trouve d'abord conçue dans l'élément de la communauté. En termes larges, on y trouve la volonté déjà soulignée de ne pas faire de l'acte d'appropriation un retranchement, qui fait cesser pour les autres hommes et pour le travailleur lui-même la propriété commune et l'état de communauté, positif ou négatif, des biens et des choses. Si l'on parvient plus précisément à montrer que, dans les sociétés archaïques, la propriété a été équilibrée avec l'appartenance communautaire, on peut, non seulement faire de la propriété privée établie un moment mais, aussi et surtout, examiner ce que pourrait être les modalités à venir de la propriété personnelle, une fois celle-ci émancipée des contradictions de ladite propriété privée.

Exprimée ainsi, la confrontation du texte de Marx et des idées lockéennes pourrait prendre l'allure d'un opposition à la symétrie rassurante. Il est à craindre cependant que cela soulève plusieurs obstacles, qui risquent de ne faire de cette symétrie qu'une apparence. Le chemin suivi par Marx est en effet d'abord celui d'une élaboration, et non d'un exposé de ce qu'il pensait sur ce point ; le style alors adopté par l'auteur n'est pas pour rien dans la difficulté d'interprétation du texte. L'enquête semble par ailleurs entièrement placée sur le plan de l'Histoire. Ainsi, la propriété commune n'y est pas un don de Dieu ou d'une nature organisée. Elle n'est pas celle du genre humain mais d'un groupe chaque fois circonscrit, éventuellement ennemi d'autres groupes; elle n'est pas indifférenciée mais correspond chaque fois à un type historique (asiatique ou orientale, romaine ou antique, germanique). Enfin, elle n'est pas pensée directement à travers les concepts du droit naturel.

Nous proposons donc l'étude de trois questions : pourquoi s'intéresser aux communautés primitives ? En quoi cela engage-t-il une certaine conception de la subjectivité ? Les résulats de l'enquête permettent-ils une critique valide de l'appropriation lockéenne ?

2. FONCTIONS DES FORMES COMMUNAUTAIRES

Comment se présente à l'origine l'homme travailleur ?

A l'intérieur du premier stade, l'individu n'a pas encore d'existence pour lui-même, ni de subjectivité réelle : « primitivement, il [l'homme] apparaît comme un être générique, tribal, comme un animal grégaire et nullement comme un *zoon politikon*, au sens politique. »[160] L'allusion à l'animal politique « au sens politique » désigne une individualité beaucoup plus riche et consciente, qui s'affirmerait comme membre d'une association dans laquelle elle aurait droit de cité. Le terme est pris ici au contraire comme synonyme d' « animal social » et inverse le sens de la formule aristotélicienne qui fait de la participation aux affaires collectives de la cité l'accomplissement de l'individu. L'animal social lui-même n'est pas socialisé en vue de son propre développement, mais il est simplement inclus dans un groupe encore très peu différencié. L'humanité commence par la famille ou la famille élargie, qui est l'antithèse de « l'association d'hommes libres ». Cette absence de subjectivation de l'individu, de tout rapport affirmé de soi à soi, est qualifiée d'« être générique ». Le même terme, appliqué aux même formes sociales, revient dans le premier chapitre du *Capital*. Les liens qui unissent l'individu au groupe communautaire sont métaphorisés comme « cordon ombilical » et désignés comme « liens génériques naturels ».[161]

Le vocabulaire de Feuerbach voit donc son sens inversé par rapport à l'usage qui pouvait en être fait dans les écrits de jeunesse. Ce qui était l'idéal de la vie individuelle (mener une vie générique, quoique particulière), devient le nom du point de départ indifférencié de l'humanité. Être un « être générique », c'est être un animal social semblable aux autres, réuni au groupe par les liens du sang et l'occupation du sol. La seule communauté immédiate est celle du « troupeau ».[162] Le caractère générique, qui a perdu sa valeur anthropologique, dénote l'existence primitive et grégaire de l'individualité. La communauté est naturelle au sens où elle est première, et contient l'individu comme un accident dans la substance. Il est donc probable qu'il y ait, dans l'emploi de ce terme, une charge ironique: la

---

[160] Marx, *Formen*, édition citée, p. 337.

[161] « Ces anciens organismes sociaux de production sont extraordinairement plus simples et plus transparents que l'organisme bourgeois, mais ils reposent soit sur l'immaturité de l'homme individuel qui ne s'est pas encore détaché du cordon ombilical des liens génériques naturels qu'il a avec les autres, soit sur des rapports immédiats de domination et de servitude ». *Capital*, chapitre I, traduction de J.P. Lefebvre, PUF, Paris, 1993, p. 91.

[162] *Formen*, p. 318.

seule véritable existence générique concrète est celle de l'animal grégaire. La naturalité, comme état social premier et spontané, est synonyme d'indifférenciation; elle est incompatible avec les exigences de l'autonomie personnelle, ce qui attire l'attention sur la double charge polémique qui explique le statut de cette naturalité.

D'une part, le recours à une naturalité originelle exprime le refus d'une mythologie historique fondée sur les rêveries sur la propriété commune. Il n'existe pas un communisme primitif égalitaire, vers lequel il serait souhaitable de revenir, et qui dessinerait les contours d'une première communauté parfaite. Ce refus est d'autant plus significatif qu'une telle position s'exprimait du temps de Marx, par exemple chez Constantin Pecqueur. Sans étudier ici la question complexe de la propriété dans les traditions catholiques, on peut, je crois, affirmer que les sources d'une telle contestation puisent leurs racines dans ces traditions. On peut les résumer ainsi : la nature et Dieu ont donné dès le commencement un droit égal à tous ses enfants sur toutes les choses dont ils ont besoin pour la conservation de leur vie. Dans le socialisme, en tant qu'il conteste la propriété privée, on trouve un canevas hérité de cela: la propriété est commune, chacun a droit à ce qui lui est nécessaire, et la propriété privée est la violation de cet ordre naturel juste et bon voulu par Dieu (ou par la nature). Cette réappropriation, certainement assez infidèle, permet de légitimer le discours de contestation du régime propriétaire en l'appuyant sur une tradition établie. Par exemple, Constantin Pecqueur traduit Saint Ambroise et le publie dans *Le salut du peuple*, pour poser que « c'est l'usurpation qui a fait la propriété privée ». Cette stratégie a son efficacité: le projet révolutionnaire peut être saisi, grâce à elle, comme un retour à l'ordre naturel, et une reprise d'une critique classique du droit de propriété. On retrouve l'idéal de l'égalité et de la fraternité entre les hommes, tous membres du même genre, et, si l'on pousse plus loin, on retrouve également la représentation d'un premier crime, d'une chute, qui mettent fin à l'équilibre primitif communautaire et égalitaire.

Toutefois, cela suppose de recourir à un mythe de l'origine et aux notions morales de justice, d'usurpation et de violation. Étudier les formes primitives de propriété commune, c'est nécessairement être confronté à ce discours politico-religieux sur l'origine, l'idéal, et l'usurpation. Marx pose donc une naturalité première qui rejette le présupposé d'une unité naturelle et essentielle du genre humain occupant une terre commune. Dans ce contexte, le terme de « genre » renvoie par antiphrase, à la seule essence commune historiquement réparable : une tribalité grégaire qui ne reconnaît pas l'individualité, bref, une naturalité au sens le plus plat du terme. Le rôle de ce premier état social est donc stratégique: il permet d'écarter d'emblée les revendications égalitaires appuyées sur les représentations religieuses d'une propriété commune. Les *Formen* se veulent exempts de la double référence à l'unité du genre comme à la vaste communauté originaire du sol ; en même temps la position historique d'une communauté naturelle prépare la question de la propriété individuelle. Marx écarte ainsi les postulats théologiques, sur lesquels Locke fondait aussi la propriété personnelle. Du même geste, il montre que, jusque dans ses formes les plus dégagées de la tribalité originaire, la commune reste le constant présupposé de l'activité subjective. On ne trouve pas, en conséquence, l'opération d'un individu isolé qui s'approprie les choses pour les retirer d'un domaine commun originaire, où tout était à tous. Cela ne signifie pas qu'il n'y a pas appropriation subjective, dans la typologie des communes, mais qu'elle est pensée sur le fond d'une appropriation communautaire. Nous verrons ainsi que, par son travail, l'individualité ne peut faire cesser la propriété collective immédiate puisque, au contraire, l'activité individuelle n'est possible que grâce à elle.

Présupposé et originarité

A ce double refus d'une communauté humaine originaire et d'une appropriation strictement privée qui fait cesser cette communauté, s'ajoute un principe de méthode. Marx n'explicite pas la raison même d'une position de la communauté première. Il résout par le fait le problème de l'origine : « ce qui réclame une explication, ce n'est pas l'unité des individus actifs et des conditions non organiques de leur métabolisme avec la nature qu'ils s'approprient (...). »[163] Il faut présupposer une « unité » qui « n'est point le résultat d'un processus historique ».[164] Cette unité consiste en ce que, d'une part, les hommes sont inséparables de leurs conditions de travail et d'existence (la terre, le sol), et en ce que, d'autre part, ils sont membres d'un groupe spontanément collectiviste. Ce qu'il faut expliquer, dès lors, c'est « la séparation de l'existence humaine active d'avec les conditions non organiques de l'existence ».[165] C'est la naissance du travailleur coupé de la propriété et de la communauté qui est le véritable objet de l'explication, non l'unité primitive, considérée comme naturelle. Cette originarité, que Marx nomme « présupposé » ou « condition primordiale » joue en fait le même rôle que la position d'un premier état tribal dans *L'idéologie allemande*, puisque dans les deux cas il s'agit d'un problème logique et méthodologique, celui de la régression à l'infini. A la question: d'où vient le premier rapport social, quel est le premier commencement de l'Histoire

[163] *Formen*, édition citée, p. 329.

[164] Ibid., p.329

[165] Ibid., p. 329.

sociale, Marx répond par la communauté primitive. Si on n'élimine pas ainsi la question de l'origine, il faut expliquer comment le premier homme a produit le premier outil, s'est approprié les fruits de la terre, etc., de sorte que, de régression d'un état premier à un autre, on ne commence jamais l'Histoire. Afin d'éviter la régression à l'infini et le cercle vicieux, Marx pose la naturalité quasi biologique de la communauté, ce qui résout la question par le fait.[166] La récurrence du même argument dans l'œuvre, à propos du même sujet et à près de quinze ans de distance, montre la continuité du discours marxiste sur ce point, et prouve aussi la continuité de son intérêt pour la question du rapport social communautaire primitif.

Les communes jouent donc au total un triple rôle. Elles forment l'antithèse exacte de l'économie bourgeoise; délivré du poids de la référence médiévale, Marx a le souci d'épurer cette antithèse de toute idéalisation religieuse facile. Il réfute ainsi la construction rétrospective d'une vaste propriété générique de l'homme sur la terre. Ce refus prépare la confrontation avec la notion de propriété individuelle fondée sur le travail privé. S'il n'y a pas une première propriété commune donnée par Dieu ou la nature, il n'y a pas non plus un travail propre qui ferait cesser la communauté. Enfin, cette naturalité est un présupposé premier qui permet de résoudre la question de l'origine. Ce triple rôle permet de reposer le problème dans les termes marxistes : quelles sont les formes de propriété communautaire ? Quelle est la subjectivité la plus riche que peut produire l'appartenance à la commune ?

3. La structure des communes

La commune asiatique

« La forme asiatique » est la plus ancienne de toutes, celle qui « a la vie la plus tenace et la plus longue, ce qui résulte de sa constitution même. L'individu isolé ne peut s'y rendre indépendant de la commune. »[167] C'est donc sur la base de cette forme que nous pouvons décrire les principaux traits de toute communauté, parce que c'est la plus proche de l'état grégaire tribal et primitif. Toute commune a trois traits : la communauté est celle « du sang, de la langue, des coutumes, etc... », « la terre » est considérée « comme grand laboratoire », et elle est la condition collective de

[166] On peut penser ici à la difficulté semblable que pose, pour Rousseau, l'origine des langues, si l'on part de l'hypothèse d'un homme naturel isolé. Cf. *Discours sur l'origine de l'inégalité...*, Messidor/éditions Sociales, 1983, p. 111 : « la parole paraît avoir été nécessaire pour établir l'usage de la parole ».

[167] *Formen*, éd. Citée, p. 326.

l'existence, enfin, le but est « l'activité de reproduction » de la commune et de ses membres.[168] La première question à se poser - due à la distance qui nous sépare des schémas géohistoriques de Marx - est de savoir pourquoi Marx en localise la forme en Asie, et ce qu'il nomme « orientale ». Ce que Marx nomme « commune asiatique » est moins une localisation géographique des formes les plus primitives qu'une représentation générale, un type qui recouvre l'Inde, la Chine et l'Asie Centrale, en combinant plusieurs héritages qui conditionnent la typologie historique, héritages que Maurice Godelier a mis en relief : « l'idée de l'Inde, berceau des langues et des cultures européennes » s'ajoute à « l'idée d'une histoire stationnaire de l'Inde et de la Chine (de Voltaire à Hegel) » ainsi que « l'autarcie des villages et leur indifférence aux choses politiques (Hegel)»[169]; enfin, la forme économique du prélèvement en nature d'une rente foncière par l'État sur les communes vient des économistes Smith et Jones. Ainsi, par exemple, A. Smith « rapproche l'Hindoustan, la Chine et l'Égypte parce que le gouvernement y porte une grande attention aux systèmes d'irrigation et tire ses revenus d'une sorte de taxe foncière ou de rente ».[170]On voit, par là, que, bien que Marx rencontre les communautés indiennes à travers les débats parlementaires qu'il chronique, débats soulevés par la colonisation anglaise en Inde, il travaille aussi, et peut-être surtout à partir d'un héritage de modèles, qu'on peut ramener à deux : l'économie de Smith (et ses successeurs) et la philosophie de l'histoire hégélienne.[171]

Le modèle général de compréhension qui en résulte peut se résumer ainsi: des communautés agraires immémoriales sont le fondement de la vie matérielle de l'Orient ; l'Inde est le berceau de la civilisation européenne; ces communes sont donc la forme primitive des communautés européennes et des différenciations ultérieures. Cette vision commande l'analyse marxiste: grâce à la commune orientale, on remonte jusqu'aux tous premiers comportements collectifs de l'humanité laborieuse. L'individu y est absolument incorporé à la commune; il y est immergé de telle sorte que, s'il

[168] Idem, p. 313.

[169] M. Godelier in *Sur les Sociétés précapitalistes*, C.E.R.M, Éditions Sociales, Paris, 1978, pp. 41-42.

[170] Idem, p. 30.

[171] Marx rédigeait depuis 1851 pour le *New York Daily Tribune* des articles d'analyse politique ; il rencontre la question de la colonisation anglaise à partir de 1853, par le biais des débats du Parlement soulevés par les questions du prélèvement de l'impôt et de la propriété en Inde. Voir les articles « The East India Company, its history an résults » in *New York Daily Tribune*, 11 juillet 1853 ; « The british rule in India » in *New York Daily Tribune, 22* juin 1853; « The résults of British Rule in India » in *New York Daily Tribune*, 8 août 1853. Sur ce point, voir Godelier, op. cité, pp. 28-30.

est une forme communautaire à laquelle convienne les métaphores organiques, c'est bien la commune orientale, quoique Marx n'y recoure pas.[172]

Cela montre que les différentes communautés se distinguent moins par leur mode d'appropriation collective que par différenciation individuelle au sein de l'union. Autrement dit, il y a, dans cette étude, un schéma historique de différenciation et de complexité progressive qui donne toute sa valeur à la notion d' « origine » et de « primitif ». A partir d'une figure originelle suffisamment constituée pour ne plus être une simple horde[173], les différents éléments qui la composent vont être redistribués et s'autonomiser graduellement, jusqu'à ce que leur différenciation devienne incompatible avec la communauté. C'est pourquoi, en se penchant sur la forme orientale ou asiatique, on trouve ces éléments à l'état premier. Celle-ci se présente de manière générale comme « le produit d'une combinaison de la manufacture et de l'agriculture à l'intérieur de la petite commune ».[174]

Les constantes des communautés

Cependant, la combinaison d'héritages citée ne suffit pas à couvrir ce que Marx doit ici à Hegel. L'analyse et la terminologie du rapport de la subjectivité à la communauté passent en effet par une réappropriation du concept d'individualité vivante qu'on trouve chez ce dernier.

Dans la troisième partie de la *Logique*, la théorie du concept, au paragraphe C, l'Idée, § 218, Hegel écrit : « Le premier processus est le processus du vivant à l'intérieur de lui-même, processus dans lequel il se divise en lui-même, et se fait de sa corporéité son objet, sa nature inorganique. » [175] Sans qu'on sache si Hegel vise plus précisément par là la division cellulaire ou, beaucoup plus largement, la manière dont un être vivant se sert de ses propres membres comme d'instruments, il pose que la vie suppose dans un premier moment un dédoublement: une partie de l'organisme est considérée comme quelque chose d'inorganique, comme

[172] Cela montre que le problème de la communauté n'est pas rencontré à travers les schémas « organicistes ».

[173] L'état absolument premier est en effet « l'état pastoral et la migration (...) ». ; « les hommes ne sont pas sédentaires par nature (...) en général, roaming [ils errent à l'aventure] comme les animaux sauvages ». (*Formen*, éd. citée, p. 313).

[174] Idem, p. 314.

[175] Hegel, *Logique, Encyclopédie des sciences philosophiques* I, texte intégral traduit et annoté par Bernard Bourgeois, d'après l'édition de 1827 et 1830, III, C, a) la vie, éditions Vrin, Paris, 1979, p. 451.

peut précisément l'être un instrument de travail. Il est clair, cependant que, même dans ce processus, la partie divisée ou instrumentalisée ne cesse pas d'être considérée en même temps comme partie intégrante de l'individu ("sa nature"). En effet, fait remarquer Hegel, "cette activité des membres n'est que l'activité une du sujet, en laquelle leurs productions retournent, de sorte qu'en elles c'est le sujet qui est produit, c'est-à-dire qu'il ne fait que se reproduire."[176] L'activité du vivant suppose à la fois que les membres sont considérés comme des organes externes extérieurs et que leurs mouvements et leur développement sont une partie de la nature de l'être, de sorte que la vie se constitue et se reconstitue continuement par leurs activités. Les membres retournent donc à leur titulaire parce que le vivant n'a jamais cessé de les considérer comme une extension de son milieu intérieur.

Maintenant, quels sont les rapports du vivant développé, non par rapport à son milieu intérieur, mais par rapport au milieu exterieur, à son environnement d'objets solides et liquides ? Comment en vient-il à le sentir comme *son* milieu ?

Dans le § 219, Hegel écrit : « (...) la relation négative du vivant à lui-même produit, en tant que singularité immédiate, la présupposition d'une nature inorganique lui faisant face. »[177] D'un côté donc, le vivant fait immédiatement la distinction entre ce qu'il est et ce qui n'est pas lui mais est posé en face. Le sentiment de l'unité et de l'identité n'est en fait possible que parce que l'on peut le tirer de la nature "qui lui fait face", d'où le terme de présupposé. La nature extérieure est d'abord une chose que je dois affronter et conquérir. Ce sentiment toutefois ne termine pas du tout le processus. Dans l'additif au paragraphe, Hegel explique :

> *« Le vivant se tient en face d'une nature inorganique à laquelle il se rapporte comme la puissance disposant d'elle, et qu'il s'assimile. (...) le vivant se montre comme ayant prise sur son autre, qui n'a pas le pouvoir de résister à sa puissance. »*[178]

L'individualité vivante prend possession d'une partie de la nature par ingestion et assimilation, par un système d'échanges chimiques (et pour l'animal, par exemple, par la capture). De sorte que la chose devient une partie de l'organisme par transformation, et que la nature cesse d'être un autre inorganique. Par cette assimilation, elle contribue à reproduire la vie individuelle.

---

[176] Idem, p.452.

[177] Ibidem, p. 452.

[178] Idem, Additif au § 219, p. 617.

Marx s'empare de ces termes et de ces notions (nature inorganique, subjectivité vitale, assimilation, reproduction) pour considérer l'activité de travail comme un prolongement du corps, c'est-à-dire comme une extension du vivant hors de ses limites physiques données. Cela lui est permis par l'idée d'assimilation et d'échanges organiques qui, comme signalé, est déjà présente dans le concept d'appropriation. L'appropriation primitive est ainsi une assimilation et non un droit de propriété. Marx pousse suffisamment loin cette idée pour affirmer que ce métabolisme avec la nature fait de cette dernière - ou plutôt de la partie de cette dernière sur laquelle s'exerce l'activité - un corps inorganique. Le travailleur sait que la terre n'est pas son propre organisme ; mais le lien avec elle réalisé par la production et la consomation est issu de la spontanéité vitale de manière suffisamment directe pour qu'il soit traité comme une partie de son corps. On retrouve donc, appliquée non au vivant lui-même mais au rapport entre le vivant et son milieu, la plupart des traits de l'analyse hégélienne de la production et de la reproduction de l'intériorité de l'individu vivant. C'est ainsi que le mileu extérieur est tenu pour la part inorganique de la subjectivité. Pour caractériser ce rapport, on peut, en inversant la place des termes des formules de Marx, dire que la matière du travail est la partie organique non corporelle de l'individualité.

Cette vision de l'appropriation a très probablement pour but de poser à l'origine un agent actif possesseur, en quelque façon, sans pour autant poser une personne détentrice d'un premier droit sur une chose. Pour ce faire, Marx pousse la subjectivité du côté de l'intériorité vitale, et minore le caractère étranger, le caractère de chose ou d'objet extérieur de la matière qu'on s'approprie. L'unité du travailleur et de ses conditions est première, ou du moins elle est plus importante que celle d'exteriorité, de sorte que l'appropriation perd le caractère de face-à-face entre le vivant et le milieu naturel, caractère que Marx a pu souligner ailleurs.

Les échanges primitifs des hommes avec la nature, leur « comportement actif » et la fonction de chaque membre de la commune sont ainsi directement assimilés au fonctionnement d'un métabolisme : l'individu « y fait corps avec sa commune », de sorte qu'il considère la terre (dont il tire sa subsistance) comme « la nature non organique de sa subjectivité » ; le travail y est directement « un processus vital ».[179] Au total, le travailleur « n'est pas seulement un corps organique, il est cette nature non organique en tant que sujet ».[180] La commune primitive se caractérise donc par « l'unité des individus actifs et des conditions non organiques de leur

[179] Ibidem, p. 324.

[180] Ibidem, p. 328.

métabolisme ».[181] Quoique certains de ces aperçus soient proches de ceux de Locke (qui renvoie également à des activités d'assimilation et d'ingestion, à propos des activités de cueillette[182]), la différence est que Marx considère directement les activités de reproduction et d'assimilation comme un prolongement du corps, comme une extension du vivant hors de ses limites physiques. Le dispositif lockien est ainsi filtré, pour ainsi dire, par une réappropriation de la théorie de l'Idée sous sa forme immédiate.

Si nous recoupons cela avec l'idée que nul homme n'est propriétaire de lui-même, nous voyons que ma vie immédiate ne se limite pas aux activités contenues dans ma personnalité vivante; le corps organique comme le corps inorganique ne sont pas, à proprement parler, des biens, pensables partiellement sous le régime de la propriété des choses. De ce point de vue, l'emploi de termes biologiques n'indique pas, malgré quelques apparences, un organicisme ou une imagerie organique de la communauté. Le terme pour « métabolisme » est *Stoffwechsel*, mot qui appartient au vocabulaire de la physiologie et signifie au premier sens échange de matière. Par ce terme ainsi que par ceux de « corps non organique » ou « nature non organique », Marx entend donc le sens directement vital de l'appropriation première. La terre étant à la fois le moyen et le produit de subsistance, le lieu de tous les échanges vitaux, « le grand laboratoire », le travail est considéré comme analogue à la fonction de nutrition, tout aussi naturelle et tout aussi spontanée. Il renvoie à la reproduction du cycle vital, de sorte que la nature et l'homme composent ici un organisme en partie non organique, mais remplissant les mêmes fonctions de reproduction du cycle vital du travailleur. Le travail apparaît vraiment comme l'activité de transformation d'un donné extérieur : tout se passe comme si le travailleur faisait de la terre, par appropriation vitale, un prolongement direct de son organisme. La différence, par rapport aux fonctions proprement physiologiques est que l'échange de matériaux se produit, non à l'intérieur de l'organisme, mais entre les individus vivants et la terre, par transformation et assimilation, bref par appropriation.

Notons, en outre, que c'est la « subjectivité » du travailleur qui se prolonge ainsi : c'est donc une forme d'individualisation propre, par laquelle la vie irréductible du sujet se prolonge dans la terre nourricière. Si nous ajoutons à cela que la première forme de propriété est « l'unité des individus » et de la nature et que cette unité ne réclame pas d'explication, nous pouvons dire que la première appropriation est naturelle en ce sens qu'elle est toujours présupposée par la vie active des individus; elle est

[181] Ibidem, p. 329.

[182] Locke, *Second traité*, éd. citée, § 28.

spontanée et absolument immédiate. La naturalité signifie donc ici à la fois originarité, spontanéité, immédiateté. Elle est le sol fondateur de toute existence active. On comprend, sur cette base, que la séparation des travailleurs et de leurs conditions de travail, « c'est-à-dire du moyen et de la matière du travail »[183] soit, à proprement parler, une mutilation. Si le travailleur prolonge ce qu'il a de plus intimement organique dans sa subjectivité dans le sol, pour composer avec lui un métabolisme, la séparation, dont Marx cherche l'origine, est une amputation. C'est une expropriation, mais ce terme ne doit pas être pris seulement au sens juridique : elle est avant tout un déracinement. Cette forme primitive de propriété s'enracine dans un sol pré-juridique, puisqu'elle se confond avec un cycle vital spontané.

Quand Marx dit chercher « la genèse extra économique de la propriété », c'est-à-dire « le rapport pré-bourgeois de l'individu face aux conditions (...) objectives naturelles »[184], ces formules ont donc au moins deux sens. Il s'agit, d'abord, d'une remontée historique, en deçà de l'état présent, afin d'en expliquer les conditions et présupposés. Mais, en même temps, les rapports de travail ont peu à voir avec les catégories juridiques du droit privé de propriété, qui encadrent et sanctionnent l'économie bourgeoise. La propriété, ici, n'est pas un titre ou un droit revendicable, mais une pratique immédiate. Sur la base de la forme primitive, on voit que la première propriété, si ce terme a un sens, se confond avec une appropriation vitale subjective. Marx pousse si loin cette idée d'unité immédiate qu'il n'emploie presque jamais les termes de « rapport », « commerce » ou « relations de production », et qu'il hésite à employer le terme de « comportement » auquel il recourt pourtant le plus souvent. En effet, ces termes indiquent toujours plus ou moins la représentation d'un face à face avec la terre, d'un échange entre deux sujets ou entre un sujet et un objet. Or, la naturalité est si grande que l'appropriation fait cesser toute représentation en termes de mise en rapport. De même, qu'entre les organes du corps, il n'y a pas d'abord rapport, mais d'abord unité et ensuite échanges, dans la forme primitive « il n'y a pas (...) de comportement à l'égard des conditions de la production (...)».[185] Les conditions objectives (la terre, le sol, etc.) de l'existence individuelle sont pour le travailleur des « conditions naturelles et non organiques de son existence ».[186] Toute

[183] *Formen*, éd. citée, p. 312.

[184] Idem, p. 328.

[185] *Formen*, p. 332.

[186] Idem, p. 332.

distance entre le travailleur et le moyen de travail se trouve ainsi presque abolie.

Subjectivité et personnalité

Si l'on tente un bilan, on peut dire que cette idée, selon laquelle le travailleur fait de la matière naturelle, par appropriation, une extension de sa subjectivité, est à la fois loin et proche des idées lockiennes. En effet, quoique le travailleur ajoute quelque chose de subjectif à la nature inorganique (son travail comme capacité d'altération et de transformation), ce processus ne suffit pas pour faire de l'agent le détenteur d'un titre de propriété privée originelle. C'est pourquoi Marx parle de « subjectivité » mais non de « personne » ou de « propriété de soi-même »; il distingue appropriation et propriété; surtout il fait de la communauté une médiation nécessaire, sans laquelle aucune subjectivité n'est, à l'origine, pensable. Il y a ainsi une présupposition communautaire de toute activité individuelle : la commune médiatise l'unité de la terre et du travailleur. Si, premièrement, le comportement primitif de l'animal laborieux, est assimilable au fonctionnement d'un métabolisme, la condition de ce fonctionnement lui-même est deuxièmement « la communauté du sang, de la langue, des coutumes etc. »[187] Bien que ce trait soit plus marqué dans la commune orientale que dans les autres types, il ne lui est pas propre et se retrouve dans toutes les formes communautaires. La première unité naturelle est celle du regroupement par les liens du sang, de la famille, des parentèles, qu'ils soient directs ou indirects. Ainsi, par exemple, les citoyens romains sont unis par des *gentes*, des lignées qui se reconnaissent mutuellement un ancêtre commun, lignées elles-mêmes réparties en *familiae* aux liens de parenté plus étroits. De même que la naturalité d'un état grégaire est substituée à la représentation d'une vaste communauté originaire du sol, de même la commune, resserrée par les liens du sang, est substituée à la représentation d'une appropriation privée par le travail. Ainsi la personnalité du travailleur est « posée subjectivement comme membre d'une commune, médiatrice entre lui et la terre »[188]; « le comportement à l'égard de la terre (...) est directement médiatisé par l'existence naturelle (...) de l'individu comme membre de la commune ».[189] Il en résulte, négativement qu'un « individu isolé ne pourrait avoir la propriété d'une terre (...) » et que « jamais l'individu ne se présente dans l'isolement où il apparaît lorsqu'il

---

[187] *Formen*, p.313

[188] *Formen*, p. 325.

[189] Idem, p. 324.

est un simple travailleur libre. »[190]. Positivement, « l'individu existe comme membre d'une communauté, laquelle, dans sa forme primitive et avec des modifications plus ou moins importantes, est une institution tribale (*Stammwesen*) (...) ».[191]

On ne peut donc penser, à l'origine, une appropriation individuelle qui retirerait d'un domaine commun une portion de terre en lui ajoutant un travail propre, car l'appropriation subjective se fait toujours par le biais d'une appartenance préalable à un groupe qui met au centre de lui-même le lien collectif. Il ne s'agit pas seulement de dire que l'appropriation d'une chose par le travail ne me coupe pas des autres hommes. Marx pose plutôt que dans l'appropriation elle-même, les relations, les médiations et la communauté jouent la fonction d'un présupposé. Ce maillon n'est pas un préalable et continue d'être présent et sensible dans l'oeuvre finie.

On peut transposer ce principe à d'autres cas que ceux qui intéressent d'abord Marx. Ainsi, je peux bien dire en écrivant un texte, en composant un discours, qu'il est mon œuvre et ma propriété, au sens où j'ai le sentiment intime d'en être l'auteur une fois celui-ci achevé. Mais si je réfléchis sur les conditions de ce sentiment, je vois très vite que je ne pourrais l'éprouver s'il n'y en avait pas d'autres, avant moi, et en même temps que moi, qui ont formé les phrases dont je me sers et le matériau sur lequel je travaille. Ce matériau n'est pas un donné brut comparable à un bloc de marbre ou à un tronc d'arbre tombé que je trouve ; ce n'est pas non plus un donné construit et organisé indépendant de l'activité humaine, comme celui qu'offre la nature. C'est la construction du groupe, large ou restreint, dont je suis membre. Et les outils dont je me sers, le savoirs-faire avec lequel je les emploie, les buts que je poursuis, ne prennent aussi un sens qu'à l'intérieur de cet ensemble. C'est donc lui qui me procure tous les intermédiaires nécessaires pour que je puisse affirmer par mon effort et mes capacités qu'une chose est mienne.

S'agit-il d'une antithèse entre le droit personnel de propriété et la possession collective ? La question se pose dans la mesure où tout ne se passe pas exactement comme si Marx opposait la réalité historique primitive à l'individualisme juridique. Marx ne nie pas l'appropriation subjective par le travail. Il écrit que les « conditions naturelles de la production » sont pour le travailleur des « fondements naturels de sa propre personne », « le prolongement de son propre corps »[192], et ceci même dans le cas où la

---

190 Ibidem, p. 324.

191 Ibid., p. 332.

192 *Formen*, p. 332.

propriété commune seule existe, comme dans la commune orientale. Mais cette appropriation n'est pas un titre de propriété revendicable parce que, de toute façon, l'individu n'accède à la possession que comme membre d'une commune. Il n'a donc pas un droit inhérent sur sa personne, et sur elle seule, qu'il pourrait opposer à la collectivité. Cette subjectivité ne me constitue pas comme personnalité juridique séparée, puisqu'elle présuppose toujours la communauté pour exister. L'individualité ne se sent exister que comme membre d'un tout, aussi étroit soit-il, qui lui donne un statut et un rôle.

On voit donc en fait qu'il s'agit bien davantage d'un déplacement théorique que d'un abondon du problème. On ne saurait concevoir d'activité individuelle qui ait un sens et une réalité en dehors d'une collectivité qui relie l'individu au moyen et à la matière du travail. Ainsi, puisque la communauté est toujours présupposée, les formes de propriété et de travail sont, à l'origine, une remise en cause de l'individualité. Ce trait est déterminant, car il fournit une condition du problème de la propriété individuelle. Si, en effet, l'activité subjective présuppose une communauté de fait et de droit pour s'affirmer, l'idée d'une propriété personnelle fondée sur le travail n'est pas niée, mais elle ne peut plus être posée comme si, dès l'origine ou de toute éternité, il en avait été ainsi, comme si précisément l'appropriation collective n'était pas première.

* * *

Nous obtenons ainsi un premier résultat d'ensemble. L'appropriation subjective ne suppose pas, comme son contraire, une communauté du sol, aussi étendue que l'humanité elle-même, mais une commune resserrée par les liens du sang ; deuxièmement et en conséquence, la propriété est séparée de l'appropriation, celle-ci ayant toujours la collectivité comme préalable naturel. La commune orientale fournit les traits principaux constants de toute communauté. Aussi, les ayant indiqués, c'est sous cet aspect que nous analysons ci-après les communes romaine et germanique.

CHAPITRE VI

Deux formes contrastées, la commune romaine et la commune germanique

1. LA COMMUNE ROMAINE

Présentation du problème

Dans la commune orientale, la propriété privée n'existe pas, « l'individu n'y étant que possesseur ».[193] Considérons maintenant le type romain, c'est à dire celui où « la propriété se présente sous la double forme de propriété d'Etat et de propriété privée », en rendant d'abord compte de la substance du propos de Marx.

La commune romaine « ne présuppose pas la terre comme base, mais la ville, en tant que demeure (centre) déjà créé d'agriculteurs (propriétaires fonciers). »[194] L'existence de cette forme repose sur la distinction de l'*ager publicus* (domaine public) et de la propriété privée familiale. Historiquement, l'*ager publicus* est la partie agricole du territoire romain devenue et restée propriété commune de tous les citoyens, après avoir été, à l'origine, domaine royal ou terre confisquée. Quoique cette propriété ait été codifiée plus tard, elle date donc très probablement en pratique au moins de la Rome royale. Comme le résume l'historien Marcel Bordet, de ces temps anciens (entre 600 et 550 avant J. C.), « les Romains garderont la notion de plusieurs degrés possibles dans la propriété du sol, en même temps qu'un formalisme juridique d'autant plus scrupuleux qu'ils ne le distinguent pas du rite religieux ».[195] Le terme d'*ager*, qui signifie au départ le champ, est

---

[193] *Formen*, p. 325.

[194] Ibid., p. 316.

[195] Marcel Bordet, *Précis d'Histoire romaine*, Armand Colin, Paris, 1969, p. 29.

utilisé pour désigner plus largment le territoire d'une cité. L'*ager publicus* est donc le domaine commun, propriété collective et indivisible du peuple romain. Juridiquement, ce domaine contient l'ensemble des biens romains considérés comme inaliénables quoique, à la différence des monuments par exemple, ces biens ne soient pas affectés à un service public. Ils pouvaient être alloués par lots aux citoyens de la plèbe, en tant que possession (*possessio*) et non en tant que propriété (*dominium*). Ainsi, les paysans avaient l'usage et la jouissance privés d'une parcelle mais pas le droit de borner. Dans les faits, la *possessio*, devenue transmissible par héritage, se distinguait assez peu de la propriété. Mais, quoiqu'il en soit plus précisément du statut des lots du domaine commun, on voit que ce que Marx nomme le type romain est une certaine articulation, équilibrée et assez complexe, de la propriété commune et de la possession privée.[196] Le domaine commun a pour rôle de maintenir la communauté « pour ce qui est des besoins collectifs, de la gloire commune, etc. ».[197] Marx s'intéresse presque exclusivement à ces deux institutions civiles, qui fondent les rapports traditionnels.

Concernant les rapports entre progrès de l'individualité et maintien de la commune dans cette forme, Marx propose deux explications. La première consiste à poser que « plus se développe l'énergie des individus isolés » [198], plus les conditions de la propriété privée sont réunies et plus la communauté devient une limite ou une frontière, « une unité négative vis à vis de l'extérieur »[199], ce qui sépare une commune d'une autre commune. Dans ce cas, la commune reste l'identité de référence du groupe social qui la distingue des autres groupes, par le biais de l'*ager publicus* qui est propriété collective d'un groupe et d'un seul. Ce schéma relativement classique montre dans la croissance de l'individualité le déclin de la communauté, la propriété privée niant l'ancienne commune naturelle par l'individualisation du travail, le progrès des forces productives, les échanges, les conquêtes. En ce sens, la commune est déjà un « produit historique »[200]: par différence avec l'état purement naturel de la tribu primitive, la particularisation de

[196] Pour avoir un aperçu synthétique et actuel sur ces points, on peut consulter, par exemple, Luc Lamboley, *Lexique d'Histoire et de civilisations romaines*, éd. Ellipses, Paris, 1995 ; articles (classés par ordre alphabétique) : « ager publicus », « gens », « possessio » et « tribus ».

[197] *Formen*, p. 317.

[198] Idem, p. 317.

[199] Ibidem, p. 317

[200] Ibid., p. 317.

l'individu, par les échanges et les conditions changeantes, dissout l'unité primitive.

Le texte entremêle pourtant ce schéma antithétique avec un autre, plus accentué, selon lequel la commune romaine constitue « la relation réciproque de ces propriétaires libres et égaux, leur union face à l'extérieur. »[201] Dans ce cas, la commune est la médiation qui relie le propriétaire à sa propriété parce qu'il est préalablement membre de la commune. Ainsi, « le propriétaire privé n'est tel qu'en sa qualité de Romain, mais, en tant que Romain, il est propriétaire privé. »[202] C'est donc l'appartenance à la commune qui confère, à la fois, un statut de membre égal à l'individu, et les « éléments objectifs de la personnalité individuelle ».[203] Marx en vient ainsi à ce qui distingue l'approche antique et l'approche moderne de la propriété. La question romaine est : « quel mode de propriété crée les meilleurs citoyens ? » Dans le cadre romain, la réponse est que le meilleur membre de l'État est celui qui voit sa propriété propre garantie par son appartenance à la commune, parce que le collectif reste au centre de la propriété, qu'il est toujours un présupposé (il faut déjà appartenir à la commune pour être membre de droit de celle-ci) et une médiation (puisque c'est cette appartenance qui donne accès à la propriété privée). La commune apparaît ainsi comme une structure qui équilibre la collectivité, la liberté et l'égalité. L'*ager publicus* étant commun par définition, chacun y a un droit égal. L'égalité est, en outre, conditionnée par le droit égal à posséder un lot particulier ; cette égalité seconde est la condition de l'indépendance de chaque citoyen. « La persistance de la communauté est garantie par le respect de l'égalité parmi les paysans libres et indépendants, dont le travail conditionne le maintien de la propriété »[204]

Toutefois, dans tous les cas, le présupposé fondamental de l'appartenance communautaire reste « l'ordre tribal » qui conduit « à la division en familles supérieures et inférieures »[205]. « L'appropriation du sol a ici pour condition l'appartenance à la commune »; mais l'appartenance à la commune a pour condition l'appartenance à une famille. Par famille, il faut entendre les liens du sang en général, c'est-à-dire une organisation fondée sur des parentèles réelles ou imaginaires. Ainsi, la commune romaine s'organise autour des *gentes* (ensemble de ceux qui se

---

[201] *Formen*, p. 317.

[202] Idem, p. 318.

[203] Ibid., p. 317.

[204] Ibid., p. 317.

[205] Ibidem, p. 316.

reconnaissent un ancêtre commun). Les *gentes* se subdivisent elles-mêmes en plusieurs *familiae*, resserrées par des liens de consanguinité directs et indirects. Dans la mesure où la lignée reste le fondement « naturel » de la communauté, le type romain, quel que soit son équilibre collectif, n'est pas « une association d'hommes libres » c'est-à-dire « non resserrée par les liens du sang ».[206] Cette définition minimale de ce qu'est une association d'hommes libres est donnée par Marx dans la « lettre à Vera Zassoulitch » à propos de la commune agricole russe : « "La commune agricole" fut le premier groupement social d'hommes libres, non resserré par les liens du sang ». Un individu encore relié, pour ce qui regarde les actes vitaux et les comportements prosaïques, à un clan ou une famille, ne peut donc être dit libre. Dans le cas de la commune romaine, c'est par là que l'autonomie subjective demeure évidemment limitée et que, même en faisant abstraction de tous les autres aspects, la communauté reste « naturelle » et immédiate.

Un semblable résumé de la pensée de Marx apparaît cependant particulièrement insuffisant. Le lecteur qui connaît un peu d'Histoire romaine risque en effet de rester perplexe : quelle période est exactement envisagée ? Pourquoi n'y a-t-il rien d'explicite concernant le droit de propriété fixé par les Codes ? Pourquoi n'y a-t-il rien sur les institutions politiques ?

Position de la commune romaine : contexte immédiat et contexte éloigné

Le premier fait à constater est que, tout au long de cette analyse, la « commune romaine » est considérée comme le type classique de la forme antique :

> *« Chez les anciens, la propriété foncière de l'État et celle des individus privés sont des formes contrastantes, si bien que celle-ci est médiatisée par celle-là (...) (les Romains en sont l'exemple classique, ce type existait chez eux dans sa forme la plus achevée). »*[207]

Il y a donc un développement consacré aux bases économiques de la fin de la royauté et de la République, mais pas de sort particulier fait aux Grecs de

[206] Marx, troisième brouillon de la*Llettre à Vera Zassoulitch*, in C.E.R.M., op. cité, p. 337. (La même phrase se trouve dans l'éd. Rubel, tome cité ici, en appendice, p. 1563. Nous nous référons plus volontiers au texte édité par le C.E.R.M., à cause de sa présentation plus ordonnée et lisible).

[207] *Formen*, p. 322.

l'époque archaïque ou classique.[208] En outre, étudiant Rome, Marx n'examine pas directement les institutions juridiques, ni le droit de propriété établi, mais plutôt la distribution collective et privée des modes d'appropriation. Ce sont ces modalités qui expliquent « pourquoi le propriétaire privé (...) est en même temps citoyen, homme de la cité. Du point de vue économique, la citoyenneté se réduit simplement au fait que le paysan est l'habitant d'un cité ».[209]

Étant donné la surdétermination, dans l'étude de l'Antiquité (que l'usage nomme, précisément, gréco-romaine), du « monde grec », ce choix réclame une explication. On ne peut se contenter d'invoquer des raisons de documentation. Certes, B. G. Niebuhr, seule source citée par Marx, sur laquelle nous revenons plus bas, était, dans son *Histoire romaine*, un des premiers à faire une très large part à la question de l'appropriation agraire ; peut-être n'existait-il pas d'ouvrage semblable concernant les Grecs. Mais il resterait précisément à expliquer pourquoi Marx trouvait cela déterminant.

L'expliquer suppose de rétablir plusieurs niveaux d'implicites. En procédant du plus proche au plus loin, on peut d'abord replacer les choses, de nouveau, dans le débat des années 1840 sur la propriété. Dans la *Lettre à M. Blanqui* de 1841 sur la propriété (également nommé *Deuxième mémoire*), Proudhon procède à un bref récapitulatif de l'histoire grecque puis surtout romaine sous un angle proche de celui de Marx.[210] Pour cela, Proudhon s'appuie sur l'ouvrage d'Ernest Laboulaye, *Histoire de la propriété*.

Daté de 1838, couronné par l'Académie des Inscriptions et des Belles-Lettres, cet ouvrage apparaît – en France - comme la référence en la matière. Quoiqu'il le discute, Proudhon en tire une légitimation historique de son idée de possession, ce qui nous donne une idée du sens assez précis que pouvait alors recevoir la référence romaine.

---

[208] A notre connaissance, les Grecs, même au sens large, et même toutes époques confondues, ne sont mentionnés que cinq fois dans les *Formen* et aucune de ces mentions n'en fait un type particulier. Par exemple : « cette petite communauté guerrière est poussée (...) à dépasser ses limites, etc (Rome, Crète, Juifs, etc...) » (p.318) ; ou bien : dans la forme germanique « le sol n'y est pas non plus, comme dans la forme romaine, grecque (bref, de l'Antiquité classique), occupé par la commune ». (p. 319) ; et encore, plus loin : « le développement du travail productif » (...) « dissout le mode de production qui sert de fondement à la communauté et au citoyen objectivement individualisé, c'est à dire au Romain, au Grec, etc... ». (p.336).

[209] *Formen*, p. 332.

[210] *Qu'est-ce que la propriété, deuxième mémoire, Lettre à M. Blanqui sur la propriété*, Librairie Garnier, Paris, 1848 pour cette édition.

« J'insiste, écrit Proudhon, sur ce point qui est de la plus haute importance, car il nous offre comme une perspective historique de cette possession individuelle dont j'ai tant parlé (...). La république romaine, par la faculté de disposer souverainement de son territoire et d'imposer des conditions aux possesseurs, fut plus près de la liberté et 0de l'égalité qu'aucune nation se soit encore trouvée. »[211]

Si l'éloge de la République romaine n'est pas en soi original, il s'agit cependant ici de montrer que les romains n'étaient pas aveuglés par l'idée de propriété comme *dominium*, et que l'interprétation de ce dernier par les juristes modernes est très loin de la source. On peut considérer cela comme une rétorsion. A bien regarder le régime dit quiritaire de propriété, on y trouve une légitimation non de la propriété privée mais de la possession. Proudhon y voit une illustration de la solution qu'il propose, dans le premier mémoire, au problème de l'articulation entre égalité et liberté : l'équilibre entre possession individuelle et propriété collective garantissait l'égalité et la liberté des membres de la République romaine. Dans la même ligne, dans sa *Théorie de la propriété*, publié à titre posthume en 1866, Proudhon revient sur cet aspect, dans le cadre d'une récapitulation de sa pensée de la propriété.[212] D'après son auteur, celle-ci a consisté à donner « de l'institution de la propriété l'explication qu'ont cherchée MM. Thierry, Laboulaye, Cousin, Sure, Troplong, les phalanstériens et tous mes adversaires et détracteurs (...). »[213] Il en résulte « que la propriété est inadmissible au point de vue du droit communal, slave, germanique, arabe ; et qu'en effet elle a été condamné. »[214] Dans le chapitre II ("Que la propriété est absolue"), Laboulaye est à nouveau longuement cité (et âprement discuté) concernant l'origine de la propriété. Dans le chapitre III ("Différentes manières de posséder la terre"), lorsqu'il en vient à défendre l'idée de possession, Proudhon l'oppose sur cette base à la communauté familiale primitive (qu'il appelle "communisme"), et prend comme exemple de possession égalitaire la commune russe. Celle-ci n'est donc pas pour lui un exemple de communisme mais un exemple de possesssion, ou propriété dépouillée de la perpétuité, de l'exclusivité, et de l'absoluité. Cela peut éclairer l'intérêt de Marx pour ces formes. Si en effet, Proudhon voit dans le *mir* une espèce d'association très éloignée de la communauté communiste, et qu'il est par ailleurs opposé au transfert de la propriété à la

---

[211] Idem, p. 50.

[212] Proudhon, *Théorie de la propriété*, Librairie internationale, A. Lacroix, Verboeckhoven et compagnie éditeurs, Paris, 1866, édition posthume. (Proudhon ne voulait pas faire paraître sa *Théorie*, bien qu'elle soit prête depuis 1862.)

[213] Idem, p. 63.

[214] Idem, p. 63.

collectivité prise comme un tout, et si parallèlement Marx se penche sur les mêmes objets, on peut en déduire que l'idée d'une préservation de la communauté familiale simple lisible dans ces formes n'était précisément pas l'objet de l'intérêt de ce dernier. En fait, ce qui intéresse les deux auteurs est leur proximité avec les formes romaines archaïques d'appropriation, soit la proximité avec une forme qui équilibre possession privée et domaine public. Enfin, dans le chapitre V ("Coup d'oeil historique sur la propriété"), Proudhon pose que « la propriété en Europe est romaine d'origine»[215], et que toute une série de motifs « font supposer qu'à Rome la propriété se confondit longtemps avec la possession germanique et slave. »[216]

On voit qu'il existait un ensemble de références historiques communes qui permettaient aux révolutionnaires et aux réformateurs des différentes tendances socialistes et communistes de discuter, entre autres, de l'origine de la privatisation et des limites du droit sur les choses, à travers la reprise et la revisitation de l'histoire des communautés terriennes, plus particulièrement à travers celle de l'histoire romaine. Lorsque Marx se penche sur les rapports entre propriété personnelle et domaine public à Rome, il est donc très probable qu'il reprend un problème semblable : comment trouver un mode de propriété qui garantisse l'appropriation individuelle du sol et la communauté en même temps ? C'est déjà pour cette raison que l'histoire des institutions politiques n'intéresse pas Marx ici; en revanche, on voit que l'enquête sur les formes pré-capitalistes est aussi déterminée par la recherche d'un mode de répartition qui soit à la fois libéral et égalitaire.

Si l'on s'intéresse maintenant à ce que l'on peut nommer la tradition allemande, l'utilisation par Marx de Rome apparaît comme une prise de distance avec l'utilisation par cette tradition des Grecs, du moins de ceux de l'Athènes classique. Ils figurent souvent le modèle originel de l'organisation collective politique, esthétique et morale. Hegel peut être pris comme type de cette vision. Dans les *Leçons sur la philosophie de l'Histoire*, à propos du « monde grec », nous pouvons lire :

« C'est ici que pour la première fois, l'esprit devenu mûr s'acquiert lui-même, comme matière de son vouloir et de son savoir, mais de telle sorte que, État, famille, droit, religion, soient aussi les fins de

[215] Ibidem, p. 105.

[216] Ibid., p. 105.

l'individualité et que celle-ci ne soit individualité qu'en vertu de ces fins ».[217]

La cité grecque est glorifiée parce que l'homme grec fournit le premier modèle, à la fois du citoyen qui s'accomplit dans la participation à la chose publique, et de l'individualité qui se cultive elle-même au sein de la collectivité.

Concernant, en revanche, « le monde romain », Hegel est loin d'être aussi enthousiaste, quels que soient par ailleurs les mérites qu'il lui reconnaisse. Ce monde est en effet caractérisé par « l'abstraction de la généralité, et la fin qui est poursuivie avec une dureté sans esprit et sans coeur est seulement la domination en vue de faire valoir cette abstraction ».[218] Dès lors, en choisissant la République romaine, Marx pouvait poser les questions de la liberté, de l'égalité et de la citoyenneté à nouveaux frais, sans passer par l'idéalisation de la communauté politique, qui trouvait sa figure emblématique dans la *polis*. Plus largement, il pouvait poser, à travers la commune romaine, le problème de l'individualisation dans et par l'appartenance commune, sans passer par la représentation d'une «vie concrètement spirituelle, riche en elle-même»[219], qui faisait précisément aux yeux de Hegel le prix du monde grec.

Nous avons donc affaire, par ce choix, à un déplacement du problème de la communauté. Dès le départ, l'enquête que mène Marx suppose la mise hors-jeu de la communauté politique et de l'immersion de l'individu dans une totalité collective, dont la référence était Athènes et non Rome. Le choix de Rome est ainsi implicitement le refus de la surdétermination de la forme politique esthétique et morale de la communauté. Marx refuse l'identification entre l'idée de mise en commun, celle de participation politique (plus ou moins) populaire, et celle de développement intégré de l'individualité. Par « refus » ou « mise hors jeu », nous ne voulons pas dire que Marx ignore délibérément les catégories de « civisme » ou de « communauté politique », puisqu'il écrit, au contraire, que la question romaine (donc antique) par excellence est : « quel mode de propriété crée les meilleurs citoyens ? ».[220] Cependant, la question est de savoir quelle portée exacte on doit attribuer à ce type de remarques.

---

[217] Hegel, *Leçons sur la philosophie de l'Histoire,* trad. J. Gibelin (sur le texte de l'édition de 1848 due à Karl Hegel), Vrin, Paris, 1963, deuxième partie : « le monde grec », p. 171.

[218] Idem, p. 215 (troisième partie : « le monde romain »).

[219] Ibid., p. 215

[220] *Formen*, p. 327.

On pourrait croire que Marx cherche surtout à montrer que les rapports de propriété sont, dans les formes antiques au sens large, subordonnés à des rapports politiques. Ainsi, non seulement les rapports d'appropriation, de production et de distribution ne seraient pas autonomes mais ils dépendraient de la condition de citoyen. Contrairement dès lors à ce qui se passe dans la société civile bourgeoise, ce ne serait pas la propriété qui procurerait la condition pour être citoyen, mais ce serait la citoyenneté qui procurerait le statut de propriétaire. Dans son étude des rapports entre propriété, citoyenneté et liberté dans ces formes primitives, Solange Mercier-Josa écrit en ce sens que « quelles que soient les différences entre les formes de propriété asiatique antique et germanique, l'appartenance à une communauté politique sous toutes ces formes est la condition nécessaire de l'appropriation individuelle » : [221]

« Dans ces formes antérieures à la production capitaliste, la tribu ou la communauté politique, ou l'Etat, loin d'être une « superstructure » est la médiation sans laquelle il n'y aurait pas de rapport de l'individu à la terre, comme à des conditions objectives de son travail, conditions qui lui appartiennent. Le rapport à la terre passe par le rapport à la commune, à l'Etat. »[222]

Si l'on admet également que la démarche de Marx comporte une certaine dimension de dépréciation du présent à l'égard du passé et le regret d'une forme perdue d'individualité, cela permettrait de le ranger, si l'on suit cette perspective, parmi ceux qui déplorent la condition politique du présent et considèrent la croissance de la société civile comme une dégradation de la condition du citoyen membre actif de l'Etat. Il nous semble pourtant que là n'est pas vraiment l'objet de l'enquête.

La remarque citée plus haut, tout d'abord, est limitée à la forme romaine, de sorte qu'on ne peut l'élargir à toutes les formes primitives. Dans la commune asiatique, les rapports sont encore trop peu individualisés pour que l'individu puisse précisément se considérer comme un *zoon politikon*. Dans la commune germanique, ce n'est pas non plus la commune en tant qu'unité politique qui réunit les sujets propriétaires. Plus largement, il s'agit moins, nous semble-t-il, de remonter aux racines du civisme, que de montrer comment les rapports économiques, eux-mêmes entendus au sens large, sont imbriqués ou intriqués dans les rapports civils et dans les

---

[221] Solange Mercier-Josa, *Entre Hegel et Marx, points cruciaux de la philosophie hégelienne du droit*, éditions L'harrmattan, Paris, 1999, p. 193.

[222] S. Mercier-Josa,opus cité, p. 195.

moeurs.[223] C'est ce qui empêche l'accumulation capitaliste et garantit une grandeur certaine, quoiqu'étroite, de l'individualité primitive. De ce que la commune est effectivement l'intermédiaire qui, dans toutes ces formes, procure à l'individu sa possession ou sa propriété, on ne peut donc pas déduire que c'est la communauté politique qui est cet intermédiaire.

La sensibilité historique qui se manifeste ici devrait plutôt être appelée un romantisme social, même si on juge que ce terme ne désigne en fait qu'une accentuation particulière de certains aspects du phénomène romantique.[224] A la différence d'autres formes, qui insistent plus volontiers sur la spiritualité, les institutions politiques, la religion, la veine que nous nommons ainsi prend en effet pour objet privilégié les attaches simples et directes qui enracinent l'individu dans la communauté. Marx se détourne délibérément de l'idéalisation politique de la communauté, de l'imagerie du citoyen vertueux prêt à sacrifier ses intérêts égoïstes au bien collectif incarné par la Cité. Par là, il se distingue du genre de romantisme qu'on a pu prêter à l'idéalisme allemand, et de la survalorisation, qui lui est lié, de l'Antiquité grecque classique.

De même que, dans le Moyen Âge, ce ne sont pas les relations entre le seigneur et son roi, ou les liens entre chrétiens partageant une même foi qui importent le plus, mais les rapports entre le seigneur, le bien foncier et les hommes; de même, dans l'étude de l'Antiquité, l'objet privilégié est l'ensemble des rapports qui naissent de la propriété et des moeurs. Des temps archaïques, les Romains semblent avoir très longtemps conservé l'idée qu'il existait plusieurs degrés dans la possession du sol, et c'est, pour les raisons indiquées, la perpétuation cette pratique qui intéresse Marx. On comprend peut être mieux, à partir de là, en quel sens Marx s'appuie sur le texte de Niebuhr et à quelle époque de Rome il fait référence.[225] Considérée

---

223 Sur le terme d'imbrication, repris à Karl Polanyii, voir Polanyii, *La grande transformation*, traduction française, préface de Louis Dumont, Gallimard, Paris, 1983.

224 Sur la question de l'unité du romantisme, et sur celle des rapports de Marx à au moins certains courants romantiques, questions trop larges et distinctes pour être traitées ici, voir Michaël Lowy, *Le romantisme révolutionnaire*, Le Sycomore, Paris, 1979, et Michael Lowy et Robert Sayre, *Révolte et mélancolie, Le romantisme à contre-courant de la modernité*, Payot, Paris, 1992, surtout chapitre premier et chapitre trois.

225 D'après l'édition Rubel, Marx avait lu l'*Histoire romaine* « en 1855 dans la traduction anglaise de 1847-1851, (...) qu'il ne cite ici que d'après la deuxième édition allemande de 1827. » (in *Oeuvres*, éd. citée, p. 1655.) Nous la citons nous-même d'après : *Histoire romaine* (*Römische Geschichte,* 1811,1812, 1832), traduction française de M. P. A. De Golbery, sur le texte de la troisième édition allemande (1828), F. G. Lavrault éditeur, Paris, 1830, 7 volumes, traduction incomplète. Quoiqu'incomplète, cette traduction permet de préciser le travail de Marx. Dans le troisième tome de la traduction, on trouve la section intitulée « Du domaine public et de la jouissance de ce domaine », dans laquelle Niebuhr

comme fondatrice en Allemagne, très lue en Angleterre, beaucoup moins en France, *L'histoire romaine* (*Römische Geschichte,* 1811,1812, 1832) de Barthold Georg Niebuhr contribua à la formation de l'Histoire critique et positive et détermina ensuite les débats historiographiques sur les époques romaines. Le premier volume de l'ouvrage porte sur les Rois (1811), le second va jusqu'aux lois de Licinius (1812), le troisième (1832, publié après la mort de l'auteur) va jusqu'à -241. L'ensemble fournissait une histoire de la Rome légendaire et républicaine à partir de l'histoire de son peuple agricole. Dans ce cadre, la section intitulée « Du domaine public et de la jouissance de ce domaine », explique l'origine et la nature de l'*ager publicus*.[226] Un « appendice » (que Niebuhr ne considérait certainement pas comme une annexe, le revoyant pour les seconde et troisième éditions), intitulé : « Sur le mode de répartition de la propriété foncière et sur sa limitation », porte plus précisément sur la répartition des domaines, propre au droit romain, en privé et public.[227] Niebuhr était ainsi un des premiers historiens à s'intéresser à l'Histoire de Rome du point de vue des modes d'appropriation et du peuple agricoles. Ce sont les points sur lesquels Marx s'appuie le plus.

Cette attention aux travaux de Niebuhr peut d'abord elle-même être réinscrite dans la discussion avec sa philosophie hégelienne de l'Histoire. Dans les *Leçons* ..., en effet, Hegel mentionne, pour la critiquer, l'*Histoire romaine*. Hegel rend d'abord compte de la nouveauté du projet. Niebuhr voulait montrer que les lois agraires, le maintien de *l'ager publicus*, etc., n'avaient pas eus pour but de :

> *« porter atteinte au droit sacré de propriété, mais que l'État s'était contenté d'attribuer à la plèbe, pour en user, une partie des domaines publics usurpée par les patriciens tout en conservant (...) le droit d'en disposer comme de son bien ».*[228]

Toutefois, aux yeux de Hegel cette démonstration touchant les différentes formes de propriété romaines, si elle conduit l'historien « à des recherches particulièrement étendues sur les lois agraires»[229], n'aboutit qu'à « l'étude d'une oiseuse question de droit »: « il s'agit seulement d'une distinction

explique l'origine et la nature de l'*ager publicus* (tome 3, éd. citée, pp. 175-209). Dans le tome quatre (éd. citée, p. 421 et suivantes) on trouve l'« appendice » : « Sur le mode de répartition de la propriété foncière et sur sa limitation ».

[226]Niebuhr, édition citée, tome 3, pp. 175-209.

[227] Traduction et éd. citée, tome quatre, p. 421 et suivantes.

[228] Hegel, *Leçons...*, éd. citée, p. 223.

[229] Idem, p. 233.

sans grande importance, qui existe sans doute dans sa pensée [celle de Niebuhr] mais non en réalité ».[230] Ce verdict historique sévère n'est pas partagé par Marx. Il lit le travail de Niebuhr pour y trouver précisément une forme d'équilibre primitive et directe entre le domaine public et le droit de possession. S'il est loin d'y voir « une oiseuse question de droit », c'est parce qu'il y trouve une première forme de communauté qui est une alternative possible au « monde grec ». Le type romain, en effet, objective l'individualité, sans se fonder pour cela sur des médiations politiques et sur une culture de soi esthético-morale. Dans sa base, la commune se définit par des rapports immédiats d'appropriation, privée et publique. Tout au long de l'enquête, Marx met entre parenthèses, autant que faire se peut, les institutions politico-juridiques du monde romain, qui faisaient aux yeux de Hegel son caractère dominant, au profit des institutions qui découlent directement de la forme romaine d'appropriation. Si donc il retient plus particulièrement la section de l'ouvrage de Niebuhr qui traite « du domaine public et de la jouissance de ce domaine », ainsi que l'appendice qui porte sur « le mode de répartition de la propriété foncière », c'est parce que ces deux aspects, que l'historien était un des premiers à traiter dans leur épaisseur économique, recoupent exactement ses préoccupations.

On peut ainsi préciser comment la réference historique de Marx s'accorde avec la sensibilité romantique mentionnée plus haut. La thèse générale de l'ouvrage de Niebuhr était que le peuple romain avait appuyé sa grandeur militaire et civique sur une production essentiellement agricole ; son déclin était devenu inévitable à mesure que l'État romain avait eu davantage pour support le commerce, jusqu'à devenir une sorte d'État commercial, dissolvant peu à peu les anciennes institutions.[231] Les passages du texte de Marx les plus textuellement repris de celui de Niebuhr sont ceux où il montre le mépris des Anciens pour le commerce, le profit, et la dignité qu'ils reconnaissaient au contraire à l'agriculture.[232] La période envisagée par Marx est donc celle où *l'ager publicus* est une institution vivante, soit des origines archaïques aux débuts de l'Empire (27 avant Jésus Christ). L'idée directrice est que la commune romaine a donné naissance à de fortes individualités parce qu'elle reposait sur une double propriété, essentiellement agricole : l'*ager publicus* et la propriété familiale privée.[233]

---

[230] Ibidem, p. 234.

[231] Sur ce point, nous nous appuyons sur Jacques Droz, *Le romantisme allemand et l'Etat,* Payot, Paris, 1966, p. 220 et suivantes.

[232] Les notes de l'éd. Rubel sur le texte des *Formen* permettent de reconstituer les passages directement repris. (op. cit., volume cité pp. 1655 et 1656).

[233] Pour situer plus largement la préférence de Marx pour Rome, à travers l'histoire de la réception des l'histoire grecque et romaine, on peut s'appuyer sur l'ouvrage de Giuseppe

La structure de la propriété assure précisément entre les citoyens un monde de perceptions communes ; dès qu'elle est attaquée dans ses bases, ce monde s'effondre.

Or, historiquement, l'*ager publicus* se maintient, sans dissolution notable, durant toute la République, au moins jusqu'au début de l'Empire, où l'afflux des richesses, l'extension des conquêtes etc. ont modifié les rapports de propriété. Dès la République, les Romains ont des contacts commerciaux constants à travers le *mare nostrum*. Cela tendrait à montrer que le commerce n'entraîne pas, par lui-même, le déclin de la communauté. En revanche, rapportée à sa situation historique, celle de l'époque bourgeoise, cette perspective indique que la croissance du monde marchand signifie la mort de la grandeur de l'individu communautaire. Par la, quelque soient les traits critiques de l'analyse marxiste, son rejet de l'idéalisation naïve, plusieurs fois signalé, ainsi que la prudence de ses formules, il demeure que l'opposition simple entre marchandise et communauté structure le texte, et particulièrement les passages sur la commune romaine.

De ce point de vue, le texte paraît pris entre deux mouvements : la reconnaissance de l'étroite détermination de l'individualité dans ces formes ; et l'idée que le développement des échanges et du commerce signifie la dissolution des conditions de l'affirmation individuelle. De la même façon, les *Formen* oscillent entre la remontée à l'origine dans le but d'examiner les présupposés du capitalisme, en refusant toute forme de sentimentalité, de mythologie historique et de tendresse rétrospective ; et la valorisation des formes communautaires pré-marchandes. Ainsi, si d'un côté, ces formes composent « l'ancien monde infantile »[234], où « les petites communes mènent une vie indépendante et végétative »[235] et où l'homme est « un être générique, tribal »[236], de l'autre, cet « ancien monde infantile apparaît comme un monde supérieur chaque fois que l'on se met en quête de formes parfaitement achevées (...)».[237] Il nous paraît intéressant de voir là, non pas seulement une tension entre critique objective et traces persistantes

Cambiano, *Polis* (*Polis*, 2000), traduit de l'italien par Sophie Fermigier, éditions Aubier, collection Philosophie, Paris, 2003. Malheureusement, la lecture s'arrête au dix-huitième siècle, et ne contient pas la réévaluation de la Grèce par les romantiques allemands et ceux qui les ont suivi.. Par ailleurs, pour comprendre plus exactement le projet de Niebuhr et l'usage qu'en fait Marx, il faudrait restituer l'état des débats historiographiques allemands entre 1830 et 1848. Nous nous sommes donc ici limités à l'essentiel

[234] *Formen*, p. 327.

[235] Idem, p. 315.

[236] Ibid., p. 337.

[237] Ibid., p. 327.

de nostalgie, mais aussi une tentative d'intégrer une veine romantique à la démarche historique et critique.

On jugera peut-être mieux ainsi l'évolution de la pensée de Marx sur le droit romain, et son rapport à l'interprétation des Pandectistes dont il avait initialement suivi les cours. Il ne nous paraît pas juste de poser, comme a tendance à le faire l'histoire du droit civil, que Marx en est resté à une vision de la propriété quiritaire comme droit absolu d'user et d'abuser. Il semble, au contraire, avoir cherché à restituer les cadres sociaux et les médiations qui l'enserraient.

2. LA COMMUNE GERMANIQUE : PROPRIETE INDIVIDUELLE ET PROPRIETE PRIVEE

Une autre forme de double appropriation

En quoi l'organisation germanique se différencie-t-elle de l'Etat romain ? Dans la commune romaine « seul le citoyen est et doit être propriétaire »[238], ce qui signifie que la propriété particulière paysanne présuppose la cité et la commune comme condition. La forme germanique inverse ce rapport en faisant de « la propriété communale » « le complément de la propriété individuelle »[239].

« L'unité autonome » continue d'être « posée dans l'origine, la langue, le passé commun, l'histoire, etc. »[240] La « naturalité » des liens continue donc d'être le fondement du groupement social, qui repose sur la généalogie. Il y a également une sorte d'*ager publicus*, sous forme de biens communaux : libre parcours pour les bêtes, « terrain de chasse, de pâturage, d'abattage du bois, etc. »[241] Il est la propriété par droit égal des familles qui possèdent par ailleurs leur propriété particulière dans « la maison particulière, qui forme en elle-même un centre autonome de la production »[242]. Selon Marx, c'est cette propriété particulière qui est première par rapport à la propriété communale. En effet, les familles composent chacune une unité autonome et toutes vivent « dans les forêts et se trouvent ainsi séparés par de longues distances »[243]. Alors que dans la

---

238 Ibid., p.325.

239 Ibid., p. 325.

240 Ibid., p. 321.

241 Ibid., p. 322.

242 Ibid., p. 322.

243 Ibid., p. 321.

forme romaine on n'accède au statut de propriétaire privé que par l'intermédiaire de l'*ager publicus*, dans la forme germanique, on n'accède aux biens communaux que parce qu'on appartient à un groupe familial qui a sa propriété particulière (propriété particulière et famille étant indissociables).

L'originalité de la commune germanique consiste donc à séparer, dans une certaine mesure, la propriété commune de la communauté généalogique et, surtout, de la propriété étatique. Il y a en effet d'une part la communauté naturelle qui fonde la propriété privée (*i.e.* celle des membres d'une famille) et, de l'autre, conjointement, la propriété collective, commune à plusieurs familles qui se reconnaissent membre d'une même « tribu » (*Stammwesen*). La communauté du sol existe d'abord, négativement, c'est à dire dans la mesure où elle est défendue « contre l'ennemi, en tant que propriété commune d'une tribu ».[244]On retrouve ici l'analogue d'une des explications données par Marx des origines de la commune romaine, qui s'identifie par réaction aux prétentions militaires des autres communes. Mais la forme germanique n'est pas que négative. Elle existe concrètement « par la réunion périodique de ses membres »[245] que ce soit « pour des raisons de guerre, de religion, d'arbitrage juridique, etc., en vue de se garantir mutuellement. »[246] Donc, au total, il y a d'abord la communauté indépendante gouvernée et représentée par un ou des chefs de famille, chaque unité reconnaissant le droit particulier de l'autre sur son territoire ; et, secondement, un droit commun sur un sol tribal parce que toutes les familles se reconnaissent membres d'une tribu d'origine identique. Dans la forme germanique, « les sujets autonomes » sont premiers.[247]

Si la forme germanique succède à la forme romaine, c'est parce que l'on retrouve le schéma de complexité progressive. A partir d'un fond encore indifférencié, les communes se distinguent par leur degré d'autonomie individuelle, qui est précisément le critère de leur complexité. La commune germanique pose d'abord la particularité, et fait de cette particularité l'intermédiaire nécessaire entre tous les sujets, qui leur permet d'accéder à la communauté tribale. Bien qu'on ne puisse pas dire qu'il s'agisse d'une communauté abstraite, puisqu'elle présuppose toujours les liens familiaux, elle se rapproche d'une association déjà plus médiate dans la mesure où l'égalité et la reconnaissance mutuelle des membres de la tribu

---

[244] *Formen*, p. 322.

[245] Idem, p. 321.

[246] Ibidem, p. 323.

[247] Ibid., p. 321.

ne sont plus données par la communauté du sol. C'est pourquoi Marx distingue « réunion » (*Vereinigung*) et « union » (*Verein*), « unification » (*Einigung*) et « unité » (*Einheit*).

L'union simple et l'unité simple sont celles où la communauté du sang et la communauté du sol sont données ensemble. Dans la commune germanique, l'unité immédiate de la famille reste certes donnée préalablement : par « la langue, le sang, etc., la commune comme telle est d'un côté l'élément commun qui a préséance sur le propriétaire individuel ».[248] La différence se fait sur le mode de possession collective du sol. « Chez les Germains, l'*ager publicus* apparaît plutôt comme un simple complément de la propriété individuelle. »[249] Il n'a pas d'existence économique distincte de celle des propriétés individuelles. En conséquence, la communauté de la terre est produite par la reconnaissance médiate des familles comme membres de la tribu. Il n'y a pas d'Etat qui alloue des terres à une certaine classe d'hommes, et ce n'est donc pas en tant que représentant ou membre de l'Etat, en tant que paysan et citoyen à la fois, qu'un homme ou une famille possèdent un lot de terre, mais en tant que membre d'une tribu et propriétaire individuel. Et si le Germain a sa part dans le pâturage, le bois commun, le terrain de chasse, c'est directement en tant que propriétaire individuel. Marx peut conclure : la « propriété individuelle réellement commune est celle des propriétaires individuels et non de l'union de ces propriétaires ayant dans la cité une existence distincte des individus particuliers ».[250]

Une distinction entre propriété individuelle et propriété privée

Dans l'équilibre entre privatisation et appartenance commune, la forme germanique apparaît comme celle qui reconnaît le plus d'autonomie aux individualités. Cette forme peut donc être jugée la plus personnalisée et la plus individualisée des formes antiques.

Il serait possible de discerner là la trace d'un préjugé culturel en faveur de la forme germanique. Mais il est plus intéressant pour nous de noter que c'est dans ce texte et à propos de cette forme qu'apparaît (pour la première fois dans l'œuvre à notre connaissance) une distinction entre propriété

---

[248] *Formen*, éd. citée, p. 323.

[249] Idem, p. 322.

[250] Ibid. p. 323.

individuelle et propriété privée. Chez les Germains, en effet, la propriété commune

> *« (...) n'apparaît pas, comme par exemple chez les Romains, sous l'aspect d'une existence économique particulière de l'Etat à côté des propriétaires individuels, ceux-ci étant alors des propriétaires privés au sens vrai du terme, dans la mesure où contrairement aux plébéiens, ils sont exclus de* l'ager publicus. *»*[251]

Dans ce cas de figure, un propriétaire privé serait celui qui, par son statut, n'a pas directement part en même temps à une organisation communale et à la propriété collective d'une terre. Ainsi, à Rome, les plus riches, les tribus des patriciens, n'ont pas de part dans l'*ager publicus*, puisque celui-ci était précisément fait pour les citoyens qui n'avaient pas de terre propre. Les patriciens sont donc retranchés de la terre considérée comme moyen de production qui ne peut être divisé. Parallèlement, chez les Germains, qui sont ceux chez lesquels ce double statut apparaît le plus nettement, le statut de propriétaire donne à la fois droit à une parcelle privée et à l'exploitation à tour de rôle du terrrain commun aux familles.

Puisqu'elle est en même temps une exclusion de ce qui est commun, une privation d'accès à la chose commune, la privatisation apparaît en effet comme une privation. Il est possible que Marx joue ici sur les deux sens du mot « privé », qu'on retrouve en français: privé peut signifier soit, qui est exclusif soit, qui est exclu. Il ne s'agit pas toutefois d'un simple jeu sur le double sens d'un mot; ou plutôt, le fait que Marx joue ici sur les sens d'un mot n'empêche pas la distinction qu'il fait entre privé et individuelle ensemble d'exprimer une proposition juridique douée de sens. A ma connaissance, le droit ne distingue précisément pas entre personnelle, individuelle et privée. Il emploie cependant de préférence le terme « personnelle » pour désigner une propriété exclusivement rattachée à un agent et définie en termes strictement privatifs.Il est donc difficile de nommer « personnelle », par distinction avec « privée», la propriété à laquelle Marx fait référence. Le terme d'individuel, bien qu'il comporte également de l'équivoque, peut donc seul convenir pour signifier une forme qui, tout en étant rattachable à un titulaire unique, se prolonge dans une possession commune (quelle que soit la forme qu'on lui donne). La distinction ne passe donc pas entre propriété collective et propriété personnelle mais entre propriété privée individuelle ou personnelle et propriété individuelle tout court. En ce sens, bien qu'on puisse y rencontrer

---

[251] Ibid., p. 322.

la propriété individuelle, la propriété privée n'existe pas de manière générale dans les sociétés précapitalistes.

En outre, cette propriété individuelle ne s'oppose pas seulement à la propriété privée de la société civile bourgeoise développée. Elle s'oppose aussi bien à une forme de propriété privée qui existerait dans une société qui serait simplement mais purement marchande. En effet, si nous concevons, à titre de modèle, une société de producteurs propriétaires de leurs instruments et du produit de leur travail, qui se rencontrent les uns les autres et rencontrent leurs clients dans un marché, il n'y a pas de jonction avec une propriété commune. Sans nécessairement accumuler plus de moyens de production que ce que leur permettrait, dans la durée, leur travail direct, les producteurs y seraient donc simplement propriétaires privés, ce qui confirme que "marchand" est bien l'antonyme de "précapitaliste".

Sans nier que cette distinction est propre à Marx, on peut y voir, à nouveau, une réappropriation de la distinction proudhonienne entre possession et propriété (ou « nue propriété »). Son but est, assez clairement, de montrer que l'individualisation n'est pas la privatisation, de sorte que la propriété n'est ni toujours, ni nécessairement, un retranchement. Il n'y a pas non plus à opposer la communauté et la propriété. Tout ne se passe pas comme s'il y avait d'un côté les objets qui appartiennent à tous par droit égal et, de l'autre, ceux qui m'appartiennent exclusivement par appropriation, au contraire de la manière dont les choses semblent se passer, dans une certaine mesure, chez Locke. Quoique ce soit de manière différente dans les formes romaine et germanique, c'est chaque fois le fait de la propriété individuelle qui donne droit à une participation à la chose commune.

En anticipant quelque peu, on peut avancer que cette distinction éclaire l'idée d'un rétablissement de la propriété individuelle dans le communisme. S'il semble difficile de comprendre comment l'appropriation collective peut inclure en elle, comme un de ses moments, la propriété individuelle, chercher une solution n'engagerait pas nécessairement la recherche d'une synthèse ou d'un dépassement simultané de la simple collectivisation et de la privatisation. Il n'est non plus ni nécessaire, ni peut-être même souhaitable, de chercher à développer une théorie concernant la différence entre privé et personnel et individuel que Marx n'aurait fait qu'ébaucher. Il est possible que la formule allusive de Marx dans les dernières lignes de l'avant dernier chapitre du Livre I du *Capital* corresponde à cette complémentarité de l'exclusivité de l'attribution d'une chose et de la participation à une force sociale, qu'il repère dans certaines des formes archaïques. Le communisme se présenterait en ce sens comme une récupération de certains traits précis de ces formes.

3. TRAITS SIGNIFICATIFS POUR NOTRE ETUDE

Littéralement, le texte des *Formen* examine tous les rapports possibles entre propriété personnelle et propriété collective (à l'intérieur d'un monde non développé). Puisque toutes ces formes s'opposent à la société marchande, on peut déjà dire que celle-ci a, soit fait disparaître la communauté, soit figé les termes en une opposition réelle. « Dans le monde bourgeois, le travailleur existe à l'état de sujet pur, dépourvu d'objet ; mais l'objet qui lui fait face est devenu la vraie communauté (...)».[252] Ainsi, il n'y a pas opposition simple entre communauté archaïque et propriété privée bourgeoise. La véritable opposition passe entre l'articulation des propriétés privées et collectives dans les communautés naturelles, et l'antithèse entre le régime de la propriété privée et la communauté possible dans l'économie bourgeoise. De ce point de vue, c'est le monde bourgeois qui est gouverné par l'antagonisme le plus simple.

La démarche marxiste apparaît alors tendue entre deux pôles opposés. La première oscillation se remarque au balancement entre conscience critique et relative idéalisation. Il suffit en effet de poser une unité primitive, originelle, pour que se lève une série d'images liées à la pureté, à la plénitude, à l'harmonie. L'idée d'une forme originaire (*ursprünglich*) est associée à la représentation diffuse d'une origine perdue, d'un monde qui soit un tout en étant plus simple et plus authentique que le nôtre. Nous avons vu que les écrits socialistes n'étaient pas à l'abri de ces illusions communautaires. Marx, en rappelant l'étroitesse, la grégarité, la tribalité de l'existence première, écarte cette imagerie mythologique. Les *Formen*, pour une part, luttent donc avec succès contre les charmes de l'idée d'origine. Mais, en même temps, les formes anciennes sont l'objet d'une nostalgie certaine et d'une valorisation précise, visible dans tous les traits qui soulignent l'idée qu'elles sont immédiates et naturelles, simples et spontanées, et qu'elles conditionnent une véritable affirmation de la grandeur individuelle. Le texte oscille donc entre la démythification de l'origine et la valorisation de l'équilibre naturel propre au monde ancien. Insistons sur le fait que ces deux aspects sont donnés conjointement ; tout se passe comme si, tout en refusant les aspects les plus naïfs de l'idéalisation rétrospective, Marx pointait, au coeur de son enquête, les aspects supérieurs de ces formes pour les opposer à la réalisation bourgeoise.

Le second aspect central est l'importance accordée à l'idée de médiation. Il faut en effet coupler cet accent mis sur la médiation dans l'acte individuel d'appropriation, avec la négation de la qualification de

---

[252] *Formen*, p. 338.

l'appartenance à soi comme droit de propriété, étudiée précedemment. On obtient ainsi la conséquence que la communauté est le présupposé de la possession et de la propriété, tout comme la langue est le présupposé de la parole. Il nous reste donc à interpréter ce résultat.

CHAPITRE VII

Appropriation, communauté, subjectivité

Dans l'analyse de Marx, la communauté du genre est remplacée par une typologie des communes. L'acquisition originaire par spécification est remplacée par l'affirmation d'une incorporation à la chose de la vitalité subjective. Celle-ci est considérée comme un moment de l'appartenance au collectif. L'idée d'un droit originaire sur soi est remplacée par la présupposition d'une appropriation à soi de l'individualité, conçue comme une condition de l'appropriation de la nature. Le droit sur les choses, enfin, est remplacé par le fait que l'individualité considère la partie de la nature qui lui est donnée comme une extension immédiate de son corps vivant, comme son milieu, et non comme une chose à laquelle le travailleur fait face. Dès lors, si l'on veut savoir quelles sont les conséquences de cette analyse pour la conception de l'appropriation personnelle que nous avons vue à l'oeuvre chez Locke, et si nous voulons préciser en quoi cette analyse constitue une critique du sujet propriétaire, il nous faut d'abord débrouiller la question de savoir si nos deux auteurs entendent une chose suffisamment semblable par "originaire" ou "primitive". Si ce n'est pas le cas, le parallèle que nous avons tenté reposerait sur un vice de construction.

Il peut paraître peu cohérent d'avoir ainsi réservé pour la fin de l'exposé l'examen de difficultés qui peuvent être vues comme des préalables; cependant, étant donné que ces difficultés tiennent elles-mêmes à la démarche de Marx, nous n'avons pas cru pouvoir traiter des premières avant d'avoir examiné la seconde.

1. FAIT ET DROIT DANS LES FORMEN

Rappelons d'abord les différences les plus apparentes entre les deux analyses. Locke cherche à fonder le droit privé d'appropriation sur un socle qui ne soit pas lui-même une convention discutable. Il répond à la question "*quid juris* ?". Marx examine les formes que la propriété prend *de facto* à l'origine; si son enquête se veut critique, elle se veut positive (et à cet égard, une différence trop poussée entre recherche critique et recherche positive ne nous paraîtrait pas justifiée). En tirant des conséquences qui concernent la première question des tentatives de réponse à la seconde, nous commettons peut-être une confusion entre deux niveaux de réflexion: d'un côté, l'origine historiquement attestée de la propriété et, de l'autre, les recherches sur le fondement légitime de celle-ci. On retrouve ainsi la distinction entre appropriation et propriété, ainsi que l'objection plus large selon laquelle deux auteurs ne parlent pas en réalité de la même chose. On peut les préciser ensemble à travers la défense qu'à propos des idées d'origine et de naturalité le droit naturel rationnel adresse à sa critique historique et sociologique.[253]

En termes larges, il s'agit de dénoncer une erreur de catégories. Les hypothèses jusnaturalistes peuvent, à bon droit, mettre entre parenthèses la question des commencements alors qu'elles concernent l'origine : les faits tirés de l'histoire des sociétés ne peuvent en eux-mêmes servir de preuves dans la réfutation des hypothèses du droit naturel. En ce sens, il s'agit de défendre sur le fond la prétention de la raison à se prononcer dans le domaine éthique sans avoir à se soumettre à l'*ethos* observable et au fait moral positif. Les arguments qui appuient cette distinction, elle-même jugée élémentaire, entre le fait et le droit, peuvent se décomposer ainsi : 1) les vérités établies par l'Histoire sont des vérités de fait, qui n'appartiennent pas au même niveau de discours que les principes et les conséquences des hypothèses propres au droit naturel : on ne peut donc appliquer aux seconds les mêmes critères de validité qu'aux premières ; 2) le niveau propre du discours du droit naturel est celui d'un discours énonciatif prescriptif de type juridique; 3) un tel discours a un sens; 4) un discours de droit naturel, une fois observé ses buts propres, est aussi doué de sens et de correspondance avec une partie du réel que celui du droit positif au sens large. Les principes, hypothèses et inférences du droit naturel peuvent donc avoir un sens pertinent qui soit distinct, à la fois, de celui des sciences historiques et de l'interprétation strictement historique des énoncés de droit positif.

Quoique cette exposition abstraite puisse être le fruit d'une analyse rétrospective, les arguments qui la constituent sont nettement posés dans certains textes des théoriciens du droit naturel (ce qui ne signifie pas, comme le rappelle Höffe, que tous les énoncés d'un jusnaturaliste aient valeur de droit naturel). Ainsi, Kant, dans la *Doctrine du droit,* à partir d'un

---

[253] A notre connaissance, le meilleur exposé de l'état du débat sur le droit naturel se trouve dans O. Höffe, "droit naturel sans paralogisme naturaliste : un programme de philosophie politique" in O. Höffe, *L'Etat et la justice*, Vrin, Paris, 1988, pp. 109-138.

travail de redéfinition de la terminologie wolffienne que nous mettons ici entre parenthèses, distingue en ce sens communautés primitive et originaire. L'idée d'un état premier où les hommes étaient copropriétaires d'un monde de choses est certes "une fiction"; mais l'idée d'une copropriété indivise peut garder un sens explicatif et normatif même si l'on abandonne cette fiction : il ne faut donc pas l'entendre "empiriquement" comme une phase primitive de l'Histoire humaine, mais comme une idée de la raison pratique au sens large. De même, quand nous parlons d'un "mode originaire d'acquisition", nous n'avons pas besoin de supposer un état premier du monde sans aucun possesseur : ce n'est qu'une façon de rappeler que la base matérielle de tout droit privé est déjà donnée à l'homme.

Que tous les auteurs qui ont utilisé les concepts du droit naturel n'aient pas été, sur ce point, aussi clairs que Kant ne change pas le sens de la difficulté. La différence de statut entre originaire et primitif fait que les réfutations de l'hypothèse de l'état de nature au nom de l'ethnologie, de la sociologie empirique et de l'Histoire se trompent d'objet. Bref, quand on parle de l'état de nature et de ses diverses versions, il ne faut pas oublier que cet état concerne des questions *de jure*, comme le souligne Höffe à propos du *Léviathan* de Hobbes:

> *« Il s'agit d'une fiction rationnellement construite, d'une "expérience mentale" mais en aucun cas de l'étude d'une époque historique ou préhistorique. Celui qui, tel Hume dans sa critique de la théorie du contrat (dans son essai :* Sur le contrat originel*) ne perçoit pas cet artifice spéculatif, commet une erreur, pour brillants que soient ses arguments. »*[254]

Aussi, dans cette perspective, critiquer la démonstration lockienne du point de vue des faits mobilisés par Marx reviendrait précisément à se tromper d'objet; et, si tel était bien le propos de Marx, cela prouverait seulement qu'il a commis une erreur.

Dans le cas précis, cependant, le rôle que Marx fait jouer aux faits (censé indiquer une perte du sens des problèmes, une réduction de la rationalité critique, etc.) ne nous semble pourtant pas rentrer dans ce schéma. En effet, dans le domaine des questions envisagées *de jure*, on peut certes privilégier la forme. Mais, à moins de soutenir que la forme seule, c'est-à-dire la procédure suivie sans considération du contenu et du fond, fait le caractère juridique de la question, on ne doit pas séparer cette dernière des termes utilisés pour la poser. Les termes en question peuvent renvoyer à une pratique ou à une matière. Locke mobilise le travail comme principe. Qu'on l'entende comme ouvrage ou comme dépense d'energie, celui-ci est dans

[254] Hoffe, "Une contradiction dans le Léviathan de Hobbes ? " in *L'Etat et la justice*, Vrin, Paris, 1988, p.11-12.

tous les cas conçu comme le plus assuré des modes originaires d'acquisition des biens. Il paraît donc difficile de nier que ce fondement s'appuie sur un minimum de description empirique ou, si l'on préfère, sur la description d'un état de fait. Celle-ci doit correspondre à cet état de fait, selon les critères ordinaires de la vérité, pour que le principe soit incontestable. Or, si le travail ne se présente que dans des cas tout à fait exceptionnels, singuliers, comme celui de Robinson, sous la forme de l'activité solitaire de l'individu isolé; si, au contraire, dans tous les cas où l'on peut l'observer, il apparaît comme une activité sociale, médiatisée, il devient difficile de maintenir que ce même travail constitue un fondement suffisant de la propriété privée. Si l'enquête de Marx prend l'allure d'un appel têtu aux faits, c'est parce que la confrontation possible se joue précisément sur cette description, c'est-à-dire sur les présupposés empiriques de l'argumentation lockienne.

Immédiateté et propriété de soi

C'est précisément par là qu'on peut critiquer la manière dont Locke passe de l'affirmation selon laquelle l'activité est une affirmation de la subjectivité, à celle selon laquelle l'homme est le propriétaire exclusif du produit de cette activité, critique qui nous paraît bien présente chez Marx. Pour en situer le lieu, nous allons reprendre l'hypothèse de départ de Locke (en employant un lexique qui n'est pas celui de Marx et en nous éloignant donc un peu des textes). L'état de nature découle du statut commun de créatures rationnelles qu'on reconnaît aux hommes. Chez Locke, il est plus spécifiquement considéré comme celui de personnes à la fois propriétaires d'elles-mêmes et indépendantes les unes des autres, ce qui exclut des rapports mutuels les contrats particuliers qui feraient de l'un le subordonné constant d'un autre (sans que l'indépendance signifie un état originaire d'isolement ou de retranchement). De cette idée, toutefois, on glisse à une autre, assez différente, selon laquelle les activités de la personne sont privées au sens où, pour tout ce qui regarde les actes essentiels à l'existence, elles peuvent être exprimées en faisant seulement référence à des relations immédiates de soi à soi-même (si le terme "relation" peut encore convenir). Ainsi, lorsque je travaille, il est impossible que je ne rattache pas cette action à ma personnalité (de la même façon qu'il est impossible que je perçoive sans savoir aussi que c'est moi qui perçoit). Cette appropriation ou imputation peut bien, dans le cas d'un processus de production long et complexe, nécessiter la réflexion ou retour sur soi. Elle peut également supposer que je bénéficie des outils et techniques fournis par d'autres (comme lorsque je borne le champ que je cultive). Mais seuls comptent, en définitive, l'effort propre du travailleur et l'altération qu'il impose à la matière. Locke raisonne donc à peu près ainsi : lorsque je dis "j'ai fait quelque chose" il est impossible apparemment de rapporter cette action à quelque autre chose que "moi" (1). Ce "moi" est en même temps qualifié comme auteur, parce que la chose finale repose sur un effet qui ne semble pas pouvoir requérir d'autre cause ou raison que la volonté ou l'activité du sujet (2). De là, je tire que je suis le propriétaire de cette action, en faisant de "être l'auteur" le synonyme de "posséder", au sens large qui inclut la propriété exclusive (3). L'argument proprement dit est donc le lien qui unit (2) et (3).

Une des manières d'éclairer ce lien est d'examiner si Locke, dans le *Deuxième traité,* utilise la notion d'appropriation dans le même sens que dans l'*Essai sur l'entendement humain.* Outre l'explication qu'on y trouve du choix du terme de personne, le terme d'appropriation y est en effet employé trois fois, dans le chapitre 27, "De l'identité et de la diversité", pour désigner exclusivement l'attribution en propre des actions. Ces mêmes termes, articulés cette fois de manière constante l'un à l'autre, reviennent dans le *Second traité* pour définir la personnalité civile et naturelle de l'homme propriétaire. Il semble qu'on pourrait en inférer que la personne est par définition appropriatrice.

Cependant, la position d'un principe de propriété de soi ne figure pas dans l'*Essai sur l'entendement humain.* Malgré l'emploi du terme de personne, en tirer quelque chose de significatif est ainsi notoirement difficile, précisément parce que Locke n'expose aucune inférence d'un emploi de la notion à l'autre. Sans en tirer qu'il « semble n'y avoir aucun rapport clairement intelligible entre l'usage qui est fait ici de la notion de personne et la définition que Locke en donne dans l'*Essai* »,[255] la méthode éprouvée des passages parallèles semble bien trouver une limite. Aussi, les commentaires consacrés à l'*Essai* ont tendance, comme le fait celui de Michael Ayers, à ne voir dans la polysémie du terme d'appropriation qu'une fâcheuse ambiguïté.[256]

En repartant du *Second traité,* on peut cependant tenter des recoupements. Comme le note Tully, « la mise en évidence de la relation entre la personne et ses actions (dans l'*Essai*) annonce l'idée exprimée (...) dans les *Deux traités* selon laquelle l'homme est propriétaire des actions et du travail accomplis par sa personne » parce que c'est « la conscience d'avoir accompli une action, d'en être l'auteur, qui en confère à l'agent la

---

[255] *Le second traité du gouvernement*, édition citée, note n° 61, édition citée p. 188.

[256] Cf sur tous ces points, Michael Ayers, *Locke, epistemology and ontology*, Londres et New-York, Routledge, 2 volumes, 1991.

pleine propriété ».[257] Si l'on fait l'hypothèse d'une cohérence de terminologie, on peut, sans entrer dans un exposé séparé du problème, tenter un recoupement supplémentaire en revenant sur l'idée que le travail est une action privée de la personne. Quand il parle d'appropriation à soi, à la fois pour désigner les sensations, les pensées, et les actions, Locke peut vouloir dire que, dans tous les cas, un sujet et un seul a accès à elles. C'est la conscience de l'intention qui fait l'appropriation de l'action, et à cette intention, j'ai un accès exclusif. Cela pourrait donc être parce qu'il fait du rattachement des actions à une même personne un phénomène auquel seule ladite personne a vraiment accès que Locke lui confère le statut d'un principe. Cela signifierait que la démonstration de Locke admet, chaque fois qu'il lie appropriation, personne et action, une identité de sens qui se passe d'explication entre les deux usages du concept de personnalité. Comme le fait remarquer Balibar, cette évidence permet de poser "une présupposition réciproque entre la théorie de l'identité personnelle, qui se fonde sur la continuité intérieure de la conscience, et celle de la propriété de soi-même qui se fonde sur l'autonomie matérielle acquise par le travail."[258] Dans cette perspective, le lien se fonderait sur le présupposé commun d'une privatisation, au sens d'un privilège accordée à l'intériorité, vue à la fois comme immédiateté et exclusivité. Ce privilège lui-même se relierait à l'affirmation du caractère incommunicable des processus de la conscience personnelle. Il est peut-être difficile de voir de façon probante en Marx un critique de la catégorie d'incommunicable. En revanche, il ne l'est pas de voir en lui un critique de certains usages des idées d'intériorité et de conscience. Il nous paraît légitime de poser que, selon Marx, l'erreur de Locke consiste à privilégier celles-ci en se faisant une idée abstraite de la privatisation. La critique marxienne de l'argument du fabricant consisterait donc à dire que celui-ci assimile à tort la subjectivité du travail à une opération privée par nature, parce qu'il sépare abstraitement les moments de la production.

En prenant un autre point de vue sur le même sujet, on peut se demander si l'argument de Locke est une "inférence immédiate." Comme le souligne Maritain, le recours à ce terme présente de l'équivoque :

> *« On dit souvent que lorsqu'on passe de l'affirmation d'une proposition, par exemple : "aucun homme n'est un ange" à cette autre proposition : "donc aucun ange n'est un homme" (...) on fait une inférence immédiate, c'est-à-dire une inférence où la conclusion suit d'une seule proposition.*

---

[257] Tully, ouvrage cité, chapitre V, "la personne et son action" et "l'homme comme facteur conscient", édition française citée, pp. 152-178.

[258] E. Balibar, *Identité et différence*, Seuil, Paris, 1998, article appropriation, p. 256.

Cela est vrai si on entend le mot inférence d'une manière impropre, simplement comme l'acte de penser d'une proposition à une autre proposition (le mot "autre" ne se rapportant ici qu'à la disposition des termes ou des concepts dans la proposition). Mais c'est qu'en réalité ces deux propositions ne font que signifier purement et simplement la même vérité, l'esprit n'avance point en passant de l'une à l'autre, il y a là simplement deux manières différentes d'exprimer le même objet d'assentiment. »[259]

L'existence de telles inférences est discutée, parce que, comme le remarque Maritain, qui nie la validité du premier de ces sens, il signifie, soit que l'on tire d'une proposition vraie une autre vérité sans passer par les trois termes d'un raisonnement en forme, soit que l'on exprime une même vérité sous deux formes différentes. Concernant la démonstration lockienne, on peut hésiter entre les deux hypothèses. Il est possible que Locke ait considéré qu'il ne s'agissait là que d'une seule vérité exprimée de deux façons, et qu'il n'y ait pas de passage sans intermédiaire d'une vérité à une autre ; il est également possible qu'il y ait vu une véritable inférence, et non pas seulement un changement dans la position des concepts de la proposition. L'absence de démonstration permet, je crois, de conclure que dans les deux cas Locke pensait qu'elles offraient la garantie de l'évidence. Dès lors, ce qui est important est le coefficient d'immédiateté qui s'attache au détail comme à l'ensemble de l'argumentation. En effet, on ne conçoit pas que je ne puisse rattacher l'activité d'informer un objet à moi comme auteur. La perception de l'agent comme raison d'être du produit fini est si directe et si persuasive qu'il ne semble pas possible de la refuser. On ne conçoit pas non plus que ce produit puisse exister sans requérir ma volonté comme cause ou raison (en négligeant ici la distinction qu'on pourrait faire entre ces deux notions.) Il semble tout aussi évident que j'ai accès seul intégralement à l'effort de produire. Une activité qui ne peut être attachée qu'à un seul sujet peut être dite la propriété de ce sujet, parce que, outre ses autres caractères, la note d'exclusivité se retrouve dans les deux termes. De là se déduit facilement que j'ai un droit exclusif sur la chose produite, indépendant des autres rapports que je peux entretenir. De bout en bout, ce sont les idées d'absence d'intermédiaire et d'intimité qui soutiennent l'argumentation. On passe ainsi de la personne à la propriété et de la propriété de soi à la propriété des choses.

"Privé" signifie donc trois choses mêlées : 1) le sujet a avec ses actions la plus grande intimité; 2) cette intimité ou cette inhérence procure sur elles un titre d'exclusivité; 3) cette exclusivité est synonyme d'un "droit sur". Ces propositions ne sont pas détaillées par Locke, parce qu'elles sont toutes

---

[259] Jacques Maritain, *Eléments de philosophie, Petite logique,* tome II, *l'ordre des concepts,* Pierre Tequi éditeur, Paris, 1999 pour cette édition, p. 198.

considérées comme analytiques, alors qu'à suivre Marx, c'est précisément ce caractère qui est en question. Considérer ces assertions comme synonymes n'est en effet possible qu'en considérant le moment de l'appropriation comme indépendant des autres, et en l'affectant simultanément du caractère de l'évidence. Et Locke ne peut procéder ainsi qu'à condition de considérer tous les moments intermédiaires et les présupposés comme extérieurs et accidentels. Cette position correspond à une attitude courante : je ne regarde pas les outils dont je me sers lorsque je travaille mais je dis : "c'est mon travail". Cette attitude n'est pas l'effet du seul travail manuel direct: elle est commune à l'artisan et à l'écrivain qui exploite les possibilités d'une langue. Il semble que l'argument, tel qu'il fonctionne dans cette précompréhension, néglige toutes les médiations qui procurent à l'agent le moyen et la matière du travail, et rendent aussi possible pour lui l'appropriation des fruits de la terre et de la terre elle-même.

A mon avis, Marx n'a jamais accepté de simplement réintroduire la collectivité dans l'acte d'appropriation, au sens où l'on peut montrer que la survie de Robinson dépend presque entièrement de fait des instruments et des savoir-faire collectifs anglais qui échouent en même temps que lui sur l'île. La critique principale me paraît bien plutôt porter sur le privilège que la thèse lockéenne accorde à l'immédiateté. Ce privilège permet, par contiguïté, de ne pas s'interroger davantage sur la notion de propriété appliquée ici, et donc pas non plus sur celles de "pouvoir" et de "droit sur" impliquées par cette dernière. A partir de là, un des principaux objets de la critique marxienne est ce que nous pouvons appeler le modèle de l'activité subjective privée ou modèle du sujet privé actif. A l'instar de son objet, il désigne plusieurs choses mêlées: 1) la position d'une individualité qui définit ses rapports avec les choses comme des rapports de soi à soi exclusivement, qu'on reconnaisse ou non par ailleurs leur caractère incommunicable; 2) le fait de considérer ces rapports comme synonyme d'un droit sur; 3) le fait que le passage de l'une à l'autre signification s'opère précisément par la notion d'exclusivité (évidemment immédiate, et non délivrée par le consentement des autres ou par une autorité supérieure).

Or, on peut se demander si l'on n'exige pas alors de la description du processus d'appropriation plus qu'elle ne peut fournir (à savoir un critère de justification d'un droit sans positions intermédiaires, dont le titulaire serait unique). De la même façon que la reconnaissance de la "personne" n'implique pas celle d'un droit privatif sur toutes les activités de cette même personne, la reconnaissance de la subjectivité du travail n'implique pas la privatisation de ce même travail et de ses fruits. L'une des prémisses du raisonnement lockien passerait, sans distinction, dans l'usage de la notion de "sujet personnel", de la personne indépendante à la personne privée.

Cette ambiguïté n'est ni le fruit d'un manque aux règles de l'argumentation ni celui d'une négligence : elle est due à la manière dont Locke pose la notion de personne. Lorsque les médiations sont restituées, on voit que le travail et l'oeuvre sont bien une affirmation de la subjectivité vivante et de l'individualité (puisque le travailleur incorpore à l'objet de quelque chose de propre), mais que, d'un autre côté, ils sont une remise en cause de l'indépendance et de la suffisance individuelles.

Ainsi, dans l'ensemble des moments de l'appropriation, la subjectivité revêt selon Marx deux aspects. Pour une part, elle a un sens relativement anodin, non métaphysique si l'on veut: quand je fabrique une chose par une dépense d'énergie, il est vrai que je sais indiscutablement que cet effort est le mien seul. Pour une autre part, la reconnaissance du producteur dans le produit devient le résultat d'un ensemble de médiations, qui, ni ne commence ni ne termine le processus de la production. Retranscrite dans un langage hegelien, au sens large, la critique signifie que le fonctionnement naturel de l'entendement le pousse à négliger certains des moments du processus, alors même que ceux-ci donnent son sens à l'activité subjective. De ce point de vue, Marx critique chez Locke le fonctionnement d'une pensée naturelle séparatrice, en ce sens que, dans toutes les séquences de l'argumentation, on a le sentiment que les médiations sont ajoutées à mesure.

2. MEDIATIONS ET FIGURES DE LA COMMUNAUTE

Il nous semble qu'il y a là une ligne d'attaque distincte. Dans cette hypothèse, en effet, la critique de fond ne passe pas par une dénonciation des robinsonnades. Même si l'on définit assez largement celles-ci comme l'ensemble des fictions historiques légitimatrices, des projections sur l'origine et la raison d'être de toute société de la structure actuelle de la société bourgeoise, une telle critique nous paraît encore extérieure. Nous n'avons pas non plus besoin, pour montrer les limites internes de l'analyse lockienne, de mettre en correspondance les classifications du droit réel avec les caractères du droit sur soi, pour établir que le droit naturel opère une sorte de pétition de principe, comme s'il partait en réalité des attributs positifs de la propriété des biens pour les transférer à la personne et les retrouver enfin dans le droit réel, déguisant ainsi un produit de l'Histoire et une institution particulière en normes naturelles. Si ces approches peuvent donner lieu à des critiques brillantes, et ne sont certainement pas, par ailleurs, étrangères à Marx, on peut, je crois, faire place à un argument d'attaque plus élémentaire. La description de l'acte d'appropriation par Locke est insuffisante parce qu'elle isole les moments qui ressortent tous ensemble de la notion commune de propriété personnelle. On peut donc d'abord lire le texte de Locke comme le cas paradigmatique d'une conception abstraite de ces moments. Pour préciser cela, et pour préciser en même temps la différence entre cette lecture et celle qui voit en Locke un auteur qui présuppose ou sous-entend une vision marchande du travail, on peut revenir sur le devenir du lien entre production et propriété dans le chapitre V du *Traité*.

L'exemple significatif de l'extraction des tourbes

Dans le § 27, Locke pose la thèse selon laquelle la chose appartient au fabricant, sans qu'il soit besoin pour fonder en droit un titre de possession, de requérir le consentement des autres. Dans le § 28, il applique ce principe au cas des terres communes d'Angleterre, dont il précise qu'elles ne sont pas communes par nature, mais qu'elles le sont demeurées par convention, en posant que : « l'herbe qu'a broutée mon cheval, la tourbe que mon serviteur (*servant*) a coupée (...) deviennent ma propriété, sans que quiconque me l'attribue ou y consente. »[260] La proposition, incise sans autre explication, selon laquelle le produit du travail du "*servant*", est la propriété d'un autre, tout comme celui du cheval, n'a pas manqué d'intriguer. On a le sentiment d'une contradiction: si un serviteur a le même statut qu'un cheval, l'auteur contredit le principe selon lequel l'homme est une personne; si le serviteur est une personne, l'auteur contredit le principe selon lequel l'auteur est propriétaire. Le fait que Locke mentionne simplement cette situation comme un exemple allant de soi accentue l'étrangeté de ce passage. Il n'est donc pas surprenant que celui-ci ait reçu un nom et un statut propre dans l'histoire des interprétations du texte ("l'extraction des tourbes") et qu'il ait donné lieu à des thèses de lecture opposées, que l'on peut répartir en deux groupes.

D'un coté, le passage prouverait que Locke a mobilisé dans sa déduction des légitimations mutuellement incompatibles de la propriété.[261] D.G. Richtie fut le premier à ma connaissance à relever, en 1893, cet exemple pour y voir la preuve que Locke mettait en œuvre deux conceptions contradictoires du droit de propriété. Plus tard, la théorie de l'individualisme possessif l'a interprété, en tentant de retrouver une cohérence du texte, comme l'indice d'un balancement entre une thèse et des valeurs explicites (la terre appartient à celui qui la travaille) et des valeurs marchandes nouvelles et plus implicites (la terre comme le travail sont des biens aliénables et monnayables), balancement qui est nettement tranché en

[260] *Le second traité du gouvernement,* § 28, édition et traduction citée, p. 23.

[261] Pour un résumé de ces différentes interprétations, voir Tully, opus cité, édition citée, pp. 193-194.

faveur des secondes. Le second groupe des lectures comprend celles qui ne voient au contraire en Locke ni un individualiste possessif, ni un libéral. Elles tentent de montrer que ce passage ne contredit pas l'idée du travail comme possession inaliénable. La relation entre maître et serviteur reste bien distincte de celle de capitaliste à salarié. Plus largement, elle est distincte des relations propres à la société civile bourgeoise émergente; et le fait qu'elle apparaisse comme naturelle n'est pas non plus considéré comme une contradiction.

On remarquera que, ni dans les notes qu'il a laissés, ni ailleurs à ma connaissance, Marx ne commente ce passage ; il ne le choisit pas comme représentatif des ambivalences du droit lockien de propriété. On peut donc poser plusieurs questions : Marx - et beaucoup de lecteurs avant lui – auraient-ils eus tort de ne pas isoler ce passage ? Relève-t-il du type de contradiction - assumée ou dénoncée - qu'il voyait chez Locke entre droit naturel et société politique ? S'il y a ici un problème, est-il principalement de savoir si oui ou non Locke anticipe les conditions d'une société de marché généralisée ?

Comme l'ont souligné Macpherson et Tully, il est vain de vouloir d'abord évaluer le contenu de la relation entre le serviteur et le propriétaire sans restituer la compréhension que Locke pouvait avoir du terme de *servant*. (D'un autre côté, comme on va le voir, il n'est pas sûr que cette restitution règle le point.) On peut, pour situer les choses, partir ainsi d'une brève histoire du mot. Introduit en anglais au treizième siècle, venu peut-être d'un mot français, lui-même tiré de *servus*, d'origine obscure, *servant* appartient à la même famille que tous les autres mots tirés du latin *servire* qui signifie être esclave, être assujetti à un maître. Dans ce cadre, puisque Locke entend certainement par "serviteur" un homme libre, ce qui le préoccupe est avant tout la confusion de celui-ci avec un esclave, et l'essentiel de son travail de définition consiste donc à dissiper l'ambiguïté en précisant, contre Filmer, cette différence. Dans le dernier paragraphe du chapitre qui précède immédiatement celui sur la propriété, "De l'esclavage", Locke part de l'idée large de propriété qui peut être attachée à un homme, et montre qu'aucun homme ne peut, de droit, devenir, avec sa vie, ses libertés et ses biens la propriété d'un autre, qui aurait sur lui droit de vie et de mort : « (...) n'ayant aucun pouvoir sur sa propre vie (...) l'homme ne peut, par contrat ou par consentement, se rendre esclave de quelqu'un d'autre, ni s'assujettir au pouvoir absolu et arbitraire qu'une autre personne aurait de lui ôter la vie quand il lui plaira. »[262]

[262] Locke, *Second traité*, § 23, édition citée, p. 17.

Locke répond ainsi par la négative à la question de savoir si l'on peut aliéner sa vie et sa personne par contrat, au motif qu'un homme ne peut consentir à donner que ce qu'il a, et qu'il n'a pas un pouvoir absolu et arbitraire sur sa propre vie. Ainsi, si l'on excepte les cas de prisonniers des "guerres justes" devenus esclaves, il n'y a donc pas de droit d'esclavage, et il faut soigneusement distinguer la situation de celui qui est au service d'un autre de celle d'un homme qui appartient à un autre :

> *« (j') avoue que nous voyons chez les Juifs, et dans d'autres nations, que des hommes se sont vendus eux-mêmes ; mais il est clair que c'était comme* hommes de peine, et non comme esclaves. *Car il est évident que la personne vendue ne se trouvait pas soumise à un pouvoir absolu, arbitraire et despotique. Le maître ne pouvait avoir le droit de tuer n'importe quand un homme qu'il était obligé de laisser quitter son service à un terme fixé (...). »*[263]

Un homme de peine est celui qui consent à conclure au terme d'un contrat (oral ou écrit, tacite ou exprès) que, pour une durée déterminée, le produit du travail qu'il a fourni appartiendra à un autre, qu'il y ait ou non une rétribution en espèces de ce travail. Si c'est là la définition du service, "se vendre", c'est donc seulement ceder à l'autre des services. Le § 85, tiré du chapitre VIII ("De la société politique ou civile"), fournit une définition complémentaire :

> *« Maître et serviteur sont des noms aussi anciens que l'histoire elle-même, mais ils ont été donnés à des gens de condition fort différentes ; ainsi un homme libre se constitue lui-même le serviteur d'un autre en lui vendant, pour un temps déterminé, les services qu'il s'engage à lui rendre en échange d'un salaire qu'il recevra. Mais, bien que cet acte l'introduise ordinairement dans la famille du maître et l'assujettisse à la discipline qui y règne, il ne donne cependant au maître qu'un pouvoir temporaire sur lui, et ce pouvoir ne va pas au-delà du contrat qu'ils ont passé. Il existe toutefois une autre sorte de serviteurs, auxquels nous donnons le nom particulier d'esclaves ; il s'agit de captifs pris à l'occasion d'une guerre juste et qui par droit de nature, sont assujettis à l'autorité absolue et au pouvoir arbitraire de leurs maîtres. »*[264]

Il apparaît nettement qu'il faut replacer ces passages dans le cadre de la réfutation de Filmer. Filmer déduisait le pouvoir du monarque de celui du *pater familias*. L'objectif de Locke est de montrer que le serviteur d'une famille - toujours hors des cas de guerre juste - n'est pas soumis à un pouvoir absolu. S'il ne l'est déjà pas dans la famille, il ne l'est pas non plus dans la société politique. De cette façon, non seulement la comparaison entre société familiale et politique est fausse, mais, quand bien même on l'admettrait, elle ne donnerait pas les résultats qu'en tire Filmer, parce que

---

[263] Locke, opus cité, § 24, p. 17-18.

[264] Locke, op. cit. , § 85.

la description par ce dernier des rapports de pouvoir dans le groupe qui sert de modèle n'est pas exacte. La distinction entre serviteur et esclave est ainsi nettement prise dans la question plus large de savoir si le chef de famille possède un droit absolu sur les membres de celle-ci : il semble bien que le souci de Locke soit seulement de nier que le serviteur soit un esclave. Hors des cas où le louage correspond à une pression telle sur la vie que sa description est semblable à celle d'une situation d'esclavage, il ne voit pas dans la condition de serviteur une torsion du principe de propriété qu'il a posé, et la définition du serviteur qu'il emploie lui semble compatible avec ce qu'il a dit du droit naturel. En conséquence, pour savoir si Locke présupposait dans son discours des concepts qui décrivaient les conditions d'une société de marché, ou plus largement pour justifier le passage, on doit se demander quelle définition supplémentaire implicite il présupposait du concept de service.

Comme l'a fait remarquer Tully, la définition du *servant* dans le texte est reprise de celle de Grotius, qui se conforme elle-même à celle du droit romain.[265] Elle ne contredit pas l'idée de libre consentement. Selon cette définition, un homme peut convenir qu'il fera quelque chose au nom d'un autre, en remettant à celui-ci le résultat de ce que lui-même a fait, en échange d'un avantage qu'il recevra. Cette aliénation juridique ne consiste pas à céder sa force de travail - la capacité d'activité qu'un homme détient dans sa personnalité vivante - pour un temps déterminé, mais seulement à céder par échange le résultat final de cette activité. Poser ce type de contrats ne transforme pas le paysan propriétaire en prolétaire asservi, et elle n'est pas le propre d'un régime marchand ou capitaliste de propriété foncière. Cela reste de bout en bout un rapport entre deux hommes librement consentants. Ainsi, il n'est pas contradictoire avec le droit naturel qu'il existe des relations de maître à serviteur, c'est à dire que le droit réel revienne à un autre que celui qui a fait le travail. Par exemple, lorsqu'un père de famille délègue provisoirement la tâche de cultiver le jardin dont il est possesseur à un fils majeur, en échange d'une certaine somme d'argent ou d'autres objets, il a avec lui une relation de maître à serviteur sans avoir avec lui ni une relation capitaliste, ni à proprement parler marchande.

Ce cas est cependant insuffisant pour illustrer l'enjeu de cette distinction entre vente d'un service et vente directe d'une force de travail. Je crois qu'on peut mieux le faire en prenant le cas de certains travailleurs intellectuels relativement qualifiés. En France, un professeur de lycée est rétribué pour les cours qu'il donne et les évaluations qu'il fournit (inclure plus ou moins de tâches directement afférentes à ces fonctions, comme la

---

[265] Tully, opus cité, p. 201.

participation aux conseils de classe, ne changerait pas le contenu de l'exemple). D'après l'analyse de Tully, un professeur est donc rétribué pour ses services, sur le contenu desquels il conserve l'indépendance, du moins celle qui peut se préserver dans l'exécution de la tâche. Supposons maintenant que son salaire devienne la rétribution d'un certain temps qu'il passe dans l'établissement, qu'il y enseigne ou non: éventuellement pour remplacer des collègues dans d'autres matières, garder des élèves sans professeur, etc.. Dans cette configuration, il vend directement un temps d'utilisation de sa force de travail. On voit que dans ce nouveau rapport d'échange, ce qui compte n'est pas que la force de travail soit qualifiée. Ce qui compte vraiment est que, dans le service qu'elle rend, ce ne soit pas son usage particulier, et seulement cela - usage que la personne gouverne elle-même - qui est rétribué, mais un *quantum* de temps. Le rapport change et, dans le premier cas, nous étions loin d'un salariat capitaliste ou marchand. Dans le second, on s'en approche.

En confondant les deux, la théorie de l'individualisme possessif infèrerait donc à tort de la relation maître à serviteur à la relation de capitaliste à travailleur salarié :

> *« (à) nous en tenir à la manière dont Locke décrit la relation de maître à serviteur (...) il apparaît pour le moins inexact de faire de l'auteur des deux* Traités *un théoricien du mode de production capitaliste fondé sur le travail salarié. Reprenons la formule de Macpherson :*
>
> > *" si il fallait donner un critère unique de la société de marché, nous dirions que le travail est une marchandise : l'énergie d'un individu et ses aptitudes lui appartiennent en propre, mais au lieu d'être considérées comme parties intégrantes de sa personne, elles sont tenues pour des biens qu'il possède et dont, par conséquent il est libre de disposer à sa guise, notamment en les cédant à autrui contre paiement".*
>
> *Or c'est là, précisément ce que Locke considère comme inaliénable. Ce qui chez lui fait l'objet de l'échange contractuel, c'est la mise en oeuvre particulière par l'ouvrier d'une certaine force de travail et d'une aptitude particulière. (Si d'un autre côté, c'était bien là le sens du propos de Macpherson, cela voudrait dire que ce n'est plus le travail ou la capacité de travail qui seraient susceptibles d'être aliénées ; et que le discours de Locke se référait bien à un mode de production pré-capitaliste.) »*[266]

Comme le souligne Tully, le propos de Macpherson peut s'interpréter au moins en deux sens. Cependant, le fait de souligner que sa lecture est inopérante, dès que le travail est autre chose qu'un bien aliénable contre paiement, n'implique pas qu'on se retrouve alors chez Locke dans une

[266] Tully, opus cité, édition citée, p. 201.

société précapitaliste non marchande. En effet, une situation où des producteurs possèdent leur travail et leurs produits et les échangent ensuite sur le marché décrit justement, selon Macpherson, une société de marché simple. Locke serait ainsi le théoricien d'une telle société, et sa définition de la propriété serait conforme à une définition propre au monde marchand. En outre, cette définition du service pourrait ne pas couvrir tout l'exemple du paragraphe 28, parce que, d'après la définition complémentaire donnée au paragraphe 85, "serviteur" inclut non seulement celui qui cède pour un temps déterminé et en échange d'une contrepartie, en nature ou en espèces, le produit de son travail, mais aussi le cas de certains prisonniers devenus esclaves par leurs forfaits. Lorsque Locke emploie ce terme dans l'exemple des tourbes, on ne peut exclure qu'il entende aussi par là la tourbe que mon esclave a extraite.

Tully fait enfin remarquer que, prise au sens du droit romain, le service correspond, selon Marx, à un régime pré-capitaliste de production, dans lequel l'apprenti possède ses outils de travail et n'est pas surveillé dans le détail de l'exécution de sa tâche. Marx caractérise en effet ce mode de production dans les *Grundrisse* comme un régime de propriété dans lequel "le travail est encore mi-artistique- mi-fin en soi" et où le "rapport à ce moment des conditions de production constitue le sujet travailleur comme propriétaire travailleur."[267] Le résultat serait que Locke est relativement proche de Marx, et qu'en tout cas, il ne présente pas, dans son analyse de l'appropriation par le travail, les conditions de la société civile bourgeoise. La tentative de rendre Marx proche de Locke sur ce point, ou de montrer un accord en posant franchement Locke comme théoricien d'une propriété précapitaliste, est intéressante ; mais on peut se demander si l'extrait de Marx cité par Tully correspond bien à la situation qu'il décrit chez Locke entre maître et serviteur: il manque là en effet l'encadrement de ce type de travail par le système des corporations et des jurandes, qui était pour Marx inséparable de ce rapport précapitaliste aux conditions de production. Au total, le résultat de la discussion n'est peut-être pas aussi décisif que le laisserait penser d'abord la précision des analyses. Le sentiment d'un implicite gênant contenu dans ce passage de Locke, à l'origine du sort qui lui était fait, demeure; aussi, s'il y a une réponse, il me semble qu'elle doit être cherchée dans une direction un peu différente.

[267] Marx, *Grundrisse/ Manuscrits de 1857/58,* traduction Maximilien Rubel, in *Œuvres II*, Gallimard, Paris, 1968, p. 323.

Assignation de la propriété personnelle et produit du travail de groupe

Le principe d'une explication et d'une critique doit être en effet dans un trait qui tienne de plus près à la thèse de Marx, selon laquelle le travail est à la fois affirmation de la subjectivité et remise en cause de l'indépendance. De ce point de vue, l'obstacle naît de ce que Locke, dans sa déduction de la propriété, présuppose des rapports entre personnes qui sont des médiations dont l'analyse, du moins à ce moment, n'est pas fournie. Elle fait ainsi intervenir comme allant de soi des présupposés, dont l'existence de serviteurs, qui ne viennent que plus tard et qui appartiennent aussi bien à d'autres sujets (puisque la définition citée tirée du § 85 entre plutôt dans la question de la juste comparaison entre société civile et société familiale). Elle suppose l'explication de ce qu'est un homme de peine et du type de lien entre celui qui ordonne la peine et celui qui la fournit. Elle suppose l'explication de la différence entre une obéissance de ce type et un esclavage. Elle suppose des liens d'argent qui, à cet instant, ne sont pas pris en compte et qui pourtant doivent l'être si l'on cherche à justifier la distinction du tien et du mien. Ce chapitre semble donc considérer comme données, dès la démonstration du principe et l'analyse de "l'origine", des choses qui supposent déjà elles-mêmes beaucoup de développements nouveaux.

C'est le point à partir duquel une pensée dialectique peut faire la critique de la démonstration. En effet, si nous maintenons également l'idée que Locke traite dans son chapitre des légitimations de la propriété des choses, il en découle que, lorsqu'il cherche à examiner ces justifications, il pense dans une société où il existe des "hommes de peine" qui ne sont pas des esclaves (cette situation n'étant pas propre au mode de production de l'Angleterre du dix-septième siècle). Pour penser les mouvements de la propriété à l'intérieur de ce cadre, Locke décompose le mouvement qui mène à échanger un produit de l'activité contre une certaine somme d'argent ou d'avantages en nature, en partant de la propriété du produit du travail. Lorsque, ensuite, il revient à la distinction du tien et du mien, ces moments de l'échange, monétaire ou non, sont en réalité déjà pris en compte, parce qu'ils ressortent bien de la question. Mais celle-ci suppose des médiations entre les hommes qui ne sont pas prises en compte dans la conception du moment initial de l'appropriation individuelle. Nous avons donc affaire ici à une pensée analytique, en ce sens qu'elle tient pour complète l'explication d'un processus lorsqu'elle en a décomposé successivement les différents éléments. Elle ne serait pas analytique si elle considérait d'emblée la propriété individuelle ou personnelle comme une totalité.

Bref, le point décisif de la critique est ici dans la reconnaissance d'un fait (sans que, comme signalé, cela implique aussitôt que Marx se trompe d'objet). L'opposition entre les deux conceptions tient à la manière dont elles comprennent chacune les éléments inclus dans l'appropriation individuelle. Locke ne considère pas le rapport d'appropriation comme une totalité composé en même temps d'un rapport à la chose et d'un rapport entre personnes. La critique de Marx montre que l'appropriation inclut toujours des rapports entre les hommes aussi bien que des rapports entre l'homme et la matière, de sorte qu'on ne peut plus parler d'une quelconque individualité de la possession, indépendante d'un mouvement d'individualisation du travailleur. Cette individualisation suppose une commune. La thèse de Marx contient donc un recentrage très prononcé sur la force collective implicite inhérente à l'appropriation.

Maintenant, quel rapport d'inférence proche peut-il y avoir entre ceci et l'institution d'une communauté ? On trouve une entrée dans cette question si l'on part de la notion de travail social. Tant qu'il s'agit d'un individu isolé qui s'occupe d'une chose commune laissée par la nature, l'attribution par le travail direct semble sans ambiguïté ; mais qu'advient-il de la revendication individuelle dès qu'on s'occupe d'un produit que l'on nomme collectif ? Examinons par exclusion les conditions nécessaires pour que cette question prenne un sens. Savoir selon quelle interprétation, à partir du moment où l'on réintroduit la collectivité dans la production d'une chose, il faut encore prendre les notions habituelles d'auteur et de propriété, ne se pose pas dans deux cas : celui où l'on supprime l'idée d'auteur exclusif et singulier pour poser que chaque chose est collective en fait et en droit ; celui où l'on arrive à mesurer la part de chaque auteur de manière à pouvoir lui assigner sa propriété.

Le premier cas n'est pas retenu, semble-t-il, par Marx, et il est, par ailleurs, intenable jusqu'au bout. Cela reviendrait entre autres à nier tout sens aux cas examinés par des jurisconsultes et, par exemple, à enlever tout sens à la question de savoir qui est l'auteur d'un film de cinéma. Le second cas n'est possible qu'à condition que la part soit précisément assignable. Cela peut se concevoir dans certaines tâches. En ce sens, il est faux que l'idée d'un travail collectif, entendu comme combinaison de travaux pose, par lui-même, des problèmes insurmontables à une argumentation de type lockien. Tout dépend de ce que l'on met sous le terme de collectif.

En français, le terme, tiré du latin *collectivus*, signifie : "qui réunit, qui rassemble"; mais il y a au moins deux manières très différentes pour un travail ou pour une institution de concerner un ensemble de personnes. Si l'on pose par exemple que le pain est le produit combiné du fabricant de farine et du boulanger, ou de son apprenti, cela signifie seulement qu'on peut, en appliquant le droit naturel au produit du travail, décomposer le produit final en ces différentes tâches, dont le résultat partiel appartient chaque fois au producteur. Comme le résume Tully, on considère alors « que chaque ouvrier a accompli une tâche définie et identifiable, et a donc produit un ouvrage distinct. Ainsi, le pain appartient naturellement au boulanger, comme le bois d'œuvre au boiseur, le cuir au tanneur, etc. »[268]

Prenons, de même, le cas d'adjonction qui sert de paradigme aux jurisconsultes pour penser l'acquisition par accession : à une statue de bronze appartenant à *Primus* se trouve soudée un bras en bronze appartenant à *Secondus*. Les parties sont aisément dissociables ; mais, quand bien même elles ne le seraient pas, le volume de travail est nettement plus important dans la fabrication de la statue que dans celle du bras. Si l'on doit décider à qui appartient la statue complète, il sera donc juste de dire qu'elle revient à *Primus*.[269] Pour moderniser l'exemple, sans je crois le trahir, dans un scénario de film où l'un s'occupe des dialogues et l'autre de l'intrigue ainsi que du découpage des scènes, quoique l'évaluation soit sujette à débat suivant que l'on juge que le plus important est dans les dialogues ou dans l'intrigue, on peut évaluer la part de chacun.

De même encore, ce que l'on appelle de nos jours un collectif peut se ramener à la somme des individus qui y sont inscrits, et dont chacun peut, dans une certaine mesure, garder la propriété de son opinion. Il faut prendre garde, dans le même ordre d'idées, à ne pas prêter un autre caractère à ce qui est souvent désigné comme une œuvre collective anonyme. Un recueil de chants traditionnels par exemple, s'il est pris comme un tout, s'impose d'abord comme le produit indivisible d'une tradition, ce qui rend inassignable le point de vue de l'auteur. Mais on peut y voir aussi une collection d'ouvrages individuels dont seule l'origine est perdue, ce qui fait qu'il n'y a pas là une véritable puissance commune mais une addition de couches de créations et d'interprétations, qui sont, en droit, chaque fois assignables. Autrement dit, pour revenir à la proposition de départ, pour autant qu'on comprenne sous le terme de collectif un collectage ou une collection, tant que l'on peut séparer dans le produit final la contribution des travailleurs successifs, les difficultés du travail combiné sont pensables à l'intérieur d'une théorie lockienne.

---

[268] Tully, opus cité, édition citée, p. 205-206.

[269] Paul, cité dans *Digeste*, 6,1, 23, 5.

La difficulté de l'individualisation se présente en revanche dans tous les cas, très nombreux, où on ne peut renoncer au caractère singulier de l'acte d'appropriation et où, en même temps, une certaine communauté, sentie ou simplement réelle, est très difficile à séparer de cet acte (par exemple, dans un film dont le réalisateur est en même temps co-scénariste, ou dans l'exploitation d'un brevet dont l'industriel qui l'exploite est en même temps le co-inventeur). Ainsi, si certaines tâches collectives sont décomposables, cela n'implique certainement pas que toutes le soient. Pour reprendre l'un des exemples cités, dans le cas de deux co-scénaristes, nous sommes en présence d'un sens spécifique du terme de collectif. Pour repérer l'existence d'un tel collectif, se référer à la mention des noms propre des membres du groupe reste très insuffisant. Par exemple, les groupes de musique populaire signent parfois leurs compositions et interprétations du nom de leur groupe sans créditer les membres de parties de la composition. Mais, dans un scénario du à deux co-scénaristes où chacun est crédité, il reste difficile de voir simplement l'addition de deux capacités. La part de chacun n'est pas mesurable parce qu'elle n'est pas isolable; le scénario est indivisiblement celui de la réunion des deux auteurs. Aussi, dans les deux cas est illustré le caractère distinct du produit du travail du groupe (restreint en l'occurrence). Si l'on estime que, dans tous ces cas, on ne peut plus mesurer la part de la production de chacun dans le produit total, cela signifie que la puissance de communication et de participation ou d'interaction des membres du groupe, leur puissance proprement sociale, est supérieure à l'addition de leurs capacités respectives. "Collectif" désigne alors une entité propre qui a une existence distincte de celle de chacun des membres du groupe. En sociologie, on distingue un comportement collectif, dans lequel les individus ont le même comportement sans consultation ni contact particulier, d'un comportement social, qui implique l'échange et la communication. Lorsque Marx emploie "social", c'est ce dernier sens du terme de collectif qu'il vise.

Quelle que soit ensuite la modalité du partage des fruits du travail entre les membres (en autant de parts égales qu'il y a de membres qui ont participé à la fabrication de la chose ; selon l'importance qu'on accorde socialement, généralement, à la fonction du membre, etc.), il est intéressant de comparer ce type de situation à celle que peut décrire Locke. On voit que son raisonnement ne peut être présenté comme fondateur que si on présuppose une situation composée de deux éléments : un matériau brut et un agent isolé. Dans le cas de choses déjà inscrites dans une division sociale ou technique du travail, attribution et répartition posent de sérieuses difficultés. Pour les résoudre, on peut simplement dire que le produit final est la propriété indivisible du groupe.

La raison de cette dernière assertion, qui nous semble intégralement reprise chez Marx, en est que la chose produite par la collaboration des membres est supérieure à ce que serait la somme de leurs travaux respectifs. La proximité de cette analyse avec celle de Proudhon dans le premier mémoire est évidente, comme le remarque Thierry Menuelle : « si la notion de force collective n'est pas nouvelle en soi, la présentation et les implications que Marx en tire sont toutes proudhoniennes. »[270] Quelles que soient les modifications qu'il lui apporte, la position de la production communautaire chez Marx s'éclaire sur ce fond : la notion de force collective signifie qu'une oeuvre accomplie à plusieurs est supérieure à la somme des travaux individuels qui l'ont faite ; l'association de plusieurs travailleurs tend à estomper les différences individuelles en ce sens qu'elle rend inassignable la part de chaque individu dans la productivité, et par là son titre exclusif de propriété. La solution qui consiste à poser une appropriation et une possession collective est donc aussi rationnelle que d'autres ; il est également rationnel de faire entrer en principe la collectivité dans les modes originaires d'appropriation.

3. DANS QUELLE MESURE MARX SE REFERE-T-IL A UNE SUBJECTIVITE ?

Cette étude des difficultés posées par le raisonnement de Locke ne va pas encore, toutefois, jusqu'au fond du problème. Il faut aussi questionner cette manière d'attribuer d'abord la propriété individuelle au travail individuel, en se demandant où commence et où s'arrête le droit de propriété d'une personne sur l'exercice de ses facultés. Il nous faut donc enfin examiner les déterminations que Marx prête à ce qu'il nomme subjectivité.

Si ce terme désigne le rattachement des opérations intellectuelles et du vouloir à un sujet, on peut opérer ce rattachement de deux façons à bien des égards opposées. La subjectivité peut être, d'une part, non pas individuelle mais commune, et elle consiste dans ce que la pensée humaine peut tenir pour universel et nécessaire ; de l'autre, la subjectivité peut renvoyer à l'intériorité singulière, individuelle. De ce point de vue, les propositions de Locke selon lesquelles : la personne est propriétaire d'elle-même ; chaque homme a un droit exclusif sur sa propre personne, etc., occuperaient une place ambiguë. On peut voir dans l'idée de personne une idée universelle, en ce sens que ce statut, toutes autres conditions remplies, appartient à tous

---

[270] Thierry Menuelle, *Marx lecteur de Proudhon*, éditions de l'E.H.E.S.S., Paris, 1993, p. 209.

les hommes, ou bien recentrer ce statut sur la différence, en ce sens que chaque homme est une personne singulière qui a seul accès à ses activités intentionnelles et à ses états de conscience (et à *sa* vie, *sa* liberté, *ses* biens). Conjointement, lorsque, dans les *Formen*, Marx emploie le terme de subjectivité, il n'entend pas par là conférer avant tout à un homme un statut et une protection juridique contre les droits des autres. La subjectivité renvoie d'une part à la séparation entre l'individu et la nature, et de l'autre à l'intériorité vitale (proche de l'idée de milieu intérieur, de sensibilité interne, et de cénesthésie); nous pensons que c'est surtout en ce dernier sens que Marx l'emploie, de manière à se référer à ce qui est chaque fois le propre du travailleur. On ne saurait donc, dans un premier temps, nier la présence massive du propre individuel dans l'analyse des formes dites primitives.

En même temps, la restitution de celle-ci dans le milieu des communes apparaît comme la démonstration d'un principe de lecture de la propriété anti-lockien. Comme déjà signalé, dans le concept de production individuelle que se fait Marx, le travail, au double sens du mot, est à la fois affirmation de la subjectivité et remise en cause du caractère isolable de l'effort et du produit. L'enquête aboutit ainsi à repérer une illusion centrale et récurrente des déductions philosophiques et juridiques du droit de possession ou de propriété exclusifs. Chacune suppose que l'appropriation est à l'origine décomposable en seulement deux éléments : une chose et l'activité d'une personne. Si on formalise l'analyse de Marx, il faut revenir constamment à l'idée que la communauté est la médiation d'un acte individuel d'appropriation et de création d'une chose qui a sa cohésion. En ce sens, l'analyse lockienne ne peut être vraie, parce qu'elle n'inclut manifestement pas l'idée de communauté dans l'appropriation : celle-ci est bien plutôt conçue comme un acte décisif de soustraction d'une chose à la communauté.

De ce point de vue, ce n'est pas une inférence éloignée qui mènede la reconnaissance du fait que la collectivité est toujours présente dans l'appropriation, à la possibilité d'une association d'hommes libres. Marx ne pense pas en effet seulement que le communisme surgit au moment où le mode de production est visiblement devenu le fruit d'une interdépendance. Il pense aussi que ce moment est celui où l'on peut, sans revenir aux formes primitives, placer consciemment au centre de la société le présupposé communautaire et, plus largement, la coopération inhérente à toute appropriation. Ainsi, nous retrouvons la position d'une association d'hommes libres au centre de la critique de la description lockienne.

On doit pourtant revenir sur la question de savoir si, malgré cette insistance sur la subjectivité, les conditions de la liberté individuelle, qui tiennent au statut de personne propriétaire reconnu à l'individu humain, ne sont pas minorées. Si Locke n'est peut-être pas assez attentif aux éléments pré-juridiques de l'appropriation, Marx, à force d'attirer l'attention sur les processus vitaux et la position de l'individualité naturelle dans l'activité d'appropriation, néglige peut-être les traits juridiques de la possession, et la définition de l'indépendance et de la non-domination qui y étaient contenus.

On peut répondre sur la base du texte à ces remarques. A propos des communes, d'abord, ce que Marx regrette dans une certaine mesure, ce n'est pas l'immersion dans une totalité. C'est bien plutôt, d'une part, la grandeur que garantissait à l'individualité l'imbrication des relations de production *stricto sensu* dans des rapports sociaux plus larges, donc la subordination de la production à la production sociale d'un homme libre, et d'autre part, le rattachement naturel ou vécu comme tel d'un objet au travailleur. Cela s'oppose aussi bien à la mise au premier rang des préoccupations l'accroissement de la seule richesse et la production matérielle, qu'à la fabrication d'un travailleur détaché de tout rapport spécifique à l'objet. Mais cela n'équivaut pas à une nostalgie d'un stade communautaire plus organique. Quoiqu'on puisse discerner des marques du regret de la naïveté des premières formes, comparable à celui qu'on peut éprouver pour l'enfance, il ne s'agit pas non plus d'une nostalgie pour l'immédiateté des anciens comportements sociaux. Marx restitue au contraire les médiations qui articulent l'organisme social de production. A chaque fois, il pense les sociétés archaïques comme des organisations. Elles n'apparaissent simples que du point de vue d'un observateur placé dans une société qui autonomise ces différentes sphères. Si véritablement, c'était la naturalité des rapports précapitalistes qui l'avait surtout retenu, on ne voit pas pourquoi il se serait attaché à en étudier les médiations et aurait différencié leurs formes en fonction précisément de la place qu'elles accordent à l'individualité.

Toutes les communautés ont enfin pour limite l'absence de la figure pleinement accomplie de l'homme libre, puisque celui-ci est toujours enveloppé dans des rapports de parentèles et de clans. Marx n'a jamais manifesté de nostalgie pour ces rapports, qu'il compare dans le premier chapitre du *Capital* à des cordons ombilicaux qui rattachent l'individu au groupe. Le communisme se présente au contraire comme une communauté d'hommes dont les liens ne sont, ni resserrés par les liens du sang, ni imbriqués dans des rapports de domination, de servitude, de dépendance réciproque et de pouvoir. Si, à partir du passage sur la forme germanique de propriété, on se demande plus précisément ce qui peut faire le lien entre les communautés anciennes et la communauté à venir, on peut voir que c'est un certain type d'articulation entre propriété, indépendance individuelle et statut de membre de la collectivité. Si donc il y a quelque chose qui peut revenir dans l'association, c'est cette articulation, permise par la distinction entre individualisation et privatisation. Quoiqu'on pense de sa possibilité historique, je crois que cela montre au total que ce n'est pas l'oubli des conditions de la liberté subjective qui pose problème dans l'association.

On peut en revanche, à partir de ces indices, préciser l'idée de liberté suggérée par le texte. Si Marx place le type germanique de commune après le type romain, c'est qu'il considère comme un progrès, du point de vue de la différenciation, le fait que ce ne soit pas en tant que membre de l'Etat que le Germain est propriétaire individuel. La supériorité relative de la dernière forme ne vient pas du fait que le romain est possesseur alors que le germain est propriétaire; elle vient de ce que ce dernier n'a pas besoin d'être citoyen pour être l'un ou l'autre. Autrement dit, qu'un homme n'ait pas besoin d'avoir recours à une médiation proprement politique pour avoir une part propre du sol est vu comme une étape du progrès de la subjectivité. Il y a bien là, nous semble-t-il, un refus de la valeur du droit politique comme médiation centrale entre les sujets. Mais cela ne signifie pas l'absence de toute médiation. En effet, puisque la commune germanique est réunie périodiquement à des fins d'arbitrage, il n'y a pas, bien au contraire, refus ou absence de rapports juridiques (et pas non plus, à l'évidence, refus ou absence d'une chose commune). De ce point de vue, bien que la possession soit vue comme une condition de l'indépendance et de l'affirmation de soi, Marx serait assez loin d'une théorie de liberté qui chercherait dans la vertu civique la réalisation de l'indépendance et de l'autonomie, et dans un Etat libre la réalisation d'une communauté d'hommes libres. De ce point de vue, bien qu'il soit loin de sous estimer la différence entre un homme libre et un homme fortement dépendant, Marx se distinguerait assez des attendus de ce que l'on nomme la théorie néo-romaine de la liberté.[271]

Il est en revanche possible que ce soit le fait que la propriété n'est pas vue par Marx comme une condition de l'indépendance politique qui ait fournie une raison de le soupçonner de n'avoir pas prêté assez d'attention aux conditions de l'accomplissement de la liberté et de les avoir méconnues. En effet, Marx ne semble pas chercher dans Rome le modèle d'une communauté politique d'hommes libres. Mais cela ne signifie pas qu'il est peu sensible aux conditions et aux garanties civiles concrètes de la liberté

[271] Pour un aperçu précis de ce que l'on nomme ainsi, voir la récente mise au point de Quentin skinner, in *La liberté et le libéralisme*, édition citée.

individuelle. Simplement, cette liberté ne passe pas essentiellement par des dispositifs proprement politiques.

CHAPITRE VIII

La propriété de la force de travail

1. "UN SUJET PUR, DEPOURVU D'OBJET"

La prémisse commune aux analyses de Marx dans les *Grundrisse* est en définitive qu'une certaine forme d'appropriation, instituée comme propriété, est chaque fois nécessaire, si on veut favoriser le développement de la personnalité. Ce point, sur lequel nous insistons, ne va pas de soi : après tout, on pourrait se contenter de poser qu'un homme est suffisamment libre s'il est dispensé de toute propriété particulière, ou même qu'il est d'autant plus libre qu'il en est plus détaché. Une telle conception n'est étrangère ni à *L'idéologie allemande,* ni à certains des aperçus des *Grundrisse.* Aussi, pour établir que la propriété est une condition nécessaire, il faut examiner ce qui se passe quand un homme ne possède plus que sa personne physique.

Quelle que soit en effet l'interprétation qu'on donne finalement de la place de la subjectivité dans les productions précapitalistes, il demeure net que celle-ci s'oppose à l'existence du travailleur libre, analysée d'abord dans les quatrième et huitième chapitre du *Capital.* Celui-ci est, comme le résume Marx dans les *Grundrisse,* celle du « sujet pur, dépourvu d'objet ».[272]Un homme y est propriétaire de son travail, mais pas des conditions, de l'instrument, de la matière, ou du produit de ce travail. Sa force est donc séparée de ses conditions naturelles d'effectuation. C'est pourquoi Marx, dans *Travail salarié et capital,* lit l'accumulation primitive de capital comme une expropriation originelle ou primitive.

Notre but toutefois n'est pas de mener une analyse complète de la manière dont la production capitaliste utilise la force de travail du travailleur libre, mais seulement de mettre en relief les conséquences de

---

[272] *Grundrisse*, édit. cit. p. 313.

l'opposition entre ces deux figures historiques. De notre point de vue, la seule propriété de la force de travail pose donc deux questions : comment le rapport de propriétaire à propriétaire masque-t-il le rapport capitaliste d'exploitation du producteur direct salarié ? Comment Marx peut-il dénoncer ce rapport sans se réferer, concernant les rapports de propriété, à une norme de justice publique indépendante ?

Chacune de ces questions contient plusieurs parties. La propriété des moyens de production est-elle la même chose que la propriété de la force de travail ? La propriété est-elle un concept juridique pertinent pour penser la possession par un homme de certaines de ses capacités ? A quelles conditions celles-ci deviennent-elles une marchandise ? Que signifierait un juste rapport entre propriétaires ? Le concept de justice publique convient-il ? Si ce n'est pas le cas, quelle autre norme pourrait permettre de juger des rapports marchands généralisés ? Comment Marx peut-il employer les catégories de « vol » et de « pillage » sans se référer à une théorie normative de la justice ?

La propriété de la force de travail

Partons de la définition du concept de force de travail posée dans le chapitre IV du Livre I du *Capital* :

> *« (...) par force de travail (*Arbeitskaft*) ou puissance de travail (*Arbeitsvermögen*), nous entendons le résumé de toutes les capacités physiques et intellectuelles qui existent dans la corporéité, la personnalité vivante d'un être humain, et qu'il met en mouvement chaque fois qu'il produit des valeurs d'usage d'une espèce quelconque »*[273]

Dans cette définition, la « personnalité vivante », en son fond, apparaît tout de suite différente d'une propriété que je pourrais librement céder. La notion de « force de travail » est sans aucun doute pensée sur un modèle physique emprunté aux sciences du temps. La notion de force a l'avantage de renvoyer à une dynamique.[274] Cependant, la notion de « force », ici synonyme de « puissance » contient également l'idée d'une réserve intime, d'une énergie, qui ne se réduit pas à la simple transmission du mouvement. Aussi, la corporéïté du travailleur est immédiatement plus qu'une machine :

---

[273] *Capital*, édition citée, chapitre quatre, p. 186.

[274] Nous faisons ici allusion à une distinction classique en physique entre la mécanique cartésienne (fondée sur le transmission du mouvement) et la dynamique newtonienne dans laquelle la force se mesure à son effet. Pour les emprunts de Marx aux sciences de son temps sur ce point, voir Michel Vadée, *Marx, penseur du possible*, chap. 6, Méridiens/Klincksieck, Paris, 1992, « Les forces », p. 263 et suivantes.

mon corps, en tant qu'il est une puissance de travail, est l'ensemble de mes activités vitales. C'est pourquoi Marx précise sa définition par la notion de « personnalité vivante », qui interdit de considérer cette force comme une possession, et en fait une partie intégrante de l'individualité. Le travailleur s'appartient par la puissance vitale qu'il contient dans son corps, ce corps lui-même n'étant pas concevable jusqu'au bout comme une mécanique.

Nous n'avons pas besoin ici – même si ce serait passionnant - de suivre toute la démonstration de Marx concernant la mise en vente de cette puissance de travail, pour éclairer le propos. Il paraîtrait d'abord réducteur de faire de cette définition un énoncé scientifique positif : « force » et « puissance » sont également proches de l'usage public, dans lequel la force est l'ensemble des capacités contenues dans l'individualité, et qui se mesurent à leurs résultats. Nous avons donc ici une représentation préjuridique de la possession de soi, de son corps et de sa vie. Le terme de « propriété » y serait inexact, puisque, précisément, les rapports de propriété n'interviendront que lorsque « son possesseur propre, la personne à laquelle appartient la force de travail, la met en vente comme marchandise. »[275] Il suffit de comparer la définition initiale posée plus haut et l'idée d'un bien librement aliénable contre de l'argent pour percevoir un décalage très net. Rien dans cette première définition, en effet, ne fait de la puissance vitale une possession qu'on peut aliéner.[276] C'est donc dès le principe que les catégories juridiques propres à la sphère de la circulation sont extérieures au processus réel ; c'est dès la position des termes du problème qu'on peut voir que le droit des échanges, qui suppose que chacun rencontre l'autre à titre de possesseur, ne recouvre pas le rapport réel entre la personnalité et l'activité qu'elle déploie. C'est là une conséquence naturelle des principes affirmés dès 1845. En effet, le droit des échanges suppose toujours un échange de biens ou de marchandises, entre des personnes juridiquement égales, qui les possèdent et les aliènent de par leur volonté. Or, la polémique avec Stirner reposait sur la séparation de l'individualité et de la propriété économico-juridique, qui évitait ainsi la confusion entre propre et propriété. Il en découle, en dernière analyse, que la critique du droit de propriété peut être menée au nom du principe de l'appartenance à soi, parce qu'elle n'est ni un droit sur une marchandise, ni plus largement un « droit sur ».

Supposons maintenant, comme le fait Marx, que la force de travail trouve acquéreur. Cela suppose que je possède ma personnalité (ou, plutôt, son contenu minimum), comme un bien que je peux vendre : le possesseur

---

[275] *Capital*, éd. citée, ch.IV, point 3, p. 188.

[276] Sur la définition juridique de la force de travail, voir : Thierry Revet, *La force de travail*, préface de F. Zecanati, Litec, Paris, 1992.

de cette force doit pouvoir en disposer, il faut « qu'il soit donc le libre propriétaire de sa puissance de travail et de sa personne. »[277] Si on examine cette libre propriété à la lumière de l'appartenance à soi, il y a là quelque chose de paradoxal. En effet, si on admet d'abord que la force de travail n'est autre chose que la capacité contenue dans la personnalité et, qu'en outre, le droit suppose l'aliénation de la propriété, cela semble contradictoire. Car, où est le sujet individuel qui serait détenteur d'une telle propriété ? Il faudrait pour cela que l'individu se dédouble contradictoirement en propriété et en propriétaire. Autrement dit, il semble absurde de pouvoir céder sa propre personnalité tout en restant le propriétaire.

Cette contradiction est toutefois contournée dans la pratique par les clauses du contrat qui lie l'acquéreur et le possesseur : le travailleur « ne met [la force de travail] jamais à la disposition de l'acheteur, ne lui en laisse la jouissance que provisoirement, pour un laps de temps déterminé, où donc il ne renonce pas en l'aliénant à sa propriété sur elle. »[278] En note, Marx renvoie au § 67 des *Principes de la philosophie du droit* : « l'aliénation (*Veräusserung*) de la totalité de mon temps » serait une abolition « de la réalité effective de ma personnalité. »[279]

On voit comment le droit masque les rapports effectifs : une fois les individus qualifiés comme propriétaires, la limite de leur aliénation est masquée par la perpétuation du droit de propriété sur soi. Louer directement l'usage de sa force étant un renoncement partiel à la possession d'une partie de mes activités, et non à la totalité de cette activité, le principe de propriété n'est pas violé tant que je ne deviens pas la propriété d'un autre. L'échange laisse donc intacte la réelle ambiguïté de l'idée d'une propriété du travail. Cette analyse prépare celle de la différence entre sphère de la circulation et sphère de la production. En effet, dans cet échange juridiquement valide entre deux possesseurs, il y a un des deux objets échangés qui n'est pas une marchandise. Dans la mesure où il confond l'appartenance des forces du travailleur à sa « personnalité vivante », avec la propriété d'un bien, l'échange apparaît bien comme un masque ; mais en quel sens ?

Comme le soulignent Pierre Salama et Train Hai Hac, économiquement, la force de travail « appartient à cette catégorie d'objets qui ne sont pas à proprement parler des marchandises ». En reprenant ce

---

[277] Idem, p. 188.

[278] Op. cité, p. 189.

[279] Hegel, *Philosophie du droit*, Berlin, 1840, § 67, p. 104, cité par Marx, chap. IV, éd. citée, p. 189.

terme à Karl Polanyii, on peut, comme le font les auteurs, classer la force de travail dans la catégorie des "marchandises fictives".[280] Cette signification permet de souligner l'ambiguité de l'idée d'une propriété de la puissance de production des valeurs d'usage. « Fictif » a en effet plusieurs sens (tout comme «masque»). Si nous regardons la langue française à titre d'exemple, *fictif* et *fiction* appartiennent à la même famille que *feindre*. Outre le sens d'irréel, feindre a dans certains emplois un sens proche de celui que donne au mot son origine latine *fingere*, qui signifie inventer, modeler, façonner, représenter, et par suite imaginer. La fiction, en ce sens, renvoie moins au faux-semblant, au mensonge, à la tromperie, à la fable, au conte et à l'œuvre d'imagination, qu'à l'idée de convention et d'institution. Ainsi, en droit, la pratique de la fiction légale consiste à supposer un fait ou une situation différentes de la réalité pour en déduire des conséquences juridiques (comme lorsqu'on pose qu'un enfant simplement conçu est, dans certains cas, considéré comme né).[281] En l'espèce, une chose, au sens d'un être réel, la force contenue dans la personnalité vivante d'un homme, est instituée par convention comme un bien économique particulier, et, une fois reconnue comme telle, circule sur le marché, bien qu'on sache que la chose ne répond pas à toutes les conditions de définition d'un tel bien.

Le travail de l'individu semble ainsi à la fois être et ne pas être une marchandise. Il l'est, puisqu'il obéit juridiquement et économiquement aux lois du marché. Il ne l'est pas, puisque la détention des forces contenues dans la personnalité vivante n'est pas en réalité, dans le fond, pourrait-on dire, la détention d'un bien appropriable et échangeable. Il est donc à la vérité assimilé à une marchandise. Comme l'a fait remarquer Michel Henry, qu'on peut suivre sur ce point, c'est bien dans un tel rapport que se loge justement la confusion entre la propriété d'un bien et l'appartenance à soi : « C'est parce qu'elle (...) consiste dans un « tenir pour », dans un « considérer comme » que la propriété d'un bien n'a rien à voir avec l'appartenance à soi ».[282] C'est donc nécessairement par la médiation du droit de propriété qu'on fait, d'abord, d'une partie des activités vitales une marchandise et, qu'ensuite, on l'inclut dans la production du capital.

Le droit est donc un masque si l'on tient compte des deux fonctions auxquelles le terme renvoie : apposé sur un visage ou constitué d'après lui,

---

[280] P. Salama et Tran Hai Hac, *Introduction à l'économie de Marx*, La Découverte, Paris, 1992, p. 50 ; Karl Polanyi, *La grande transformation*, trad. française, Paris, 1983, préface de Louis Dumont.

[281] *Le Robert*, édition citée, article : fiction, 3°.

[282] Michel Henry, *Marx, tome II : Une philosophie de l'économie*, Gallimard, Paris, 1976, chapitre VII, p. 106.

comme c'est le cas pour un masque mortuaire, il met en relief certains traits, tout en dissimulant ou en négligeant d'autres. De même, la force de travail a bien certains traits d'une marchandise, de format et d'utilisation courants ; mais d'autre part, sa qualification comme propriété cache d'autres traits de l'appartenance à soi. Or, ces traits indiquent une différence entre propriété et appartenance à soi qui est pour Marx une différence de nature. Les traits retenus révèlent donc surtout clairement ce que la société marchande-capitaliste fait de la personnalité vivante isolée. C'est, au total, la différence entre appartenance et propriété qui permet de déceler l'opposition entre la sphère de la circulation et sphère de production.

Dans l'experience, la différence entre l'appropriation à soi de ses activités et le droit de propriété apparaît clairement si l'on constate que la première peut être constamment violée sans que le second manifeste cette violation, ce qui se passe en réalité dans la production : « Aussi longtemps qu'à chaque acte d'échange - pris individuellement - les lois de l'échange sont observées, le mode d'appropriation peut connaître un bouleversement total sans affecter en aucune manière le droit de propriété conforme à la production marchande. »[283] Bref, alors même, que dans le procès de production, les travailleurs ont cessé de s'appartenir, et ont effectivement aliéné leur personnalité, le droit conserve sa « virginité originelle » [284]; ce qui prouve, certes, la différence entre les rapports juridiques et les rapports sociaux, mais aussi la différence entre posséder un droit sur soi (droit qui reste intact dans la production) et s'appartenir.

Il est cohérent de poser que, puisque la personnalité vivante n'est ni une marchandise ni un bien, et qu'elle est pourtant déterminée comme telle par les lois de l'échange, la mise en œuvre de la force de travail et son utilisation ne peuvent être conformes à ces lois d'échange régies par le droit de propriété. C'est pourquoi Marx conclut ironiquement « l'achat et la vente de la force de travail » par la formule célèbre : « (...) la sphère de la circulation ou de l'échange (...) était un véritable Eden des droits innés de l'homme ». Le texte précise : « Ne règnent ici que la Liberté, l'Egalité, la Propriété et Bentham. » La liberté est le droit de disposer, égal en chacun, de son bien propre, considéré comme une possession extérieure, selon un principe d'utilité personnelle.[285] En effet, les droits de « liberté » et de

---

[283] *Capital*, Livre I, Chap. XXII, éd. citée, p. 657.

[284] Idem, p. 657.

[285] *Capital*, chap. IV, 3, édition citée, p. 198. Sur ce texte, considéré comme une critique des droits de l'homme, on peut consulter Bernard Bourgeois « Marx et les droits de l'homme » et Jacques D'Hondt « Le droit et la liberté de la personne selon Marx » in *Droit et liberté selon Marx*, sous la direction de G. Planty-Bonjour, PUF, Paris, 1986, respectivement p. 5 à 53 et

« propriété » sont définis comme « libre volonté » et disposition par chacun de son bien propre. Or, il s'agit là de deux « droits sur » (puisque la volonté est le libre usage des biens que je possède) qui ne recouvrent pas la nature de l'appartenance à soi. Aussi, bien qu'on puisse voir dans ce texte une opposition entre la forme de l'expression juridique et le fond du processus de production, il nous semble que l'opposition est plus en amont. Elle découle, d'une part, des principes posés dans la polémique avec Stirner et, de l'autre, de l'analyse de la subjectivité primitive du travailleur dans les *Formen*.

Le seul droit de propriété ne parvient pas à qualifier le rapport du travailleur à l'objet, puisqu'il considère comme donnée la séparation de la force de travail et de ses conditions d'effectuation, alors que celle-ci présuppose une expropriation du travailleur qui précisément le sépare du moyen et de la matière du travail. Le même droit de propriété ne peut non plus comprendre le viol des forces de la personnalité par le procès de production, puisqu'il les considère comme possessions du travailleur.

Si nous rassemblons ces énoncés, nous pouvons dire que c'est la conception marxiste de l'appropriation individuelle et de l'individualité qui fonde la critique de la personne propriétaire, et prépare la dénonciation du procès de travail comme procès d'exploitation.

2. L'APPARTENANCE A SOI COMME PRINCIPE CRITIQUE

Dans les chapitres VIII (« La journée de travail ») et XIII (« Machinerie et grande industrie »), Marx dénonce l'exploitation des producteurs salariés en des termes qui relèvent d'un vocabulaire d'apparence morale et juridique. Dans le chapitre VIII on trouve, maintes fois répétés, les termes « piller »,[286] opposé à « utiliser »; « torture », « extorquer », « violence »,[287] « ruine »,[288] tous termes qui donnent au procès de production toutes les apparences d'un vol et d'une spoliation. De même, l'appel au sentiment de l'injustice soutient la critique : « la chose que tu représentes par rapport à moi n'a pas de cœur qui batte dans sa poitrine. Ce qui semble battre dedans, c'est mon cœur à moi. Je revendique la journée de travail normale (...)».[289]

55 à 85 ; Jacques Michel, *Marx et la société juridique*, Publisud, Paris, 1983, deuxième partie, chapitre troisième ; ainsi que B. Binoche, *Critiques des droits de l'homme*, PUF, Paris, 1989, chapitre V, p. 101-112.

[286] *Capital*, chap. VIII, éd. citée, p. 261.

[287] Ibidem, p. 301.

[288] *Capital*, chap. XIII, p. 657.

[289] Idem, chap. VIII, p. 26

Le texte combine ainsi les rapports des commissions d'enquête anglaises avec l'insertion, dans la démonstration, du discours de l'exploité révolté contre son sort. De ce point de vue, tout se passe comme si la protestation de l'individu contre sa condition, loin d'être un premier sentiment irréductible, était intégrée de plein droit à l'analyse théorique. Comme l'a fait remarquer Jean-Pierre Lefebvre, on a ici une inversion exacte du discours de propagande ou de l'annonce politique, dans lequel c'est une doctrine ou une théorie qui soutiennent le discours sans être exposées.[290]

Plus largement, ces chapitres se présentent comme la démonstration de ce que le producteur ressent comme un vol. Marx résume ces aspects dans une formule : « dans l'agriculture comme dans la manufacture, la mutation capitaliste du procès de production apparaît en même temps comme le martyrologe des producteurs, le moyen de travail apparaît comme le moyen d'assujettir, d'exploiter et d'appauvrir le travailleur (...)».[291] On pourrait donc croire que la démonstration de Marx donne une caution scientifique à l'éthique silencieuse de ceux qui ne peuvent parler.

Or, Marx désavoue explicitement une telle interprétation, qui ferait du procès d'exploitation une atteinte au droit. Le droit lui-même n'est pas violé dans l'échange et le procès de valorisation n'est pas un vol. Le texte le plus net à cet égard est constitué par les *Notes sur le traité d'économie politique d'Adolph Wagner*, dans lequel il rectifie l'interprétation que ce dernier donne du mécanisme marxiste d'exploitation.[292]

> *« Je montre d'une façon détaillée"*, écrit Marx, *"que, même dans l'échange des marchandises, on n'échange que des équivalents, que le capitaliste, dès qu'il paiera à l'ouvrier la valeur réelle de son travail, sera absolument dans son droit, c'est-à-dire le droit correspondant à ce mode de production, en gagnant la plus-value ».*[293]

Marx résume ainsi sa conception : « dans la valeur non constituée par le travail du capitaliste, il y a une part qu'il peut s'octroyer selon le droit, c'est-à-dire sans enfreindre le droit correspondant à l'échange des

---

[290] « D'une certaine façon, la langue imagée des tracts et des pamphlets politiques se remet à parler dans le discours théorique lui-même, selon un dispositif inverse de celui qui fonctionne dans les textes politiques ou les articles de journaux, où c'est la théorie qui sous-tend discrètement le discours informatif et polémique. » (J.P. Lefebvre, « Introduction » au Livre I du *Capital*, édition citée, p. XLIX.)

[291] Chap. XIII, éd. citée, p. 566.

[292] *Notes critiques sur le traité d'économie politique d'Adolph Wagner* (1880) in *Œuvres, Economie II,* éd. de M. Rubel, Gallimard, Paris, 1968, p. 1531-1551.

[293] *Notes...*, éd. citée, p. 1534.

marchandises.»[294] Il en découle que la dénonciation du procès de travail comme procès de valorisation n'est pas menée au nom de la justice. Cela justifie pleinement qu'on ne trouve pas, dans *Le capital*, une quelconque théorie normative du droit ou de la justice sociale : le droit est lui-même l'effet du mode de production qu'on analyse ; par ailleurs, une théorie alternative du droit apparaît étrangère à l'intention de ces mêmes analyses. Toutefois, Marx admet de manière restrictive, l'idée d'un « vol », dans le même texte. Wagner appelle vol « une soustraction au détriment de l'ouvrier ». Marx répond : « dans mon exposé, l'intérêt du capital n'est [...] pas [...] *uniquement* une soustraction au détriment de l'ouvrier ».[295] Car, peut-on « concevoir un « prélèvement sur l'ouvrier » ? Un prélèvement sur sa peau, peut-être ?»[296]

Il y a là une évidente difficulté. Marx a en effet dit que le droit était l'expression de la société bourgeoise. On aurait donc tendance à penser qu'il existe pour lui une norme distincte de ce droit, un critère méta-éthique, en somme, qui lui permettrait de le juger. Or, comme l'indique ente autres l'extrait cité de la critique de Wagner, Marx n'a pas indiqué une telle norme et n'avait très probablement pas l'intention de le faire. On se retrouve donc, apparemment, devant une sorte de dédoublement du discours qui pose un sérieux problème de cohérence interne. D'une part, dans les chapitres du *Capital* cités plus haut, Marx reprend à son compte les termes de « spoliation » et de « vol »; mais d'autre part, il refuse les interprétations qui emploient les notions juridiques et morales que ces termes semblent désigner. Il semble ainsi présupposer des jugements évaluatifs éthiques et juridiques qu'il refuse explicitement. Cette attitude peut passer pour le meilleur indice de la dénégation d'une difficulté centrale, voire pour une « contradiction absolue ».[297] Marx emploierait des principes juridiques et moraux pour soutenir sa dénonciation du capitalisme, tout en refusant par ailleurs la validité théorique de ces mêmes principes. Il rejette explicitement la morale et semble l'admettre implicitement, à l'état irréfléchi, dans des jugements qui la présupposent, sans avoir l'air de prendre conscience de ce présupposé.

On peut certes estimer qu'il s'agit là, non d'une contradiction mais d'un maillon manquant, dont il faut et dont on peut restituer la teneur. Il est,

---

[294] Idem, p. 1535.

[295] Ibidem, p. 1534, souligné par nous.

[296] Ibid., p. 1534. Le prélèvement sur la peau est sans doute une allusion au Shylock du *Marchand de Venise*, qui revient dans *Le capital,* pour figurer le capitaliste qui « veut sa livre de chair ».

[297] Francis Kaplan, *Les trois communismes de Marx*, Noésis, Paris, 1996, p. 365.

de ce point de vue, possible que l'on interprète trop vite les formules de Marx comme si elles signifiaient que droit privé n'était qu'un masque qui dissimule les rapports réels. Comme le fait remarquer Antoine Artous, lorsqu'il affirme que le droit est l'expression du mode moderne de production, rien n'indique que Marx donne au terme d'expression le sens de reflet ou de déguisement.[298] Cependant, il faut aussi remarquer *a contrario* que, comme le souligne André Tosel, non seulement Marx parle peu de justice, mais en outre "qu'il émet les plus extrêmes réserves sur une autonomisation de la justice."[299] S'il conteste vigoureusement une théorie du profit capitaliste comme vol ou prélèvement abusif, il ne fait pas comme si il y avait d'un côté une dénonciation de la justice marchande et de l'autre une norme plus exacte de la justice, implicite, qu'il reviendrait éventuellement de développer. Bref, comme le résume Tosel : "tout se passe à la limite comme si la référence à la justice était (...) liée de l'intérieur aux limites et aux équivoques des rapports de distribution capitalistes."[300] Il en ressort que les formes de justice distributive semblent exprimer les rapports de sa société, sans pouvoir en être une norme distincte. Mais, dès lors, on a du mal à éviter de voir là, non pas tant une tension intéressante ou une ambivalence productrice, qu'une antinomie relativement élémentaire.

S'il est aisé de repérer la difficulté, il est difficile de s'arrêter à ce type de constat. Si l'on accorde que l'esprit de conséquence est la condition nécessaire d'un penseur, on a du mal à admettre que Marx laisse à l'état de contradiction, sans en avoir clairement conscience, de tels points de la démonstration. Cette demande est en-deça de la reconnaissance d'une ambivalence ou de l'étude d'une tension ; elle tient plus simplement à la position et à la consistance minimale d'une théorie. Il nous faut donc du moins proposer une explication. En restant à l'intérieur de notre question, la possession par une personne de son propre travail, on peut suggérer deux raisons à l'étonnant silence de Marx sur ces points.

Une limite naturelle du discours

L'argument décisif contre le mode d'exploitation capitaliste est qu'il provoque systématiquement la destruction du producteur. Le capitalisme ne

[298] Voir sur ce point les analyses d'Antoine Artous, in *Marx l'Etat et la politique*, préface de Jean-Marie Vincent, éditions Syllepse, Paris, 1999, première partie : "La politique moderne comme abstraction".

[299] André Tosel, *Etudes sur Marx et Engels*, éditions Kimé, Paris, 1996, chapitre 4 : "Marx, la justice et sa production", p. 79.

[300] Idem, p. 84.

peut se développer « qu'en ruinant dans le même temps les sources vives de toute richesse : la terre et le travailleur. »[301] Il est clair que ce que dénonce Marx est la destruction de la subjectivité vitale et de la corporéité du producteur. Les termes de « ruine » et d' « épuisement » reviennent si souvent qu'ils ne peuvent qu'indiquer le centre de la critique : « (...) l'expérience montre (...) avec quelle rapidité et quelle ampleur la production capitaliste (...) s'est emparée de la force du peuple en ses racines vitales profondes (...) ».[302] Autrement dit, le capitalisme réussit à rendre la personnalité « bazardable », contrairement à la distinction établie par *L'Idéologie...* entre ce dont je peux me séparer (qui est ma propriété) et ce qui est son individualité inséparable de moi-même (mon propre).[303]Cette distinction est évidemment abolie quand l'individualité est attaquée dans son principe. En conséquence, on pourrait dire que le capitalisme réalise exactement un vol et un viol, « un prélèvement sur la peau de l'ouvrier », puisqu'il attaque l'intimité du producteur individuel, son appartenance à soi. Comme ce viol n'est pas manifesté par les rapports juridiques d'échanges, fondés précisément sur la constitution de la personnalité comme personne propriétaire, il est juste de refuser les termes de vol et d'extorsion pour le qualifier. En effet, le droit de propriété est lui-même le masque de cette extorsion. Mais cela ne signifie pas qu'on ne dispose pas d'un principe normatif. Ce principe est précisément l'appartenance à soi, en tant qu'elle est une certitude intime préjuridique, qui n'est pas un droit sur moi et sur les choses. A partir de ces deux propositions, on peut distinguer utilisation et spoliation, utilisation et pillage, de la force de travail, sans se référer à une théorie normative de la justice morale et sociale. Ainsi, il est déjà contraire au développement spontané de la force vitale que celle-ci soit coupée de son effectivité, qu'elle soit coupée du rapport naturel, organique et vital, à ses conditions de production.[304]

Plus largement, c'est la logique de l'appropriation qui fournit à Marx le registre de la dénonciation. A partir du moment où on pose une différence entre appropriation et propriété, et une différence préalable entre « propriété sur sa propre personne » et « appartenance à soi », il est possible

---

[301]*Capital*, éd. citée, p. 567. Cette phrase, rappelons-le, forme la conclusion du chapitre XIII : « Machinerie et grande industrie ».

[302] Idem, p. 301.

[303] Voir *L'idéologie...* éd. citée, p. 227.

[304] « La nature ne produit pas d'un côté des possesseurs d'argent ou de marchandises, et de l'autre des gens qui ne possèdent que leurs propres forces de travail. » *Capital*, éd. citée, p. 190. Cette phrase est à rapprocher, bien entendu, de l'analyse de « l'accumulation primitive » au chapitre XXIV du Livre I, mais également des analyses des *Formen* sur l'appropriation organique de la terre.

de dénoncer, de façon apparemment éthique et juridique, l'exploitation sans avoir à fournir une théorie explicite du droit. On retrouve donc ici un double mouvement que nous avons déjà constaté : d'une part, une dénégation du droit, plus particulièrement du droit privé, et, de l'autre, la position d'un principe constamment présupposé (la substitution de l'appropriation, de soi et des choses, au principe lockien de la personne propriétaire). C'est ce double mouvement qui donne à la démarche de Marx une apparence contradictoire. Nous pensons que cette apparence se dissipe si l'on en restitue l'arrière-plan.

Plus précisément, Marx emploie des termes qui relèvent effectivement d'un registre moral et juridique pour qualifier une atteinte à l'individualité. Mais l'individualité, en son fond, ne relève pas du droit tel que nous l'avons décrit : aussi peut-on penser que c'est parce qu'aucun autre mot ne peut qualifier ces violations, que Marx emploie « vol » et « pillage ». Nous touchons donc là à une sorte de limite naturelle du discours, qui s'explique par la tension qui l'habite. D'un côté, l'appartenance à soi, (qui passe d'abord par la corporéité) est un argument décisif contre l'appropriation capitaliste ; mais de l'autre, précisément dans la mesure où cette appartenance ne coïncide pas avec un « droit sur », le discours est contraint de détourner le lexique juridico-moral de son usage juridique. Nous en arrivons ainsi à une position nécessairement ambiguë. Mais celle-ci n'est ni une indécision du discours, ni un mélange de plusieurs éléments contradictoires. Elle résulte bien plutôt de ce qu'il faut restituer le principe de la dénonciation, dans son décalage avec la terminologie qui le désigne. Nous en trouvons un analogue simple dans l'usage public du terme de « viol »: on emploie spontanément le terme pour désigner une atteinte radicale à la subjectivité et au corps, sans avoir nécessairement à l'esprit la qualification du viol comme infraction pénale positive ; de la même façon, l'atteinte à la possession élémentaire de soi peut se nommer vol, pillage, extorsion, sans qu'on se réfère à un droit sur soi sanctionné par une loi établie, mais sans qu'on puisse non plus employer d'autres termes.

Une séparation entre droit et morale ?

On peut cependant proposer une autre explication qui ne repose pas sur l'idée que Marx ne peut, ni se réferer au droit, ni renoncer entièrement à des catégories que nous rattachons spontanément à ce champ. Outre que nous avons pris l'habitude de discuter de manière relativement technique des problèmes éthiques au sens large, lorsque nous posons qu'il y a chez Marx le genre de tension précitée, nous pensons spontanément que nos concepts de la *praxis* peuvent, *mutatis mutandis*, s'appliquer à Marx, ou du moins qu'il en partageait la compréhension. De ce point de vue, celles-ci font partie des notions avec lesquelles on pense, mais pas de celles sur lesquelles on pense. Or, il vaut la peine se demander si nos propres critères sont pertinents pour penser les problèmes du droit et de la justice tels que pouvaient les aborder Marx. Par exemple, il est possible qu'il ait présupposé moins de concepts que nous ne le croyons nécessaire pour ce faire. Il est également possible que les délimitations des différents champs de la *praxis* qu'il présuppose ne soient pas les mêmes que les nôtres. Il faut donc examiner sa conception d'ensemble de ce champ pour tenter de comprendre qu'il n'ait pas marqué ici le sentiment d'une difficulté interne.

On peut déjà éliminer l'hypothèse selon laquelle Marx aurait eu une conception originale ou sophistiquée de la justice ou de l'éthique ; car, alors, il l'aurait indiquée ou il en aurait marqué les linéaments ; ce qui, en l'état de notre connaissance des textes, n'est précisément pas le cas. En revanche, il faut noter que, dans sa critique de Wagner, Marx parle seulement de vol. Le vol est référé au droit et, plus précisément, au droit de propriété. Dans l'horizon intellectuel de Marx, un tel droit est tiré des pratiques et des codes romains. Cela veut dire que Marx pose que le droit des contrats est impuissant à montrer l'exploitation. Mais cela n'implique pas que toute espèce de réference éthique perde sa place. Il peut donc s'agir d'une différence, présupposée mais relativement commune, entre droit et morale. Si l'on prend le terme de principe pratique au sens le plus large, il est alors possible de poser qu'il y a chez Marx une condamnation du droit établi, et plus largement une critique du droit, au nom de l'empêchement de la réalisation d'un principe pratique.

Plusieurs penseurs socialistes parlaient de justice en y voyant un domaine de discours qui était pour eux la morale réalisée dans le droit et la politique. Il est juste de dire que Marx refusait ce type de discours, qui mêle droit public, droit privé et références morales (éventuellement appuyées sur la Patristique). Il y aurait plutôt ici une séparation assez nette mais implicite : le droit - des contrats et de la propriété - dépend de la production. La morale (toujours entendue comme principe pratique personnel) garde un sens distinct de celui du droit. En admettant comme probable que le contenu du critère de la pratique lui-même n'est pas nouveau, quel pourrait être celui-ci ?

On pourrait proposer celui d'un perfectionnement personnel, d'un développement harmonieux du plus grand nombre des forces de l'individu. Bien que le terme de devoir puisse ici gêner, il reste possible d'interpréter ce perfectionnement comme un devoir large de développement des facultés, à condition de l'inscrire dans une éthique de la puissance propre. L'universaliser, l'appliquer en droit à chaque individu humain, suppose de libérer ces individus des obstacles que sont la servitude, la dépendance et la domination. Autrement dit, il est vrai qu'une telle analyse s'appuie sur une série de normes ; mais ces normes ne sont pas, pour Marx, du droit ; elles relèvent de l'éthique. Le rôle du droit lui est subordonné. Il a tous les aspects d'un arrangement pragmatique : une fois reconnu la nécessité du travail, il faut réglementer la production de telle sorte qu'elle n'empêche pas mais au contraire favorise ce développement de soi-même.

Un individualisme non juridique ?

Ainsi, la place du souci de soi est centrale dans le communisme et dans la conception de l'individualité ; on doit donc se demander, non pas s'il y a un individualisme de Marx mais en quel sens il conviendrait de l'entendre. De ce point de vue, comme le fait remarquer Jean-Pierre Vernant à la suite des analyses de Michel Foucault, il faut distinguer sous le vocable d'individualisme au moins trois choses, qui, si elles peuvent être associées, n'ont de liaison ni constante, ni nécessaire :

> *« a) la place reconnue à l'individu singulier et son degré d'indépendance par rapport au groupe dont il est membre et aux institutions qui le régissent ;*
>
> *b) la valorisation de la vie privée par rapport aux activités publiques ;*
>
> *c) l'intensité des rapports de soi à soi, de toutes les pratiques par lesquelles l'individu se prend lui-même, dans ses diverses dimensions, comme objet de préoccupation et de ses soins, la façon dont il oriente et dirige vers lui-même son effort d'observation, de réflexion et d'analyse : souci de soi et aussi travail de soi sur soi, formation de soi à travers toutes les techniques mentales d'attention à soi-même, d'examen de conscience, de mise à l'épreuve, repérage, élucidation et expression de soi-même. »*[305]

Marx n'est probablement pas individualiste au sens b): le communisme ne valorise pas la vie privée au détriment de la vie publique. Bien qu'il ne définisse la liberté individuelle par l'indépendance, il peut déjà être dit individualiste au sens a). Dans la mesure en effet où le communisme est une association d'hommes libres, il maintient et renforce les conditions d'une libre disposition de soi : il reconnaît donc la place de l'individu singulier. L'application du sens c) pose une difficulté particulière. Certains de ses traits ne peuvent être prêtés à Marx. Il est probable que le souci de soi ne passe essentiellement, ni par l'examen de conscience, ni par des techniques d'introspection. En revanche, Marx met manifestement l'accent sur l'expression de soi et les activités de production au sens large. Ainsi, on peut dire que Marx est nettement individualiste, en ce sens que le souci de

---

[305] Jean-Pierre Vernant, "L'individu dans la cité", in *Sur l'individu*, Seuil, Paris, 1987, p. 23.

soi correspond chez lui à un principe pratique de développement individuel, par rapport auquel toutes les autres règles sociales sont subordonnés.

Cette esquisse est certainement loin de résoudre tous les problèmes ; on peut même considérer qu'elle n'en fait qu'en repousser l'examen. Il est possible que Marx ait mélangé jugement de fait et jugement de valeur ; il est possible qu'une fois refusé la place centrale du droit, on ait du mal à ranger ces arrangements pragmatiques dans une catégorie précise. Cependant, si ce qui précède est correct en substance, il n'y a plus à ce stade de contradiction entre la dénonciation du droit des contrats et du droit politique, et le recours à ce qui semble être des valeurs morales ; cela explique aussi pourquoi Marx n'ait pas le sentiment qu'il y en ait eu une.

* * *

Comme l'a fait remarquer Macpherson[306], le sens de la proposition selon laquelle une personne détient la propriété de son travail est foncièrement ambigu : on peut entendre par là soit la possession de la force de travail, soit celle du produit du travail. Dans le premier cas, on a tendance à considérer la capacité d'activité comme un bien sur lequel le sujet aurait le même type de droit que sur une chose. La dénonciation par Marx du contrat de travail s'explique d'abord si l'on tient compte de la manière dont la société marchande devient proprement capitaliste en combinant le marché des produits avec celui de la force de travail et introduit ainsi dans l'échange une marchandise fictive. Quoiqu'elle constitue ainsi une critique radicale de l'individualisme possessif et de la personne propriétaire marchande, cette analyse ne nous semble pas avoir pour objet le modèle du sujet privé actif. Cependant, cela ne signifie pas qu'elle est sans rapport avec l'argumentation lockienne. Au contraire, elle s'éclaire également si on restitue le long travail de réappropriation et de critique interne que Marx opère sur elle. Celui-ci conditionne le rétablissement de la propriété individuelle, que nous allons maintenant étudier, et dont on peut se douter qu'il récapitule la plupart des tensions que nous cru déceler dans les positions de Marx.

---

[306] Macpherson, *Political theory of possessive individualism*, édition citée, p. 186.

CHAPITRE IX

Le rétablissement de la propriété individuelle

1. LE MOUVEMENT DE LA PROPRIETE

Afin d'aborder ces tensions, il faut, je crois, rappeler l'économie du passage dans lequel prend place le rétablissement de la propriété individuelle. Dans le point sept du chapitre XXIV du Livre I du *Capital*, Marx définit la propriété privée comme celle où « les instruments et les autres conditions extérieures du travail appartiennent à des particuliers ». Cette définition exclut la propriété collective mais aussi la propriété privée d'autres travailleurs sous la forme de l'esclavage. Toutefois, à l'intérieur de la propriété privée, deux formes s'opposent, selon que les propriétaires « sont des travailleurs », c'est-à-dire des producteurs directs « ou des non-travailleurs ». La seconde forme est la négation de la première. Il existe donc une antithèse à l'intérieur de la propriété privée. Si l'on recoupe cela avec les données du début du chapitre XXV, consacrée à la théorie moderne de la colonisation, on peut ajouter que la propriété des travailleurs « fondée sur le travail propre du producteur », correspond à un droit essentiellement pré-capitaliste et suppose d'une part, « l'unité intrinsèque du travailleur et de la terre », ou celle de l'artisan et de son outil, et d'autre part un morcellement du sol et des moyens de production. Cette forme est vaincue par « la concentration », « la coopération », et la division technique du travail, propre à la propriété des non-travailleurs, qui suppose le salariat et l'expropriation des producteurs indépendants.

Cela permet déjà de voir que, dans le contexte du chapitre sur l'accumulation primitive, l'essentiel n'est, ni de comprendre la propriété collective comme une alternative à la propriété privée, ni de réfuter les contresens (intéressés) sur l'idée de communauté : il s'agit surtout de mettre en relief la confusion entre deux types d'appropriation privée, confusion sur laquelle repose un des sophismes de l'économie politique apologétique. Il consiste à appuyer la propriété capitaliste par des arguments valables seulement pour la propriété personnelle pré-capitaliste, alors que la première n'est possible que par la négation de la seconde. Ce sont le salariat et l'appropriation capitaliste qui détruisent la liberté du travailleur. L'objection selon laquelle, en voulant abolir la propriété, le communisme abolit les garanties de la liberté individuelle s'effondre devant le constat du mouvement réel de la propriété privée : « A ce monde achevé du capital, l'économiste applique les conceptions du droit et de la propriété du monde pré-capitaliste, avec une candeur d'autant plus anxieuse (...) que les faits démentent plus bruyamment son idéologie.»[307]

La propriété privée établie n'est donc pas une garantie de l'indépendance. Le chapitre apparaît lui-même comme une étape décisive dans la réfutation de ceux qui, comme Thiers dans son opuscule, défendent la propriété contre les revendications communistes et socialistes au nom de la liberté personnelle. En réalité, la propriété capitaliste prospère sur la ruine du droit naturel d'appropriation ; les discours de défense s'annulent donc d'eux-mêmes. C'est d'abord dans ce contexte qu'il faut lire le passage qui pose que la révolution communiste rétablit une forme individuelle de propriété :

> *« Le mode d'appropriation capitaliste issu du mode de production capitaliste, la propriété capitaliste, donc, est la négation première de la propriété privée individuelle fondée sur le travail fait par l'individu. Mais la production capitaliste engendre à son tour, avec l'inéluctabilité d'un processus naturel, sa propre négation. C'est la négation de la négation* (Es ist Negation der Negation*). Celle-ci ne rétablit pas la propriété privée mais, en tout état de cause, la propriété individuelle (*Diese stellt nicht das Privateigentum wieder her, wohl aber das individuelle Eigentum*) fondée sur les conquêtes mêmes de l'ère capitaliste : sur la coopération et la propriété commune (*Gemeinbesitze*) de la terre et des moyens de production produits par le travail proprement dit. »* [308]

La propriété privée capitaliste, dans sa pratique matérielle aussi bien qu'en tant que droit positif, brise la mesure naturelle du travail. L'institution d'une association d'hommes libres qui s'approprie collectivement les conditions du travail nie la propriété privée, mais non toute propriété personnelle, puisqu'elle ramène à l'existence la propriété individuelle du travailleur comme un moment ou une modalité de la production communautaire. Cette brève paraphrase permet de faire apparaître les difficultés que pose le passage, que je numérote pour plus de commodité.

---

[307] *Opus cité*, p. 855.

[308] *Le capital*, édition citée, chapitre XXIV, point 7 : tendance historique de l'accumulation capitaliste, pp. 857.

1. Pourquoi Marx juge-t-il nécessaire un tel rétablissement ?

2. Qu'est ce qui distingue la propriété individuelle de la propriété individuelle privée du travailleur ?

3. Comment comprendre que l'appropriation collective puisse rétablir l'individualité de la propriété ?

Sans examiner, pour l'instant, comment la restitution est possible, on peut déjà se demander pour quelles raisons Marx tient à l'affirmer. On peut tirer une réponse de la confrontation entre deux schémas de développement opposés, amorcés, respectivement, dans les *Manuscrits de 44* et *L'idéologie allemande*. Dans le premier texte, la société bourgeoise est également dénoncée au nom de la réalisation du propre individuel dans l'objet. D'après cela, la réalisation des facultés individuelles passe par la production, de sorte que l'individualité est nécessairement liée à un enracinement dans des choses particulières. Quoiqu'elle mette toujours l'individu au centre du propos, *L'idéologie...* pose un raisonnement presque inverse : pour se réaliser, les individus doivent abolir et renverser les appartenances locales, les enracinements, les attachements propriétaires, perçus comme autant de limitations. Aucune de ces deux lignes de pensée n'a été abandonnée par Marx. La raison qui fait qu'on passe de la coexistence de ces deux schémas au rétablissement de la propriété individuelle est que le prolétaire moderne apparaît comme « un sujet pur, dépourvu d'objet »[309]. Cette situation, dans laquelle l'homme devient « l'appendice solidaire de la machine »[310] peut être décrite comme une rupture du fonctionnement normal du métabolisme de l'homme avec la nature. Ce n'est pas seulement parce que l'homme ne gouverne pas la machine, mais aussi parce qu'il n'a pas d'objet spécifique. Aussi, faire du producteur un planificateur conscient ne peut suffire. Il faut également rétablir l'équilibre de la personnalité, c'est-à-dire réintégrer une certaine forme de propriété comme une partie de la réalisation subjective des facultés.

Par un mouvement spontané que révèle l'analyse des formes précapitalistes, l'activité s'enracine dans la matière qu'elle transforme. Il est donc impossible d'en rester à la conception d'un individu qui serait une sorte de contrôleur général du processus de travail, parce qu'alors une certaine condition subjective de la réalisation de soi ne serait pas remplie. En ce sens, il y a chez Marx l'idée d'une naturalité de la possession individuelle, et c'est la reconnaissance de cette naturalité qui peut expliquer

[309] *Grundrisse*, édition citée, p. 306.

[310] Idem, p. 288.

le mouvement de retour de la propriété. Nous sommes donc amenés à nous demander comment ce retour est possible.

2. DIFFICULTES D'INTERPRETATION

L'explication d'Engels

Une explication de ce passage a été fournie par Engels dans l'*Anti-Dühring*. Notons qu'elle se place dans un propos plus large : les chapitres XII et XIII du texte ont pour but de réfuter l'anti-hégélianisme agressif d'Eugen Duhring, en montrant, d'une part, que la dialectique est rationnelle, et de l'autre que, précisément en étant dialectique dans le chapitre XXIV du *Capital*, Marx ne se conduit pas en mystificateur hegelien. Engels écrit ainsi dans le chapitre XIII de l'ouvrage :

> *« La situation établie par l'expropriation des expropriateurs est donc désignée comme le rétablissement de la propriété individuelle, mais sur la base de la propriété sociale de la terre et des moyens de production (...). Pour quiconque sait compter, cela signifie que la propriété sociale s'étend à la terre et aux autres moyens de production et la propriété individuelle aux produits, donc aux objets de consommation. »*[311]

Ramener « le rétablissement » à une distinction entre production et consommation est doublement cohérent, d'une part avec les propos du *Manifeste*..., qui distinguait entre « la propriété privée moderne » et « l'appropriation personnelle indispensable à la vie du lendemain », d'autre part, avec les conceptions d'ensemble de l'*Anti-Duhring*. En effet, présentant les principes de l'organisation communiste, Engels écrit un peu plus loin dans l'ouvrage, que « le mode d'appropriation » y sera double. D'un côté, il y a « appropriation sociale directe » pour « développer la production » et, de l'autre, « appropriation individuelle directe comme moyen d'existence et de jouissance ».[312] Le rétablissement serait donc celui de l'appropriation individuelle directe des objets de consommation.

L'autorité d'Engels est certaine, dans la mesure où il est sûr que le contenu d'ensemble du texte de l'*Anti-Duhring* était connu et approuvé par Marx. Cependant, malgré cela, et malgré aussi la répartition cohérente des concepts qu'elle propose, on peut mettre en doute sa capacité d'éclaircir le point qui nous intéresse. Pas plus qu'un autre régime, le communisme ne peut en effet supprimer l'appropriation personnelle des fruits du travail par

[311] Engels, *Anti-Duhring, M. Eugen Duhring bouleverse la science* (1875), traduction sous la direction de Gilbert Badia, Editions Sociales, Paris, 1975, chapitre XIII, p. 256.

[312] Idem, p. 258.

l'individu, puisque celle-ci est une nécessité vitale commune à tous les modes de production. On ne voit pas, dès lors, pourquoi Marx attirerait l'attention sur le lien entre l'ancienne propriété, fondée sur le travail direct, et la propriété individuelle. On ne voit pas non plus en quoi il s'agirait d'un rétablissement. En outre, Marx disposait, pour qualifier la consommation, de la notion d'appropriation personnelle, dont précisément il ne se sert pas ici. La différence sensible n'est pas entre appropriation individuelle ou personnelle et propriété sociale, mais entre propriété privée individuelle et propriété individuelle. Au total, bien qu'Engels ait sans doute été le mieux placé pour connaître l'intention du texte, son explication laisse intactes les difficultés d'interprétation du passage, comme le fait remarquer Bernard Chavance :

> *« La formule du retour de la propriété individuelle, mais fondée sur la propriété commune des moyens de production est à l'évidence énigmatique. Engels, dans l'*Anti-Dühring*, l'a interprétée dans le sens d'une propriété individuelle des biens de consommation liée à la propriété sociale des moyens de production. Cependant, la référence à la négation de la négation suggère plutôt une synthèse hégélienne de la propriété individuelle* et *sociale des moyens de production. »*[313]

L'hypothèse problématique

Il est à l'évidence difficile de trouver une interprétation satisfaisante de ce « et » qui relie les deux modes d'organisation du communisme. Devant ces difficultés, il est peut-être plus raisonnable de simplement poser qu'il y a ici l'aveu d'une contradiction, ou du moins, d'un problème non résolu, et de chercher à en comprendre les raisons. On peut ainsi, en renforçant une thèse de lecture qui n'est pas la nôtre, proposer une hypothèse critique qui aille en ce sens. Nous allons donc conserver provisoirement l'idée d'une contradiction chez Marx, en prenant toutefois le terme dans un sens moins simple que ne le faisait la polémique de Duhring.

La présence d'un modèle de l'ouvrier (*workmanship's model*) en partie analogue chez Locke et chez Marx, lie de manière indissociable l'idée de travail ou de production à celles de propriété et de liberté. De ce point de vue, Marx pousse à bout la conception lockienne de l'appropriation. Si l'on recoupe ce trait avec l'énoncé selon lequel la propriété privée entrave le développement individuel, et avec l'autre selon lequel le communisme nie celle-là au profit de celui-ci, on peut conclure que le communisme se

[313] Bernard Chavance, *Marx et le capitalisme, la dialectique d'un système*, Nathan, Paris, 1996, p. 186.

présente comme un régime social qui rend ses œuvres au travailleur. Nous retrouverions ainsi un fil directeur de lecture déjà évoqué à propos des *Manuscrits de 44*.

Tout s'articulerait à l'idée selon laquelle la réalisation de soi est la production d'un objet qui procure un sentiment intime de propriété. De manière un peu lourde, on peut la décomposer ainsi : 1) la manifestation des capacités est pour l'individu la même chose que sa liberté ; 2) celle-là passe par la mise en forme d'un matériau ; autrement dit, par une production ; 3) cette mise en forme est une extension de l'individualité ; 4) elle peut et doit être nommée propriété ; 5) la propriété dite privée est l'opposé de cette extension ; 6) le communisme nie la propriété privée ; 7) il permet une libre appropriation.

Que dans le communisme la liberté soit le produit d'une participation concrète signifie que le caractère individuel de l'appropriation n'y est pas causé par un acte seulement singulier mais par le retour sur l'individu de l'ensemble des médiations communautaires. La connaissance de ma personnalité m'est ainsi donnée en retour, par une participation à l'ensemble des rapports sociaux. L'individu devient un microcosme du développement de cet ensemble, et son sentiment d'appropriation est chaque fois le signe d'un lien avec la communauté. Un double mouvement de pensée nourrirait cette position. Marx aurait voulu conserver et augmenter l'idée d'une intimité du processus de travail comme appropriation, et, à la fois, dénoncer l'illusion d'une appropriation individuelle sans autres présupposés que l'existence d'un travailleur et d'une matière. Ainsi, il aurait fait de la véritable propriété le produit d'une participation, sans, parallèlement, jamais renoncer à l'idée d'une possession qui garantisse l'indépendance et la liberté individuelle. Toutes les conséquences que l'on peut tirer de ces propositions n'étant pas, à l'évidence, compatibles entre elles, cela conduirait finalement Marx à des antinomies. Ce dispositif expliquerait que le rétablissement cité prenne une allure allusive. Pris entre des exigences opposées, Marx aurait posé pour finir une sorte de synthèse dont les articulations restent en suspens entre la reconnaissance de la nécessité du lien entre propriété et liberté, et le refus de la privatisation. Sa position singulière dans le texte s'expliquerait par le fait qu'il n'y a pas de concepts propres qui soient disponibles pour concevoir ce lien à l'intérieur de la critique de l'économie politique : celui-ci serait donc à la fois tardivement reconnu et impossible à exposer.

De nouveau, Marx apparaît comme un auteur aux positions fortement ambivalentes : il refuse d'appuyer la liberté sur la privatisation, sans pouvoir renoncer à tous les présupposés de cette thèse ; la critique de l'économie politique ne fait de la propriété directe, au mieux, qu'un moment du développement marchand, mais elle fait l'éloge de celle-ci ; elle présuppose que la production et le travail le moyen de réaliser ses facultés mais le travail n'y est plus un acte individuel ; la propriété garantit l'indépendance mais l'association n'a plus besoin qu'on lui oppose une telle limite. Le "rétablissement" marquerait ainsi, en définitive, le caractère contradictoire du statut chez Marx du rapport entre liberté et propriété. Cette contradiction, toutefois, n'est pas seulement le signe d'une proposition fausse. Elle vise un sens qu'elle ne peut pas dire ; si l'on préfère, elle veut signifier plus qu'elle ne dit. Elle n'est pas dépourvue de contenu ; il y a également une nécessité au moins subjective dans sa position ; mais cette intention ne peut recevoir une forme correcte, parce que ce que l'on veut dire excède ce que l'on peut vraiment dire.

Il est déjà intéressant de noter qu'à suivre cette lecture, on retrouve, dans la saisie de l'appropriation chez Marx, un équivalent fonctionnel des ambiguïtés que plusieurs commentaires avaient cru déceler dans la pensée de la propriété chez Locke. Tout se passe comme si la question de la propriété était un lieu privilégié d'expression de tensions entre des exigences différentes, comme s'il s'agissait d'une notion théorique et pratique instable mais décisive. Il n'y aurait ainsi, rien d'étonnant, au fond, à retrouver chez deux auteurs qui ont mis au centre de leur pensée un concept d'appropriation assez proche des balancements comparables. Cependant, on n'est pas obligé, pour poursuivre dans cette voie qui accentue les tensions marxiennes, de chercher à interpréter ces mêmes tensions comme des contradictions. Ainsi, si l'hypothèse critique nous paraît juste en ce qu'elle établit (la présence chez Marx d'un modèle de l'extension ou de la projection organique, conjugué à un modèle de l'*homo faber,* la reconnaissance d'un lien nécessaire entre liberté et propriété), elle nous paraît fausse en ce qu'elle implique (cette reconnaissance aurait été lente, tardive, longtemps gênée, et sa position dans le texte signifierait une ambivalence).

3. PROPRIETE INDIVIDUELLE, RETABLISSEMENT ET REVIVISCENCE

Le point décisif est dans la supposition que toute forme de réalisation de soi peut être nommée propriété. Or, Marx ne sert pas de ce terme pour qualifier l'expression de l'individualité dans l'objet. De même, il n'oppose pas propriété authentique, propriété privée et possession. L'affirmation de la subjectivité vivante dans les *Formen* ne se nomme pas propriété ; il ne s'agit visiblement pas non plus d'une réflexion sur le juste mode d'acquisition originaire. Au contraire, sur ce point, Marx semble curieusement en retrait d'un débat qui porterait sur l'authentique propriété et, dans le passage qui nous occupe, les principaux termes qui pourraient l'articuler sont nettement absents. La propriété individuelle n'apparaît pas comme un synonyme de l'épanouissement de soi-même ; elle ne semble pas récapituler les traits de la liberté de l'homme de l'association. Ainsi, qu'on prenne la question par l'intermédiaire du concept de production, ou par l'intermédiaire de celui de propriété, on manque d'un faisceau d'indices cohérents. A partir de là, quoiqu'on pense de la validité du concept de production pour penser la liberté, il ne semble pas qu'on puisse faire dépendre directement de la notion de production, considérée comme modèle de celles-ci, l'idée de propriété individuelle.

Contexte immédiat

Replaçons d'abord cette assertion parmi les autres occurrences du terme de propriété individuelle dans l'œuvre. Dans *La guerre civile en France*, on lit :

> *« (La commune) visait à l'expropriation des expropriateurs. Elle voulait faire de la propriété individuelle une réalité, en transformant les moyens de production, la terre et le capital, aujourd'hui essentiellement moyens d'asservissement et d'exploitation du travail, en simples instruments d'un travail libre et associé. »*[314]

Quoique ce texte offre avec celui qui nous intéresse des ressemblances frappantes, dont il faut évidemment tenir compte, il convient également de regarder leur sens contextuel respectif. La propriété individuelle de la Commune de Paris se relie à l'expression de « travail libre et associé ». Celle-ci peut être référée à un débat du même type que ceux qui auront lieu dans l'Association Internationale des Travailleurs entre Marx et Bakounine, donc à toutes les questions qui relèvent du mode d'organisation du communisme. Dans le terme complexe de libre et associé, celui de libre signifie que la capacité de travail et le produit dépendent de la volonté de l'agent, et non d'une division imposée par l'Etat (assez proche sinon identique de la distribution autoritaire des tâches dans une société de statuts, selon Bakounine). Le terme d'associé distingue ce travail libre de celui qui fait le caractère de l'homme qui loue ses forces, les seules marchandises qui lui restent, contre un salaire. Parler de travail libre et associé revient à s'opposer à la figure du travailleur libre propre au régime d'exploitation, dans lequel la liberté est purement négative et l'association inexistante. Par cette formule, Marx se rapproche donc de ce que l'on appelle à l'époque les collectivistes, et qu'on nommera un peu plus tard en France les

---

[314] *La guerre civile en France*, Editions sociales, Paris, 1963, p. 68.

communistes libertaires.[315] L'ajout de propriété individuelle est ici un trait original : la véritable propriété résulte non de l'appropriation privée marchande mais de la combinaison ou de l'interdépendance des travailleurs. Marx cherche ainsi une forme de collectivisation qui conserve et ramène le sens d'une défense de la propriété personnalisée. Il est donc presque certain que Marx ne faisait pas référence à la distribution des biens de consommation et à « l'appropriation personnelle, indispensable à la reproduction de la vie du lendemain ». Il cherchait bien plutôt comment la collectivisation des moyens de production pouvait garantir en même temps le sens d'une appropriation directe reconnue publiquement et il n'y voyait pas de contradiction.

Cependant, la propriété individuelle de la Commune n'est pas prise dans un mouvement de négation interne de la propriété ; il n'y a pas de critique préalable de la médiocrité de la petite propriété directe ; elle n'est pas reliée à une expérience historique de l'association, qui, pour sa part, empruntait beaucoup aux idées de Proudhon et à l'an-archisme (orthographié comme on continuera de le faire jusqu'à la toute fin du siècle). Si l'on revient aux formules du *Capital*, on peut remarquer que, immédiatement avant de poser ce résultat de "la négation de la négation", Marx renvoie en note au *Nouveau traité d'économie politique* de Constantin Pecqueur. Celui-ci, dans son journal *Le salut du peuple,* puis implicitement dans son traité, avait mis Proudhon en demeure de choisir entre le socialisme et la propriété. Il considérait qu'on ne pouvait maintenir la propriété directe. Quand bien même celle-ci serait restituée, elle ne rétablirait en effet qu'un très bas niveau de développement des forces productives, ce que l'homme socialisé de l'industrie ne pourrait précisément pas accepter. La restitution de la propriété individuelle apparaît alors comme la réponse marxienne à un problème relativement délimité : s'il est impossible d'en rester à une défense de la propriété directe fondée sur le travail personnel, on ne peut renoncer à ce qu'elle impliquait en termes d'indépendance et de développement. Si vouloir une société de petits producteurs ou de groupes de producteurs indépendants est, au mieux, un pur décret et, au pire, un contresens sur la marche de la société marchande capitaliste, la collectivisation ne suffit pas non plus.

Quoiqu'il en soit de la valeur du reproche fait à Proudhon, à travers la recherche de cette modalité de l'association, on retrouve le balancement plusieurs fois signalé entre la critique des positions exprimées par Proudhon et la valeur reconnue au type de problème qu'il posait. Pour développer

---

[315] Voir sur ce point Jean Maitron, *Histoire du mouvement anarchiste en France*, Maspero, Paris, 1975, rééd. Gallimard, collection Tel, Paris, 1992, pp. 24- 25

cette idée, on peut noter que dans la société communiste, le produit du travail propre ne peut être échangé à titre de marchandise (ce qui n'implique pas que le travailleur ne puisse transmettre son produit). Ce trait fait la différence entre cette propriété et celle des petits producteurs indépendants échangistes, dont la situation correspond au modèle d'une société simple de marché. On peut donc se demander si le rétablissement de la propriété individuelle ne s'éclaire pas aussi en supposant que Marx refuse dans la théorie proudhonienne les traits qui rattachent la possession à une société ou à une économie qui conservent le marché. Par là, si, naturellement on accepte cette grille rétrospective de compréhension, Marx refuserait les traces du modèle d'une société simple de marché qu'il croit reconnaître chez Proudhon. Il s'agirait alors pour lui de conserver le geste subjectif de l'appropriation en le séparant de la possibilité de faire du produit de ce geste une marchandise.

Propriété individuelle pré et post-capitaliste

A supposer qu'on les admette, ces indices ne suffisent évidemment pas à fournir une réponse cohérente. Il reste à savoir comment peut historiquement s'opérer ce rétablissement. On pourrait penser qu'il s'agit d'une réconciliation à venir entre modes passés et présents de production. Louis Dumont a fortement indiqué les grandes lignes que pourrait revêtir cette interprétation :

> *« A ce point, il nous faut essayer de saisir (...) le schéma à la fois évolutionniste et dialectique qui sous-tend la doctrine. Thèse : la communauté primitive. Les relations sociales sont satisfaisantes en elles-mêmes mais l'état non développé des relations avec la nature impose, dans la société elle-même et dans la culture en général (religion) des formes de servitude. Antithèse : développement du pouvoir naturel de l'homme au prix de sa sujétion sociale, de la division du travail, de l'aliénation, etc. Synthèse : sur la base d'une productivité accrue, les relations sociales sont remodelées sur une base transparente : l'aspect communautaire est ré-institué en même temps que l'individu moderne est maintenu. »*[316]

Comme le résume Pierre Rosanvallon, dans cette lecture, « le communisme apparaît comme la ré-appropriation de l'aspect communautaire ou médiéval dans le cadre d'un plein épanouissement de l'individu moderne libéré des

[316] Louis Dumont, *Homo Aequalis I, Genèse et épanouissement de l'idéologie économique*, NRF/ Gallimard, Paris, 1985 pour cette édition, Deuxième partie : l'épanouissement : Karl Marx, p. 209-210.

ses limitations, propres au capitalisme. »[317] Si tel était bien le propos de Marx, l'objection de base consiste évidemment en ce que, même si l'absence d'une telle propriété est une perte sèche, et même si un retour de celle-ci est souhaitable, nous n'avons pas de moyen pour comprendre comment une telle réinstitution serait historiquement possible. Plus largement, comment soutenir une telle réconciliation sans renoncer au contenu rationnel de la critique ? Comment la réintroduire sans du même coup introduire ou réintroduire un imaginaire social irréalisable et impossible, bref ce que l'on appelle une utopie dans le sens devenu courant du terme ?

On voit que ce passage récapitule un certain nombre de difficultés plus larges qu'on prête à la démarche de Marx : il aurait et n'aurait pas été utopiste; il aurait et n'aurait pas été un défenseur de la propriété personnelle ; il aurait et n'aurait pas été nostalgique des formes précapitalistes; il aurait et n'aurait pas été, enfin, un partisan d'un certain droit naturel d'appropriation. Il n'y a cependant que deux hypothèses possibles: ou bien Marx a laissé irrésolue une contradiction, ou bien, sur ce point comme sur d'autres, il recourt à une distinction relativement simple à ses yeux, suffisamment en tout cas pour qu'elle le dispense d'avoir à entrer dans une explication.

On peut de nouveau hésiter; mais ce qui fait pencher la balance dans le sens de la seconde possibilité est le fait que les critiques qu'on peut ranger dans la première approche donnent le sentiment de vouloir soutenir deux postulats contraires. L'un voudrait que Marx ait été assez intelligent pour comprendre les enjeux du débat sur la propriété, mais l'autre voudrait qu'il ait été trop pris dans ces antinomies pour proposer une propriété individuelle communiste. Il aurait été trop critique pour accepter d'idéaliser les sociétés précapitalistes primitives et médiévales, mais trop peu pour cesser de désirer la restitution de certains de leurs traits, au point d'inscrire celle-ci dans le communisme né de la grande industrie. Enfin, il aurait été assez dialectique pour montrer comment le capitalisme nie la propriété personnelle dont il se réclame, mais pas assez pour s'apercevoir que son schéma de négation de la négation ne renvoyait à aucune forme assignable. Pourtant, s'il était capable de voir dans la propriété directe un mode disparu, ne l'était-il pas aussi pour voir que le retour de leurs traits n'était pas possible ?

---

[317] Pierre Rosanvallon, *Le capitalisme utopique*, Seuil, Paris, 1979, chapitre 3 : "l'extinction de l'économie", p. 201. Cet ouvrage a été réédité chez le même éditeur dans la collection Points, sans variation dans le texte, sous le titre de *Le libéralisme, histoire de l'idée de marché*. Nous citons ici le texte d'après sa première édition.

Comme on peut le voir, soutenir cette hypothèse donne le sentiment de vouloir jouer sur les deux tableaux. D'un côté, il faut que Marx ait été assez intelligent pour comprendre l'unité des moments contradictoires de la propriété, mais de l'autre, il faut aussi qu'il n'ait pas lui-même saisi même les objections immédiates qu'on pouvait faire à l'idée d'un rétablissement tel qu'il l'exposait. Il ne reste plus dès lors en faveur de cette lecture qu'un argument psychologique, selon lequel il tenait à poser un tel rétablissement, au mépris de la vraisemblance. Ces choses ne peuvent pourtant être vraies ensemble, et indiquent qu'il manque plus probablement quelque chose dans l'hypothèse de lecture. On doit plutôt chercher à restituer le maillon manquant sur la base des textes, quand bien même les indices qu'on y trouverait ne permettraient de construire qu'une hypothèse fragile.

Comme déjà signalé, Marx distingue, très allusivement, propriété privée et propriété individuelle dans l'analyse des formes anciennes, romaine et surtout germanique, de propriété. La propriété individuelle correspond donc à un usage prémarchand. C'est pour cette raison qu'il y a une distinction, non seulement entre propriété commune et propriété privée, mais entre propriété individuelle et propriété privée individuelle. La propriété privée renvoie, par exemple, à une société qui serait composée de producteurs échangistes ; la propriété individuelle peut se rencontrer dans les formes communautaires (et, à un moindre degré, dans les formes corporatives d'artisanat). C'est cette forme qui est reprise dans le communisme. Il faut en ce sens noter que seule l'appropriation individuelle porte le nom de propriété, Marx, à ma connaissance, n'employant pas ce terme pour désigner l'appropriation sociale des moyens de production. Il met donc ici l'accent sur un certain droit de la personne. D'après ces indices, la propriété individuelle est celle qui donne en même temps au propriétaire individuel un statut de membre de la collectivité ; elle se distingue d'une privatisation en ce sens qu'elle est inséparable de l'affirmation d'un lien communautaire. Celui-ci reconnaît un double régime d'appropriation. Ce qui revient donc dans le communisme, c'est une forme d'appropriation personnelle sanctionnée par une charte qui détermine le statut de membre de l'association, c'est-à-dire le type d'articulation propre à cette forme pré-capitaliste particulière dans laquelle Marx l'avait repéré. Si nous avons vu juste, on peut paraphraser l'affirmation de Marx de la manière suivante : l'association rétablit, non la propriété privée d'un travailleur propriétaire qui ne rencontre les autres que par l'intermédiaire d'un marché, mais la propriété individuelle telle qu'elle est dessinée par certaines formes anciennes ; non toutefois sur la base d'un genre de vie agraire, définitivement disparu, mais sur la base des moyens collectifs de production développés par la société capitaliste.

On peut insister sur le fait que ce qui est repris n'est pas le contenu matériel de l'appropriation, mais une certaine organisation, dont Marx pense qu'elle est transposable dans un régime social qui ne répond plus aux critères du genre de vie artisanal et agro-pastoral. Ce qui est repris est l'articulation entre le statut de participant à la chose commune et celui de possesseur exclusif. Il ne s'agit pas d'une répartition des biens communaux que des familles gèrent à tour de rôle. Il ne s'agit pas non plus, plus largement, d'un partage mais bien plutôt d'une division entre deux formes d'appropriation.Le travail peut produire une appropriation strictement délimitée par l'effort individuel, qui n'entre pas dans le plan collectif concerté. Dans cet effort, le travailleur se sert évidemment des instruments mis à sa disposition par la production communautaire, et en ce sens la production individuelle s'opère "sur la base des acquis de l'ère capitaliste", sans se confondre avec elle. De ce fait, elle est une modalité de l'association. Il n'y a plus à ce stade de contradiction dans la position de Marx, même si les formes concrètes de la propriété individuelle n'y sont pas précisées.

(Indépendamment du caractère polémique de la discussion, on peut trouver étonnant qu'Engels lui-même n'ait, ni proposé une explication différente de celle qu'il a fournie, ni une explication du genre de celle qui vient d'être exposée. Cependant, il semble qu'il n'ait pas eu connaissance des manuscrits de *Formen*. Il est donc très probable qu'il n'a pas non plus connu ni les intuitions ou les aperçus de Marx sur les formes citées, ni leur devenir dans l'œuvre.)

Il faut maintenant préciser le mouvement du rétablissement. Les termes de rétablir et de rétablissement font visiblement partie du même champ sémantique que ceux de réinstitution, restitution, ré-appropriation, qui viennent par ailleurs spontanément sous la plume pour qualifier le mouvement de retour indiqué par le texte. La question est toutefois de savoir si il est juste de considérer ces termes comme des parasynonymes, ou si ce n'est pas plutôt l'absence de distinction entre eux qui entraîne des confusions d'interprétation.

En un premier sens, selon une compréhension qui peut s'appuyer sur l'usage, rétablir revient à réédifier, reconstituer et restituer. On parle en ce sens de rétablir le culte. Plus spécialement, en droit, un "rétablissement de communauté" signifie une reconstitution de la communauté dissoute par des époux séparés de corps et de biens.[318] De même, "rétablir des sommes d'argent" signifie restituer des sommes distraites en vue d'une répartition ou

---

[318] *Le Robert*, éditions Le robert, Paris, 1986, article : rétablir.

d'un partage.[319] Dans tous ces cas, rétablir est la même chose que restituer, soit en rendant ce que l'on possédait indûment, soit en remettant en état ce qui a été dégradé. Par exemple, dans une procédure, rétablir signifie « remettre une personne dans l'état où elle était avant un acte ou un jugement, qui fait lui-même l'objet d'une annulation. »[320] Plus largement, qu'il s'agisse d'un document ou d'un fait, rétablir, restituer, signifient chaque fois remettre la chose dans son état complet, état qui est antérieur ou primitif.

Même si on pense que l'application des notions d'illégalité et d'injustice pose ici problème, il y a sans doute chez Marx une idée de cet ordre : l'association rend aux travailleurs ce qui leur a été dérobé, ce dont ils ont été expropriés. Elle annule l'expropriation originelle qui permet l'accumulation primitive du capital. Cependant, si Marx précise ce que la négation de la négation rétablit, c'est pour différencier celle-ci d'une annulation, qui nous ramènerait à un état antérieur (dans une sorte de parodie de la démarche hégelienne); par la même raison, elle ne peut être une remise en l'état d'origine de la propriété directe. Le propos de Marx est donc très probablement ailleurs.

Déjà, même s'ils contiennent l'idée du retour d'un fonctionnement antérieur jugé normal, certains emplois du verbe rétablir se distinguent de ceux de restituer : ainsi, lorsqu'on rétablit la circulation dans un membre ankylosé, ou le courant dans un circuit, il y a bien relèvement, remise en équilibre, mais pas nécessairement restauration ou réfection à l'identique. Par ailleurs, je crois qu'il n'y a pas de glissement de sens à poser que Marx pense ce rétablissement dans la catégorie de la reprise. Or, quoique ce terme offre des ambiguïtés semblables à celui de rétablir, toute reprise n'est pas une répétition. Par exemple, lorsqu'on renoue avec une tradition musicale, éventuellement méconnue ou perdue ; lorsqu'on veut redonner ses droits à un passé linguistique et littéraire ; lorsqu'on veut faire revivre d'anciennes pratiques, souvent, il n'est pas question pour les acteurs du changement de reprendre les choses à l'identique. Il s'agit plutôt de redonner droit de citer à une forme, à une certaine manière d'articuler des éléments propres à un domaine. Même si l'entreprise passe par une étape d'exhumation, reprendre, en ce sens, est beaucoup plus proche de renouer que répéter.

Certes, une reprise est toujours menacée de se confondre avec une restauration. Mais, de ce point de vue, la restauration est, telle que l'envisage Marx, une répétition, un moment où le passé ne fait plus que

---

319 Idem.

320 Idem, article : restituer.

peser sur la conscience des vivants, et où on ne parvient plus à se le réapproprier. Ainsi, deux conditions seulement suffisent pour qu'une reprise sans répétition soit possible : il faut qu'ait existé de manière consistante la forme ou l'institution que l'on veut reprendre ; et il faut que celle-ci constitue une articulation d'éléments qu'on puisse se réapproprier en-dehors de l'état précis qui lui a donné naissance. Ces deux conditions nous semblent remplies par le geste de Marx.

Comment, maintenant, désigner cette reprise ? Dans le troisième brouillon de la "Lettre à Vera Zassoulitch" déjà cité, Marx dit reprendre à la conclusion du texte de Lewis Morgan *Ancient society,* le terme *revival*, pour désigner le stade supérieur qui doit succéder à l'expansion de la propriété privée. Marx traduit le terme en français et entre parenthèses par renaissance. La plupart des dictionnaires de langue anglaise traduisent effectivement, de manière courante, *revival* par réveil ou reprise.[321] Toutefois, on pourrait proposer également celui de reviviscence pour désigner ce mouvement de renaissance. Au sens biologique, le mot désigne la propriété que possèdent certains êtres inférieurs animaux ou végétaux de reprendre l'activité de la vie quand on leur rend l'eau nécessaire. Par métaphore ou analogie partielle, la collectivisation des moyens de production apparaît comme le milieu qui permet le retour d'une articulation entre le statut de propriétaire et celui de participant à la chose commune.

*   *   *

L'absence de distinction entre différentes espèces de ré-institution nous paraît expliquer qu'on prête à Marx un schéma dialectique flou, ou une réconciliation impossible à mettre en pratique. De ce point de vue, les choses se passent à peu près ainsi : si l'on ne suit pas l'interprétation d'Engels, ce qui, dans le cas précis, semble difficile, il semble qu'on ait plus d'autre possibilité que d'accepter celle selon laquelle il s'agit bien d'une synthèse. Mais, comme, alors, on ne voit pas, de manière relativement concrète, comment elle pourrait s'opérer, ou, si l'on veut, comme on constate que la dialectique conserve ici une part d'énigme, on pose que soit l'auteur a soit laissé transparaître une contradiction de sa pensée qu'il ne pouvait ni surmonter, ni éliminer, soit s'est finalement réfugié dans une sorte d'utopie. La diversité des manières de traiter ensuite cet aspect ne change pas ce fond d'interprétation, une fois reconnu le caractère hautement

---

[321] Cf. par exemple la traduction proposée par le *Robert & Collins*, éditions Collins/ Société du nouveau Littré, Paris, 1984.

problématique de la synthèse de Marx. Cela occasionne deux contresens qui gênent la compréhension du rétablissement de la propriété individuelle.

Il ne nous paraît pas juste d'y voir, d'abord, une réintroduction, qui serait quelque peu subreptice, d'une notion dont la critique aurait préalablement montré la mystification. Si Marx avait finalement voulu reconnaître *in extremis* la nécessité de garantir la liberté individuelle par la propriété privée, il n'aurait pas insisté sur la distinction entre privé et individuel (à moins de supposer qu'il ignorait l'absence de distinction entre ces termes en matière juridique). Il faut donc poser que le terme d'individuel renvoie à une institution distincte d'une privatisation des moyens et de la matière par le travail propre, mais qui est en même temps un élément de la liberté de mouvement de chacun des associés.

Bien qu'il soit par ailleurs probable que Marx ait conçu le communisme comme une récupération à la fois de certains éléments de ces formes au sein des possibilités ouvertes par le déploiement de la société civile bourgeoise, il nous paraît faux, en second lieu, d'y voir une synthèse non élucidée, au sens où il s'agirait d'une réconciliation dans un seul concept des acquis de l'ère capitaliste et des aspects personnalisés des propriétés antiques et féodales. En évitant de prêter à l'idée d'origine une valorisation propice à la mythologisation, je crois donc, plus largement, qu'il faut distinguer l'idée de retour de l'origine (celle d'une articulation de la propriété personnelle et commune), et celle du retour à l'origine (qui serait à la fois peu souhaitable et impossible, puisque le mouvement de la propriété l'a supprimé). En conséquence, il faut prêter à Marx seulement la première, qui correspond à la reprise des formes romaine et surtout germanique de double appropriation.

La distinction entre privé et individuel peut ainsi garder un sens même si l'on ne se trouve plus dans le cadre des formes précapitalistes. Il n'est donc pas juste, enfin, de tirer de l'idée d'une restitution, ou d'une nostalgie de Marx pour les articulations sociales de certaines formes primitives, l'inférence selon laquelle, ce faisant, il tomberait dans l'illusion historique. (Bien qu'en revanche, cette reprise marque la digestion, si l'on peut dire, que Marx opère des courants du romantisme social.) Rétablir une certaine propriété nous semble au total indiquer la cohérence de la pensée de Marx, plutôt que le contraire. Tout s'articule au fond à la question suivante : dans quelles conditions les individus peuvent-ils se développer ? Marx pensait certainement que la communauté est le meilleur milieu, et le seul envisageable, dans lequel un libre développement est possible. Cette question en entraîne une seconde : à quelles conditions une association est-elle un groupement d'hommes libres ? Même si on en élargit le sens pour rendre la liberté en question synonyme d'absence de dépendance et de domination, il reste que l'idée d'homme libre ne recoupe pas toutes les notes du concept de liberté, mais seulement certaines d'entre elles. Ces traits fonctionnent comme des simples conditions nécessaires, mais non suffisantes, de la liberté plus complète qui est synonyme de développement de soi-même. En ce sens, être un homme libre n'est pas une condition de vie nouvelle qui est entièrement produite par l'association, comme si par une combinaison sociale, des individus jusque-là dépendants devenaient possesseurs d'une liberté qu'ils ne connaîtraient pas. L'état d'homme libre est bien plutôt un présupposé de l'institution communiste : il faut déjà, au moins en partie, être libre pour devenir membre de l'association. Ce présupposé n'est pas ensuite aboli. De cette façon, une certaine liberté préalable est d'abord présupposée par le communisme, et elle est ensuite conservée et renforcée par ses institutions. La propriété est le moyen de ce renforcement. Si, en effet, l'individualité vivante, la part de subjectivité qui n'est ni celle du sujet commun, ni celle de la personne morale et de l'intériorité éthique, suppose une extension hors de ses limites physiques par l'activité spontanée, alors le communisme, en tant qu'association d'hommes libres, ne peut que la garantir et la protéger. La réponse finale à la question de savoir quelles sont les conditions nécessaires du libre développement est donc, pour Marx, que l'une de ces conditions est une forme strictement individuelle de possession au sens large.

CONCLUSION

Bien que nous ayons consacré un chapitre au contexte dans lequel a écrit Marx, une impression de déséquilibre a pu naître d'une étude de sa pensée exclusivement consacrée aux figures de la propriété individuelle communiste. C'est pourquoi nous voudrions, pour finir, reprendre deux questions : quel est le statut de la propriété dans l'association communiste ? Quel intérêt, d'autre part, peut présenter pour nous ce type d'étude ?

* * *

Marx, à l'évidence, remettait en chantier ses analyses; la pluralité de leurs lectures semble d'abord interdire de fixer, et plus encore de codifier, ses réponses sous forme de thèses. Cependant, si conclure en ce sens est, concernant sa pensée, plus particulièrement difficile, je ne crois pas qu'il faille aller, d'un autre côté, jusqu'à en tirer qu'on ne peut établir ici quelque chose comme un ensemble de principes critiques. Il me semble au contraire ressortir de ce qui précède que la propriété individuelle rétablie par le communisme, qui est le produit d'un travail dont le travailleur peut dire qu'il est le sien et seulement le sien, garantit une forme d'enracinement qui soutient son indépendance et permet son développement. Pour poser une individualité qui puisse devenir libre, et non un sujet pur dépourvu d'objet, il faut l'enraciner dans la possession d'une chose. On peut donc conclure que Marx a, en définitive, fait d'une appropriation subjective sanctionnée par la loi la condition nécessaire du développement de la personnalité.

On peut rapprocher cette conception d'une vision classique - qui n'est pas constamment conservatrice - de la propriété comme garantie de la *libertas*. Sur ce point, la définition marxienne de la liberté ne serait pas contradictoire avec celle que l'on peut prêter au libéralisme, du moins si l'on prend comme exemple de ce courant la définition de la liberté que donne Benjamin Constant :

> *« Pour Constant, la liberté ne prescrivait aucune forme d'action particulière. Elle était indépendante du tempérament, du bonheur, de la réalisation de soi, et des raisons de vivre que l'on pouvait avoir. (...) La liberté dépend de la*

possibilité de faire des choses variées et intéressantes, qu'elles appartiennent au domaine politique ou non. (...) La liberté était une condition préalable, et non un but. » [322]

Si l'on réserve la question de savoir si cette définition est suffisante, on voit qu'il ne s'agit pas seulement d'une condition de non-ingérence. La liberté implique aussi, plus largement, une condition d'absence de domination et de dépendance envers une autre personne. L'homme libre, qui n'est ni serf, ni essclave, se présente certes comme indépendant. Mais cette indépendance n'est ni un isolement, ni simplement la possession d'une capacité de choisir qui n'est pas soumise à la volonté d'autrui. Elle est une émancipation à l'égard de la domination des puissances sociales, comme le sont le capital, mais aussi la pression exercée par le tout ou par la majorité sur une partie du *socius*. La possibilité de faire des choses intéressantes et variées présuppose ainsi chez Marx, toutes autres conditions observées, la propriété comme enracinement. Son rétablissement est à penser comme une composante de la vocation de l'individu à développer ses forces autant qu'il le peut. C'est sur ce point qu'il y aurait une différence notable entre la définition libérale - du moins dans la version que nous en avons présentée - et la définition plus complète de la liberté sous-entendue par Marx. Marx pensait certainement que la liberté avait elle-même un contenu et un but, par rapport auxquels tous les autres contenus et toutes les autres fins que se fixe un agent étaient des moyens : développer ses forces (en un tout harmonieux). Or, c'est en ce point que la propriété est posée comme une condition. Un homme dont les conditions organiques de production et de reproduction d'activité ne sont pas garanties ne saurait vraiment être dit libre. À plus forte raison serait-il incapable de cultiver ses capacités.

Cette condition demeure un trait contenu dans la définition plus complète de la liberté que l'on peut ensuite poser. Qu'on entende en effet simplement par là une série de possibilités; qu'on la conçoive comme une formation de soi ; qu'on fasse surtout de la liberté propre un droit, ou qu'on affirme plutôt qu'elle est une prérogative discrétionnaire de la personne; qu'on affirme qu'elle a pour but un épanouissement de la puissance individuelle, ou qu'on pose qu'elle doit avoir d'autres buts encore: toutes ces conceptions reposent d'abord, chaque fois, sur un certain concept d'indépendance, ou liberté négative, implicite ou explicite. Le communisme selon Marx présuppose ce concept de deux façons. D'une part, il est une association d'hommes libres, également libres en ce qu'ils sont émancipés de la subordination au capital; de l'autre, il enracine l'indépendance dans la

[322] Stephen Holmes, *Benjamin Constant ou la naissance du libéralisme*, traduction française, Puf, collection Léviathan, 1994, p. 225.

propriété. Cette conclusion dépend de prémisses contenues dans l'analyse de la subjectivité vivante du travailleur. La propriété individuelle apparaît ainsi comme une condition proprement vitale de la liberté, et comme une note minimale constante de l'idée de liberté.

Une explication de ce genre semblera peu dialectique. Elle semblera faire de Marx un penseur classique de la propriété, défenseur de celle-ci comme rempart de la liberté individuelle. Il semble qu'on enlève ainsi à l'auteur une partie de l'originalité et de la nouveauté de sa critique, bref son esprit radical et son caractère révolutionnaire, selon les termes habituels. Cependant, il faut peut-être distinguer entre originalité et nouveauté. La position de Marx, en ce sens, n'est pas originale, puisqu'elle partage de nombreux traits avec une conception déjà présente dans le champ des discours contemporains de légitimation, aussi bien passive qu'active. En revanche, elle opère un ensemble de déplacements et de changements importants, qui font la nouveauté de sa redéfinition de la propriété (ce qui est déjà indiqué par les termes qui la désignent): elle retient le lien intime de l'homme à la chose sans recourir à la catégorie de personne propriétaire ; elle rétablit la propriété à l'intérieur de la communauté, sans en faire, autant que cela est possible, une défense contre celle-ci. En tout état de cause, elle n'en fait jamais l'aboutissement d'un processus de rupture, de retranchement ou de soustraction, rapporté à un état de copropriété ou d'indivision. De cette façon, la propriété apparaît bien comme individuelle, en ce sens qu'elle ne se confond ni avec la propriété dite personnelle, ni avec une simple collectivisation de tous les moyens de production.

Deux critiques de la propriété personnelle d'espèce différente alimentent cette position de Marx. La première concerne le modèle de la propriété privée marchande. La seconde est celle d'une subjectivité considérée comme exprimable dans les termes d'une activité privative. Cette dernière comprend la première, et porte sur la notion même de droit subjectif. Les deux s'entremêlent à cause de la manière dont était posé le problème de la propriété de soi, dans la controverse sur la propriété. La rappeler très brièvement permet ainsi de revenir, pour finir, sur les deux contraintes qui déterminent d'abord la position du problème chez Marx.

En simplifiant le plus possible sans déformer, on pourrait dire que si, d'un côté, Marx ne pouvait accepter les principes du droit civil qui font de la propriété un droit purement personnel, de l'autre, il a cherché à conserver le lien intime créé par l'activité entre le produit et l'agent. Pour cela, il lui a fallu distinguer l'individualité de la propriété de sa privatisation. Cette distinction entre propriété individuelle et personnelle privées et propriété individuelle tout court articule la liaison de l'homme libre membre de l'association à l'association elle-même et lui donne son statut.

La solution du problème de la propriété découle donc du rejet des termes du problème tels que Marx les rencontrait dans le cadre du discours sur le droit réel qui existait à son époque. On peut considérer plus précisément que l'essentiel de la critique marxienne est immédiatement préparée par les termes de la polémique avec Stirner. Quoiqu'on puisse les juger étroits, outre le reproche de jeu de mots étymologique fait à Stirner, le résultat est que le passage du propre à la propriété est rendu largement illégitime par la représentation que Marx se fait de l'individualité. Celle-ci empêche de faire de mes capacités, et des produits de ces capacités, une série d'objets sur lesquels j'aurais un droit. Si l'on refuse l'amalgame entre défense de l'homme propriétaire et défense du propriétaire privé au sens habituel, le fait que Marx finisse par appeler propriété l'appropriation singulière qui revient dans le communisme peut alors se comprendre au moins de deux façons.

On peut y voir une reprise de l'opposition proudhonienne entre propriété et possession. La critique que Proudhon avait mené de certaines formes de communauté n'était certainement pas aux yeux de Marx des objections définitives contre le communisme. D'un autre côté, l'idée d'inscrire la liberté individuelle dans une forme de possession directe dessinait la possibilité d'articuler la communauté et l'égalité avec l'indépendance. Cette préoccupation du premier mémoire est également centrale chez Marx, comme en témoigne par exemple son analyse de la commune romaine dans les *Grundrisse*. Il est possible par cet intermédiaire de reconnaître la valeur de l'appropriation subjective : une fois supprimé la possibilité de changer le produit du travail en marchandise, il devient vraiment difficile de confondre cette appropriation avec d'autres formes de propriété. En ce sens, Marx se retrouverait *in fine* très proche des premiers moments de la démonstration lockienne. La contradiction qui est, selon lui, posée par Locke entre la société politique fixant par la loi l'état actuel de la propriété et le fondement naturel de celle-ci est supprimée dans le communisme. En effet, tout ce qui ne résulte pas d'un effort direct simple et visible est compris dans l'appropriation collective indivise des producteurs associés. Il ne reste comme titre de propriété individuelle que le travail isolé de la personnalité vivante. Le communisme n'est certainement pas une association de propriétaires privés; mais, de ce point de vue, il est peut-être une association de propriétaires individuels.

Il n'est pas inutile d'insister sur le fait que, dans ces deux façons de voir, quels que soient les éloges qui en sont faits, la propriété apparaît, non comme le synonyme de toute activité personnelle et libre, mais seulement comme une condition de la liberté individuelle, comme une garantie de la *libertas*. On peut donc dire que Marx adopte en dernière instance une position assez classique, à condition d'ajouter qu'il est en même temps un des auteurs qui a, pour établir cela, le plus originalement discuté l'héritage de Locke (ou, si l'on veut, l'héritage des problèmes politiques que nous avons crus voir exprimés dans la philosophie de Locke). Il a divisé celui-ci en plusieurs parts inégales en quantité et en importance. Il a refusé l'antagonisme entre l'invention de la société politique et le fondement naturel de la propriété. Il a refusé également de faire du travail une capacité de soustraction d'une chose à l'état de communauté. Il a, en un sens exactement contraire, fait de la communauté une médiation entre le producteur et le produit. Enfin, il a conservé et affirmé l'appartenance de l'individualité à elle-même, et le lien intime entre cette individualité et l'objet fini. Toutes ces positions nous semblent devoir être considérées comme des conséquences directes de la substitution du concept d'individualité à celui de personne.

De ce point de vue, on peut ramener la position de Marx à deux assertions : 1) il y a une appropriation à elle-même de l'individualité, qui est une vérité de fait à laquelle il faut faire toute la place ; 2) cette appropriation est imparfaitement exprimée par le principe d'un droit sur soi. Le centre de la dispute autour du concept de propriété individuelle réside donc dans l'idée de privatisation. D'après l'analyse de Marx, tout processus de production d'une chose peut être décrit en termes de médiation et d'association, volontaire ou non. Toute tentative de faire du travail ou, plus largement, d'une série d'opérations de fabrication une activité privée, en un sens non anodin, provient d'un contresens sur l'ensemble de la conception de la personnalité de l'homme actif. L'analyse marxienne produit ainsi un recentrage beaucoup plus prononcé qu'à l'ordinaire sur le caractère communautaire de toute pratique productrice.

Cela ne nous semble pas signifier une minoration de la subjectivité. Marx ne nie pas l'incorporation des facultés individuelles à la chose. Il inscrit seulement cette opération- mais c'est dans le sens de cette restriction que réside les modifications d'ensemble importantes- dans une totalité au sein de laquelle le sujet est toujours considéré comme un résultat. De ce point de vue, toute sa démarche consiste à exploiter ensemble deux idées : le travail est une affirmation de la subjectivité ; il est une remise en cause de l'indépendance et de l'auto-suffisance de la personne.

Un lecteur sévère trouvera peut-être que le dispositif que nous avons cru déceler chez Marx aboutit à des résultats bien maigres ; il sera peut-être tenté de dire, en somme, qu'il était difficile d'exiger plus de la propriété en lui accordant moins. Ce jugement, cependant, admet comme un acquis qu'un résultat négatif est finalement d'assez peu d'importance, ce qui revient à poser comme secondaire la désillusion produite par la critique. Or, il y a quelques raisons de juger au contraire important de discerner une illusion, d'en montrer les causes et de critiquer les confusions théoriques et pratiques qu'elle engendre. En outre, ce jugement, qui tend à faire de la pensée de Marx une pensée critique en un sens seulement négatif, nous paraît inexact sur le fond : l'analyse marxienne débouche aussi sur une conception positive de l'individualité comme activité et de l'appropriation comme prolongement. Cette série d'opérations fait précisément de Marx un critique décisif du sujet privé, ou, du moins, de deux de ses modèles notables.

Il est clair que les positions de Marx se distinguent du modèle de l'individualisme possessif puisque, dans la communauté telle qu'il l'envisage, les forces d'un homme ne sont pas un bien dont la libre disposition est conditionnée par l'état d'un marché du travail, de même que, en sens inverse, leur emploi n'est pas fixé par une attribution autoritaire. De ce point de vue, Marx est à l'exact opposé d'une conception de l'individu comme personne propriétaire marchande. Cependant, si l'on veut plus largement donner une série de critères qui distinguent la position de Marx de l'usage du concept de droit subjectif contenu dans ce que nous avons appelé le modèle du sujet privé actif, on peut, je crois, les exprimer en un petit groupe de propositions.

1) Il serait contradictoire de poser ensemble que l'on doive se conserver et que l'on n'ait pas, pour ce faire, une certaine familiarité immédiate avec sa propre personnalité.

2) Une part des capacités réside, pour le sujet lui-même, dans sa personnalité vivante et lui est inhérente, mais elle ne peut pas s'entendre au sens de la possession d'un bien.

3) Certaines des choses extérieures aux limites physiques du corps sont des extensions de cette personnalité ; l'appropriation à soi inclut donc une part extérieure à la corporéité.

4) Dans un état jugé normal de santé et de vigueur, un individu veut, non seulement conserver, mais aussi développer ses facultés.

5) Si l'on veut rendre possible ce développement, il faut protéger la part des choses extérieures qui sont une extension de la subjectivité, de la même manière et pour la même raison qu'on protège le corps d'une personne lorsqu'on entend protéger sa liberté.

6) La forme d'appropriation ou de possession singulière qui donne part à une communauté, tout en établissant la protection de la personnalité et des choses qui sont son extension, porte le nom de propriété individuelle.

7) Le communisme est le seul régime possible à venir qui institue cette forme.

Il ne serait pas contradictoire avec cette lecture de soutenir que, pour poser implicitement ou explicitement ces propositions, Marx n'a pas lui-même envisagé toutes les conséquences de la substitution de l'individu à la personne : sa stratégie aurait, dans ce cas, consisté à suivre le fil d'une insatisfaction devant les conséquences du classique principe de propriété de soi. Dans ce cas toujours, le maintien de la valeur du principe de l'appartenance à soi l'aurait conduit à considérer la propriété comme l'objet d'une critique souvent reprise. Si l'on ne confond pas l'idée désignée par le terme "intention" avec celles désignées par "état mental", "volition connue de la seule conscience" ou "plan intérieur prémédité", et si l'on prête au terme d'explication un sens relativement large, mettre en relief les traits de cette critique ne nous a pas semblé différer du projet de chercher à simplement expliquer les textes d'un auteur.

* * *

Reste que nous nous sommes largement appuyés dans ce travail sur un contexte relativement étroit. Nous n'avons pas fait appel au marxisme historique, et nous ne nous sommes pas non plus prononcés, ni sur le lien entre la pensée de Marx et ce marxisme, ni sur l'usage que nous pouvions faire aujourd'hui de ses catégories. Dans cette mesure, même si nous n'avons pas fourni un travail de reconstitution historique, nous sommes concernés par la question de savoir quelle utilité présente l'approche d'une pensée qui en accentue les aspects contextuels. En d'autres termes, plus directs, à quoi peut servir ce type d'étude ?

On pourrait sans doute discuter préalablement les termes de cette question, à laquelle un chercheur est en quelque sorte sommé de répondre pour justifier son travail. Notamment, la représentation d'un service, qu'ils impliquent, prête à controverse : pourquoi devrait-on attendre de ce genre de travail qu'il nous rende service, c'est-à-dire qu'il soit un moyen en vue d'un autre but, "autre but" qui, comme le sous-entend l'usage courant, devrait lui-même être exprimable en termes d'intérêt pragmatique ? Par exemple, on doit certainement commencer par écarter l'association faite entre "distant historiquement" et "intellectuellement étranger"; mais il est peut-être souhaitable de la reconduire, à un second niveau. On peut soutenir que, pour avoir un sens, ce type d'étude doit être protégé contre le souci de l'intérêt actuel et de l'application : du point de vue de la psychologie sociale, en adoptant la position de celui qui est essentiellement préoccupé par la restitution des langages d'une époque disparue, on obtient le gain de tranquillité qui est la condition d'une découverte ; concernant spécifiquement Marx, on y gagne en respect de la lettre et de l'esprit des textes. On pourrait trouver, assez facilement, d'autres arguments en faveur d'une telle position.[323] La conformité de ceux-ci avec une manière de juger relativement commune montre en tous cas qu'il est concevable de refuser à la plupart des acceptions du terme d'utilité leur pertinence ici.

Cependant, si le désintéressement assumé, la prudence, la prévention, ont pour eux quelques motifs de méthode, ils présentent aussi des dangers reconnus. Comme le fait remarquer Quentin Skinner, si on peut repousser les termes dans lesquels le sens commun demande quelle est la signification d'une tâche, cette réplique n'est pas satisfaisante :

> *« (...) peut-être la vraie sensibilité de l'historien se trouve-t-elle (...) dans la figure du rédempteur du temps perdu. Mais j'avoue que je ne me suis jamais senti à l'aise face à cette notion. Nous devons, me semble-t-il, être disposés à nous demander avec assez d'énergie quel doit être l'emploi pratique, ici et maintenant, de nos études historiques. Il ne m'a jamais semblé adéquat de répondre qu'elles satisfont une curiosité naturelle, et il me paraît d'une complaisance dangereuse de suggérer, comme le fit Lord Acton, que "nos études devraient être pratiquement sans objectif", surtout dans une culture aussi soumise que la nôtre l'est devenue à une vision machinale de la "pertinence". L'accusation de manie d'antiquaire est, en bref, de celles qui me troublent profondément, et à laquelle tous les historiens professionnels devraient selon moi se préparer à répondre, ne serait-ce que pour satisfaire leur propre conscience. »*[324]

La demande que Skinner rapporte peut en fait s'adresser à beaucoup d'autres consciences qu'à celles des spécialistes de l'histoire des idées politiques. Ceux-ci seront sans doute les premiers à être soupçonnés de développer une "manie d'antiquaire"; mais, à un degré plus faible, la même remarque peut s'appliquer à tous les travaux de philosophie qui dépendent visiblement de disciplines historiques.

Quand on dit que l'étude d'une chose présente un intérêt historique, la formule sous-entend en effet une restriction à valeur péjorative, que l'auditeur replace aussitôt de lui-même : finalement, une étude de ce genre ne s'adresserait qu'à ceux qui ont déjà pour souci premier la disparition et la conservation. Elle ne présenterait, au mieux, qu'un intérêt patrimonial partiel, limité. Elle concernerait peu, ou ne concernerait pas, la question de "l'emploi pratique", qu'elle aurait plutôt tendance à mettre entre

[323] Pour une synthèse récente sur ce point, voir par exemple Quentin Skinner, *La liberté avant le libéralisme* (*Liberty before liberalism*, Cambridge U. P., 1998) traduit de l'anglais par Muriel Zagha, Seuil, Paris, 2000, "3. La liberté et l'historien", pp. 65-77.

[324] Skinner, op. cit., p. 70-71.

parenthèses. Cette objection ne peut être ignorée, parce que cela reviendrait à dire qu'un chercheur est indifférent à la question de l'appropriation pratique des résultats ou du sens de son étude ; et je crois que personne ne peut, de bonne foi, y rester jusqu'au bout indifférent. Une position, comme celle que rappelle Skinner, qui fait de "l'absence d'objectifs" un quasi-principe, ne répond pas à cette demande, quand bien même on partagerait la critique qu'elle contient à l'égard de l'esprit de l'époque ; elle contribuerait même plutôt à donner un argument à l'adversaire. Et, s'il est déjà gênant de disqualifier la demande d'utilité, cela prend concernant Marx un poids singulièrement lourd. A son propos tout particulièrement, la critique de l'indifférence aux intérêts présents ne semble pas pouvoir être repoussée.

Cependant, dans les cas où deux conceptions sont aussi tranchées, et où les arguments en faveur de l'une n'aboutissent qu'à faire camper l'autre sur ses positions, on peut se demander si ce n'est pas l'opposition elle-même qui contient un vice de construction. Quelque soit le réflexe de méfiance ou de rejet partiel qu'elle implique concernant le présent immédiat, l'esprit de conservation n'emporte pas avec lui constamment une attitude de repli. On ne verrait donc pas au nom de quoi il devrait être attaqué ou dévalorisé, si la critique ne s'appuyait sur l'argument auxiliaire selon lequel une telle approche est dépourvue d'esprit d'application.

C'est de là qu'une défense de fond d'un point de vue historique doit partir. Dans l'assimilation implicite entre "utile", "applicable" et "actuel", on se doit au moins de repérer une confusion, assez grossière, entre principe d'utilité et esprit utilitaire. On dit souvent que les préjugés de l'époque résident dans le goût aveugle de la technique, dans la recherche de la rationalisation instrumentale, dans la préférence systématique pour l'expertise, dans le culte de ce qui est quantifiable. Mais, en dessous de cela, dans les pratiques ordinaires, ce que l'on retrouve un peu partout, érigée en critère de mesure de la valeur d'une activité, c'est beaucoup plus la figure du technicien pressé d'être opérationnel dans un secteur spécialisé de la production de biens et de services. Quoiqu'on pense de la rationalité technique, on peut donc d'abord s'opposer à cette mise en critère d'une figure aussi pauvre et aussi rétrécie de l'*homo faber*. En conséquence, si l'on ne confond pas utilité et utilitaire, instrumentalité et recherche de l'effet quantifiable immédiat, les contraires que seraient l'esprit désintéressé, abstrait et détaché, propre à la recherche, et l'esprit d'application (censé être lui-même étroit, dépourvu de profondeur critique, etc.) nous paraissent faux ensemble. Si l'on prend le terme d'utilité dans son sens à la fois exact et large, il nous semble en revanche qu'on peut justifier notre type d'approche sans même avoir à sortir d'une manière de penser utilitariste. Nous proposerons en ce sens trois arguments.

Le premier, conjoncturel, n'est pas suffisant mais il a sa portée propre. Dans l'intérêt de la discussion, supposons réalisée une étude strictement historique de la pensée de Marx. L'inquiétude devant le risque qu'elle induit de voir Marx être rangé au rayon des objets intéressants du passé peut être légitime. Mais ce risque paraît, en France du moins, beaucoup moins élevé et beaucoup plus lointain que celui de voir Marx ne pas être étudié du tout. Le scrupule critique prend alors un aspect curieux. Ce serait un peu comme si, dans le contexte actuel de l'enseignement, on objectait à un apprentissage rigoureux et précoce de la grammaire et de la logique qu'il risque de dessécher l'esprit de l'élève. La disproportion entre l'objection et son contexte tend à en annuler la portée. Ainsi, dans la conjoncture, adopter la position d'un "montreur de choses passées", pour librement reprendre une expression de Mallarmé, ne peut apparaître comme un défaut.[325]

Il faut également se demander, plus largement, si ce type de reproches est fondé. Quand en effet on soutient qu'on agit sans intérêt en cherchant à connaître le passé, on abuse de l'ambiguïté du terme d'intérêt. Ceux qui soutiennent le contraire s'appuient généralement sur une croyance partagée : l'étude d'un objet historique suppose que quelque chose de cet objet mérite d'être conservé et transmis. Cette croyance elle-même s'appuie sur deux autres : il est souhaitable de comprendre le présent ; le détour historique est nécessaire pour le faire. En accordant seulement ce minimum, on peut donc déjà dire que les résultats d'une lecture historique de Marx présentent la même utilité que la connaissance d'un héritage.

Il reste à examiner si quelque chose de la pensée de la propriété individuelle de Marx mérite d'être conservé et transmis. L'objection, ici, serait que l'état de la propriété a changé au point de rendre cette critique extérieure à nos préoccupations. Il est vrai que la propriété privée a subi beaucoup de restrictions depuis la date à laquelle écrivait Marx. Même si elle continue de faire l'objet de la plus grande reconnaissance sociale, son contenu s'est beaucoup amendé, comme le rappellent Lévy et Castaldo :

---

325 Stéphane Mallarmé, "Le phénomène futur" (1875) in *Divagations* (édition de 1897), LGE, 1998, p. 113-114 : « Un ciel pâle, sur le monde qui finit de décrépitude, va peut-être partir avec les nuages : les lambeaux de la pourpre usée des couchants déteignent dans une rivière dormant à l'horizon submergé de rayons et d'eau. Les arbres s'ennuient et, sous leur feuillage blanchi, (de la poussière des ans plutôt que de celle des chemins), monte la maison en toile du Montreur de choses passées. (...) Quand tous auront contemplé la noble créature, vestige de quelque époque déjà maudite, les uns indifférents car ils n'auront pas eu la force de comprendre, mais d'autres navrés et la paupière humide de larmes résignées, se regarderont ; tandis que les poètes de ce temps, sentant se rallumer leurs yeux éteints, s'achemineront vers leur lampe, le cerveau ivre un instant d'une gloire confuse, hantés du Rythme et dans l'oubli d'exister à une époque qui survit à la beauté. »

« Certains ouvrages continuent à énumérer, et à prendre même comme plan d'exposition, les adjectifs mis en avant par les civilistes du XIXe siècle, quitte à mentionner aussitôt toutes les entorses et restrictions apportées aux principes. Ceux-ci ne sont eux-mêmes plus vrais. La propriété n'est plus un droit illimité et ses bornes sont sans nombre. La propriété est beaucoup moins exclusive qu'autrefois (...). Enfin, la propriété n'est même plus toujours un droit perpétuel, même si des arrêts récents continuent à le proclamer. »[326]

Ce constat ne peut cependant constituer une preuve, ou même un indice probant, que la critique est dépassée et vise un objet disparu. En effet, il faut compléter ce constat par le constat d'une tendance contraire, d'extension et de protection du droit subjectif d'appropriation. Elle se manifeste typiquement dans les propriétés littéraires, artistiques, et dans la propriété des inventions :

« Au-delà des lois, on tend à un emploi impropre du terme de propriété. Déjà vers 1830, des juristes usent de l'expression "propriété du nom de personne". De nos jours le droit, pratiquement indéfini, au renouvellement du bail commercial est couramment désigné par l'expression de propriété commerciale. On parle même d'une propriété de la clientèle, notamment pour les représentants de commerce ou les professions libérales (y compris, depuis peu, les médecins). Les agriculteurs revendiquent la propriété culturale. En vue d'assurer sa stabilité les travailleurs veulent la propriété de leur emploi. (...) Cet abus de langage s'explique par un besoin de stabilité, de sécurité, d'autant plus paradoxal que- comme on l'a vu- la propriété perd de plus en plus ces qualités et qu'elle n'est plus tout à fait la même qu'autrefois. »[327]

Qu'on le juge abusif ou non, cet usage tend incontestablement à subsumer sous le concept de propriété comme droit subjectif la reconnaissance de divers droits. Si on accorde que la critique marxienne porte en définitive sur ce point, il est pour le moins excessif de poser que les problèmes contemporains de Marx ne sont plus du tout les mêmes que les nôtres. Dans le cas précis, il ressort seulement de l'examen de l'objection deux assertions : l'objet dont il s'agit pour nous n'est plus vraiment le même que celui qu'attaquaient les réformateurs et les révolutionnaires de la propriété du XIXeme siècle ; il n'a pas changé au point d'enlever à la critique marxienne toute sa portée. Ces assertions appartiennent à ce type de propositions que personne ne songe sérieusement à remettre en cause mais qui, je crois, ne font pas non plus avancer le traitement d'une question.

Ainsi, nous restons, après comme avant ce constat, avec le problème entier, qu'il ne nous appartient pas ici de chercher à résoudre. Pour ma part, dans la mesure où l'on peut toujours distinguer la propriété privée de la

---

[326] Lévy et Castaldo, opus cité, § 343, p. 482.

[327] Idem, p. 482.

propriété commune et, à l'intérieur de celle-là, entre plusieurs formes à bien des égards opposées ; dans la mesure où une analyse de la société marchande et capitaliste en termes de propriété privée demeure possible ; dans la mesure enfin où la question de la liberté individuelle revient de façon régulière dans tout débat sur la propriété, je dirais pour finir que le traitement marxien de ce même problème reste, toutes restrictions observées, du seul point de vue de la pertinence historique, toujours le nôtre.

L'HARMATTAN ITALIA
Via Degli Artisti 15 ; 10124 Torino

L'HARMATTAN HONGRIE
Könyvesbolt ; Kossuth L. u. 14-16
1053 Budapest

L'HARMATTAN BURKINA FASO
Rue 15.167 Route du Pô Patte d'oie
12 BP 226
Ouagadougou 12
(00226) 50 37 54 36

ESPACE L'HARMATTAN KINSHASA
Faculté des Sciences Sociales,
Politiques et Administratives
BP243, KIN XI ; Université de Kinshasa

L'HARMATTAN GUINÉE
Almamya Rue KA 028
En face du restaurant le cèdre
OKB agency BP 3470 Conakry
(00224) 60 20 85 08
harmattanguinee@yahoo.fr

L'HARMATTAN CÔTE D'IVOIRE
M. Etien N'dah Ahmon
Résidence Karl / cité des arts
Abidjan-Cocody 03 BP 1588 Abidjan 03
(00225) 05 77 87 31

L'HARMATTAN MAURITANIE
Espace El Kettab du livre francophone
N° 472 avenue Palais des Congrès
BP 316 Nouakchott
(00222) 63 25 980

L'HARMATTAN CAMEROUN
BP 11486
Yaoundé
(00237) 458 67 00
(00237) 976 61 66
harmattancam@yahoo.fr

550446 - Décembre 2013
Achevé d'imprimer par

1livre.com
du rêve à la réalité !

www.ingramcontent.com/pod-product-compliance
Lightning Source LLC
LaVergne TN
LVHW011020061026
849535LV00006B/1984